Principles of Taxation:
How to Establish and Reform a Tax System

租税論

税制構築と改革のための視点

林 正寿

有斐閣

はしがき

租税は全国民の生活に影響する

　わが国をとりまく深刻な問題は数多いが，そのうちの1つは財政の異常に高い公債依存度と巨額の公債累積高である。財政による経済安定化のためには単年度における均衡財政に固執すべきではないが，長期的には財政の規律が重要である。予算の基本的機能は収支の均衡を図ることにあり，財政赤字を解消するには，歳出の削減か歳入の拡大しか方法はない。公共部門と民間部門との役割分担の見直しにより民営化を推進するとともに，公共部門の無駄を省き，公共部門の事業の厳しい見直しによる効率性の低い事業の廃止をしなければならない。しかし，超少子高齢化社会の到来という現実のもとで福祉国家の諸事業を実施するには，租税負担率の引上げと，それに伴う税制の抜本的改革が不可欠となる。

　租税とは，その本質において誰も払いたくないものである。古来，租税は人びとの生活に甚大な影響を与え，しばしば大きな政変の原因となった。一方では租税はできるだけ払いたくないが，他方では租税収入に依存して供給される各種の公共財・サービスは人びとの生活に不可欠であり，負担としての租税支払いとそれを財源として供給される公共財・サービスの便益の比較考量をしたうえで，国民は賢明で現実的な選択をしなければならない。税制改革に対する反対論は，きわめて感情的で願望思考的な性格のものが多い。税制の構築や税制改革はすぐれて政治的性格の問題であり，選挙で選出された国会議員による国会での審議と議決を要する。すなわち，選挙民である国民全体が税制についての正しい知識を持ち，合理的で冷静な判断ができなければ，正しい公共選択は不可能である。租税に関する知識やものの考え方は，少数の専門家が独占すべきではなく，すべての国民が共有すべきである。

　本書では，租税の性格や効果について，さまざまな視点から，包括的にできるだけわかりやすく解説した。大学の租税論の教科書として使用してもよいが，国家公務員や地方公務員をはじめとして，その他の幅広い層の一般国

民を対象とした啓蒙書としての性格も備えている。国民全体が，自分達の生活に深刻な影響を及ぼす租税について真剣に考え，最適な選択をできるように，理論と現実の制度の両面から，さまざまな重要な視点を提供した。

サムエルソン『経済学』との出会い

本書のモデルはサムエルソンの『経済学』とマスグレイヴ夫妻による『財政学の理論と実践』であり，これらは筆者が経済学と財政学を専攻する動機を与えてくれた名著であった。高校時代に千葉高校からAFS生としてアメリカに留学したこともあり，学部教育は国際基督教大学で受けた。社会科学科専攻ではあったが，教養学部であった国際基督教大学は，幅広い分野の科目の履修過程において，専門分野を模索するには最適であった。AFS生として高校時代にアメリカに留学していたので，1年生の1学期から経済学原論を履修できた。教科書は原書のサムエルソン『経済学・第5版』であり，教鞭をとっていたのはサムエルソンの直弟子のグリーソン教授であった。年間3学期制の国際基督教大学の授業体制において，1学期と2学期で経済学原論の授業は完了した。その後サムエルソンの『経済学』には，第18版まで付き合うこととなった。

このサムエルソンの『経済学』の面白さゆえに，経済学を専攻することになった。その後サムエルソンの出世作『経済学の基礎』やさまざまな分野の専門論文を読む機会があったが，あれほど数学の良くできる理科系出身のサムエルソンが，『経済学』ではまったく数式を使用することなく，高度の水準の内容をわかりやすく面白く説明していることに感心した。サムエルソン自身が強調しているように，「経済学的ものの考え方」が重要なのである。2年生から3年生時にかけては，国際基督教大学で客員教授として教鞭をとられたボールディング教授のもとで，あの分厚い『経済分析』を教科書として用いたミクロ経済学とマクロ経済学を履修したが，ほとんど数学を使用しないで，簡単な図と文章で高度の経済学の内容を説明していた。

マスグレイヴの財政学

一橋大学の大学院経済学研究科では財政学を専攻したが，マクロ経済学で

勉強したフィスカル・ポリシーに魅せられたのが動機であった。大学院時代のバイブルは R. A. マスグレイヴの『財政理論』であったが，当時全盛であったフィスカル・ポリシーを含む財政の安定化機能のみならず，資源配分機能や所得・富の分配機能という財政学の伝統的問題領域を復活させ，財政の各種機能の均衡を復活させた名著であった。『財政理論』は高水準の研究書であったが，その後夫人との共著で出版された『財政学の理論と実践』は，サムエルソンの『経済学』の財政学版のようにわかりやすく，第5版まで横浜市立大学や早稲田大学で，財政学の教科書として使用した。サムエルソンの『経済学』もマスグレイヴ夫妻の『財政学の理論と実践』も，理論や原理と現実の制度や実践が有機的に結び付けられていた。

本書の目的と執筆方針

　サムエルソンの『経済学の基礎』の冒頭に書かれているように「数学は言語なり」であり，経済学にも財政学にも高度の数学を用いた精緻な分析が展開されている。しかし，経済学を専攻する大学生も含めて，一般国民の間にはかなり強い数学アレルギーが存在するのが現実であるので，数学や計量経済学を用いた分析手法はできるだけ省いた。サムエルソンの『経済学』やマスグレイヴの『財政学の理論と実践』をモデルに，国民が優れた租税制度を選択するのに不可欠な「経済学的ものの考え方」や「財政学的ものの考え方」を，図や表を利用してわかりやすく展開したつもりである。

　また，本書の性格ゆえに，特定のデータの源泉や報告書からの引用は例外として，学術論文では数多い脚注や参考文献の列挙はできるだけ省略した。本文で書くに値しない内容を脚注で長々と説明するのは，この種の書物には相応しくない。1962年の国際基督教大学入学や1966年の一橋大学経済学研究科入学以来，租税の各種側面について多数の租税論の書物や論文を読みそれらから多くを学んできたが，本書ではこれらの多数の文献の細かい引用や脚注は省略する。本書のレベル以上を求める読者には，外国語のものも含めて文献やデータは山のように存在する。他の文献の参照を必要とすることなく，本書だけで完結した書物となるように企画した。巻末に，本書に関係の深い和文と英文の基本的文献を挙げておいた。

謝　辞

　本書は全面的に単独で書き上げる予定であったが，早稲田大学社会科学研究科で筆者のゼミナールから博士号を取得した前田尚子氏（現在，三井住友銀行勤務，関東学院大学経済学部非常勤講師）に，第5章「公平性の原則」，第6章「中立性の原則」，第9章「包括的所得税の原理と制度」の3章の執筆に協力をいただいた。ただ，単行本であり論文集ではないので，内容や文体については，全体としての統一性を維持できるようにかなり大幅に編集した。執筆に加え，全体を読み多数の貴重な指摘をいただいたことに対し，前田氏に深く感謝したい。

　一橋大学の経済学研究科で大学院5年間と特別研究員助手2年間，7年間にわたりご指導いただいた木村元一先生も大川政三先生もすでに逝去され，同じ木村ゼミの先輩の石弘光先生も一橋大学を退官された。あのころを懐かしむとともに，深く感謝申し上げたい。あまり営業には貢献しそうもない本書の出版をご承諾いただいた有斐閣および出版にこぎつけるまでの過程においてご尽力いただいた柴田守氏に，この機会を利用して心からお礼を申し上げたい。

　　　　2008年3月末日

　　　　　　　　　　　　　　　　　　　　　　　　　　　林　　正　寿

目　次

第 *1* 章　混合経済における公共部門の役割とその財源 ────── 1

1-1　あらゆる経済にとっての3つの課題 …………………………… 1

何を生産するか：資源配分の課題(1)　いかに生産するか：生産方法の選択(2)　誰のために生産するか：所得や富の分配の決定(3)

1-2　民間部門の仕組みと経済の課題 ……………………………… 4

民間市場と民間の経済主体(4)　市場における「何を」の決定(4)

1-3　財政の資源配分機能 …………………………………………… 7

公共部門の意義と財政の3つの機能(7)　純粋私的財と民間市場による供給(8)　純粋公共財と財政の配分機能(9)　公共財の民間部門による供給(9)　消費における競合性と排除原則適用の困難性(10)

1-4　財政の分配機能と政府移転支出の増大 ……………………… 11

1-5　財政の安定化機能 ……………………………………………… 12

フィスカル・ポリシー(12)　政府債務の累積(13)

1-6　公共部門の規模 ………………………………………………… 14

一般政府の規模(14)　経費膨張の法則と公共部門の規模の抑制(15)

第 *2* 章　租税国家の歳入と租税の性格 ────────────── 17

2-1　租税国家の歳入 ………………………………………………… 17

政府歳入の膨張(17)　租税国家アメリカの連邦政府歳入(18)　わが国の一般会計歳入構造(19)

2-2 租税の性格 ……… 21
自発的交換と強制獲得(21) 租税負担への抵抗(21) 租税と政治的発展(22)

2-3 租税の歴史 ……… 22
古代の租税(22) ヨーロッパの中世の税(23) 中央集権国家の税(24) 近代国家の所得税(25) アメリカの連邦税制度の変遷(25)

2-4 日本の租税制度の歴史 ……… 26
古代の租税：租庸調(26) 年貢という租税(26) 地租改正(27) 所得課税(28)

第3章 経済循環と各種租税 ——— 29

3-1 税源としての経済の純生産 ……… 29
ガチョウと金の卵(29)

3-2 経済循環と各種税の衝撃点 ……… 30
経済循環と税源(30) 租税の等価関係(31) 経済循環と各種税(33)

3-3 租税の種類 ……… 34
納税義務者による分類(34) 課税標準による分類(36)

3-4 OECD諸地域における各種税 ……… 37

3-5 OECDによる租税の分類とわが国の各種税 ……… 38
1000 所得，利潤および資本利得に対する税(38) 2000 社会保障拠出金(38) 4000 財産税(40) 5000 財・サービスに対する税(41)

第4章 一般税と部分税 ——— 43

4-1 課税標準の範囲 ……… 43

4-2 2財間の一般税と部分税 ……… 44

課税前のA財とB財の量の選択(44) 両財に同じ税率で課税する一般税(45) B財のみに課税する部分税(46) 現実の租税制度との対応(47)

4-3 所得と余暇の選択 …………………………………… 47
余暇の犠牲と勤労所得(47) 所得税は余暇に課税せず所得にのみ課税(48)

4-4 現在消費と将来消費：貯蓄に対する効果 …………… 49
課税前の現在消費と将来消費の選択(49) 消費税のもとでの現在消費と将来消費の選択(49) 所得税のもとでの現在消費と将来消費の選択(50)

4-5 租税の歪曲効果と超過負担 ………………………… 52
超過負担の概念(52) 消費者余剰と生産者余剰(53) 税率および需要と供給の価格弾力性(54) 負の価値財の消費抑制(55) 価値財の消費の奨励(56) 外部費用と環境税(56)

第5章 公平性の原則 ——————————————————59

5-1 租税原則 ………………………………………………… 59

5-2 租税負担配分における公平性の原則 ………………… 59
応益原則と応能原則(59) アダム・スミスの公平性の原則(60) ワグナーの公正の大原則(61) 租税法律主義と租税公平主義(61)

5-3 応益原則による租税負担の配分 ……………………… 61
個別利益と料金(61) 補完的財・サービスに対する税(62) 応益原則と目的税(62) 一般公共財・サービスに対する租税負担の配分(62) 応益原則と税率構造(65)

5-4 応能原則による租税負担の配分 ……………………… 66
支払能力の意味(66) 均等限界犠牲説(68) 均等絶対犠牲説(68) 均等比例犠牲説(68)

5-5　応能原則と制度選択 …………………………………………69
　　　不確実性のベールに基づく租税制度の選択(69)　課税標準の選択と生涯の税負担における公平性(70)

　5-6　世代間の公平性 ……………………………………………………70
　　　世代会計(70)　世代間の公平性と国家財政の持続可能性(71)

　5-7　税制改革における政治過程と公平性 ……………………………71
　　　税制改革の政治的性格(71)　税制改革の立案過程(72)　規範としての公平性と中位投票者の選好(73)

第6章　中立性の原則 ― 75

　6-1　中立性の原則と超過負担 …………………………………………75
　　　中立性の原則の重要性(75)　超過負担の大きさと税率(76)　需要曲線および供給曲線の価格弾力性と超過負担(77)

　6-2　最適差別課税論 ……………………………………………………78
　　　部分税と超過負担(78)　ラムゼー基準と差別的課税(78)　ラムゼー型の最適差別課税の政策含意(80)

　6-3　最適所得課税論 ……………………………………………………81
　　　累進税と比例税：最適所得税率(81)

　6-4　アメリカの税制改革における中立性 ……………………………82
　　　サプライサイド・エコノミックスに関する合意形成(82)　課税の限界とラッファー曲線(82)　アメリカにおける1980年代の税制改革の短期的評価(83)　内生的成長論によるサプライサイド・エコノミックスの長期的評価(84)

　6-5　課税平準化政策 ……………………………………………………86

第7章　簡素性の原則 ― 88

　7-1　租税原則としての簡素性の原則 …………………………………88
　　　アダム・スミスの租税原則(88)　徴税費と遵法費用(89)

7-2 レーガン税制改革 ……………………………………………… 89
1954年内国歳入法(89)　レーガン政権による1986年内国歳入法(89)

7-3 現行連邦税制の複雑性と納税者の混乱 ……………………… 91
巨大な遵法費用(91)　未納税問題(91)

7-4 アメリカの現行個人所得税の複雑性 ………………………… 92
複雑な制度(92)　代替最小税（AMT）(92)　勤労所得税額控除（EITC）の問題(93)

7-5 抜本的税制改革諮問委員会の勧告 …………………………… 94
税制改革の基本方針(94)　2つの税制改革案の提案と両案の共通点(95)　税率構造の簡素化(95)　3つの貯蓄勘定への整理・統合(96)　中小企業課税の簡素化(97)　大企業に対する課税の簡素化と合理化(98)　不公平な税制と変則的実効限界税率構造(99)

7-6 わが国税制改革における簡素性の原則 ……………………… 99

第8章　租税の転嫁と帰着 ─────────────── 101

8-1 誰が租税を負担するか ………………………………………… 101
納税義務者と真の負担者(101)　転嫁と帰着(102)　前転・後転・更転(102)

8-2 従量税の短期経済帰着 ………………………………………… 103

8-3 消費者余剰・生産者余剰・超過負担 ………………………… 105

8-4 需要量と供給量の価格弾力性 ………………………………… 105
需要の価格弾力性がゼロの場合(106)　需要の価格弾力性が無限大の場合(107)

8-5 生産要素に対する課税 ………………………………………… 108

8-6 非課税部門への租税の転嫁と帰着：一般均衡分析 ………… 110

第9章　包括的所得税の原理と制度 ── 114

9-1　包括的所得税の理論 …… 114
包括的所得税の特徴(114)　ヘイグ＝サイモンズの包括的所得概念(115)　包括的所得税の基本性格(115)

9-2　現実の所得税制度における所得と包括的所得概念の乖離 …… 116
現物給付・独立経済主体間以外の取引・付加給付(116)　帰属所得(116)　政府移転支出・雑収入・債務免除(117)　租税特別措置・課税繰延・分離課税(117)　人的資本の減価償却(118)　インフレ調整と景気自動安定化機能(118)　実現段階・発生段階の資本利得(118)　余暇(119)

9-3　法人所得税と個人所得税の二重課税 …… 120
法人課税に対する考え方(120)　法人所得税との二重課税(120)

9-4　『カーター報告』にみる包括的所得概念の実現可能性 …… 121
市場価値の評価(121)　個人所得税と法人所得税の完全統合と限界(122)

9-5　包括的所得税の問題点と制度の崩壊 …… 123
包括的所得税の問題点の本質(123)　北欧諸国に見る包括的所得税制度の崩壊(124)

9-6　包括的所得税とその他の租税との比較 …… 124
個人消費税との比較(124)　最適課税論(125)

9-7　二元的所得課税 …… 126
二元的所得税の仕組みと概念図(126)　勤労所得には累進税，資本所得には低率の比例税(127)　総合所得税と分類所得税(129)

第10章　所得課税から消費課税へ ── 131

10-1　所得課税と消費課税との基本的差異 …… 131
消費の方が所得より適切な課税標準(131)　所得課税と消費課税との違い(132)　貯蓄と投資の重要性(133)

10-2 所得税は現在消費を優遇し貯蓄を阻害する ……………………134
所得税制度のもとでの租税負担(134) 消費税制度のもとでの租税負担(134) 所得の概念と資本利得課税(136) 社会保障拠出金や個人退職勘定と所得課税(137)

10-3 所得課税から消費課税に近づくアメリカの税制 ……………137
所得税中心のアメリカの税制(137) 消費課税の選択肢(138)

10-4 簡素・公平・成長促進的な税制 ……………………………139
抜本的税制改革諮問委員会の設置(139) 最高限界税率の引下げと税率構造の簡素化(140) さまざまな貯蓄・投資形態とばらばらな課税方式(140) 3つの貯蓄勘定への整理・統合と非課税措置(141) 利子と配当と資本利得(キャピタル・ゲイン)に対する課税(142)

10-5 資本所得と勤労所得の分離と二元的所得税 ………………142

第11章 個人消費税 ——————————————143

11-1 消費に対する課税 ……………………………………………143
個人消費税と企業消費税(143) 先駆的提唱者(144)

11-2 フラット・タックス ………………………………………145
単一税率の適用(145) 個人フラット・タックスと企業フラット・タックス(145) 簡素性の原則とフラット・タックス(146) 租税優遇制度の廃止と課税標準の拡大(147) 貯蓄と投資の促進(148) フラット・タックスと公平性の原則(148) フラット・タックスを導入した国々(149)

11-3 USA税 ………………………………………………………151
USA税の2要素(151) キャッシュ・インフロー(152) 非消費キャッシュ・アウトフロー(154) 各種控除(155) USA税と水平的公平(155) USA税の累進税率構造と垂直的公平(156) USA税の簡素性(157)

11-4 負の所得税または負の消費税 …………………………… 157

最低生活の保障(157)　単一の限界税率と実効税率の累進性(158)

第12章　企業課税：法人所得税と企業消費税 —————— 160

12-1 納税義務者としての法人 ……………………………… 160

自然人と法人(160)

12-2 法人の本質 ……………………………………………… 161

法人擬制説(161)　法人実在説(161)

12-3 法人の本質と課税のあり方 …………………………… 162

法人所得税と個人所得税(162)

12-4 法人擬制説と二重課税の調整 ………………………… 162

法人所得税と個人所得税との統合(162)　法人所得税の廃止(163)　法人所得税と個人所得税の二重課税制度のもとでの租税負担(163)　高所得者にとっては節税，低所得者にとっては追加税(164)　法人所得の個人間分配状態(165)　完全インピュテーション（帰属計算）(166)　部分的インピュテーション(167)

12-5 フラット・タックスと企業税 ………………………… 168

企業フラット・タックス(168)

12-6 USA 税と企業消費税 ………………………………… 169

法人と非法人のすべての企業に課税(169)　企業消費税の課税標準(170)

12-7 超過課税と法人重課 …………………………………… 171

法人課税とアカウンタビリティの原則(171)　法人課税と個人課税のリンク(172)

12-8 わが国の法人税 ………………………………………… 173

法人の種類および課税の範囲(173)　法人税率(173)

12-9 グローバル化と法人税率引下げ競争 ………………… 173

目　次　xiii

第13章　一般消費税：小売税と付加価値税 — 175

13-1　消費課税の傾向 — 175
OECD諸国における一般消費税(175)

13-2　売上税の種類 — 175
課税の範囲(175)　単段階課税(176)　多段階課税(177)　消費型・NNP型・GNP型付加価値税(177)

13-3　単段階一般消費税の小売売上税 — 178
アメリカの州税と地方税(178)　中間財課税と脱税問題(178)

13-4　多段階売上税 — 179
課税標準としての取引高(179)　各生産段階における取引高税(180)　取引高税の累積と企業の垂直的統合(181)

13-5　付加価値税 — 182
各生産段階における付加価値税額(182)　国境における税調整(183)

13-6　インボイス税額控除方式と帳簿方式 — 184
仕入控除方式による付加価値の計算(185)

13-7　付加価値税と逆進性 — 185
所得に対する割合か消費に対する割合か(185)　軽減税率やゼロ税率の適用(186)　ゼロ税率適用取引(186)　非課税取引(187)

13-8　わが国の消費税 — 188
消費税導入の経緯(188)　消費税率の主要国付加価値税率との比較(189)　その他の消費税の特徴(189)

第14章　個別消費税 — 191

14-1　経済循環の支出段階での課税 — 191

14-2　課税の形式 — 192
従量税(192)　従価税(192)

 14 - 3 個別消費税と中立性の原則 ………………………………… 194

 14 - 4 部分税としての個別消費税 …………………………………… 195

 14 - 5 個別消費税による特定政策目的の達成 …………………… 197

 14 - 6 個別消費税と公平性の原則 ………………………………… 198
  奢侈品に対する課税(198)

 14 - 7 わが国の個別消費税 ………………………………………… 199
  消費税の前身の物品税(199)　その他の個別消費税(200)

 14 - 8 個別消費税の比率の変遷 …………………………………… 203

第15章　ストック課税と富裕税 ──────────── 205

 15 - 1 ストックとフロー ……………………………………………… 205
  貸借対照表と資産状態(205)　フローとストックの関係(205)

 15 - 2 ストック課税としての資産税 ……………………………… 207
  経常的資産税と非経常的資産税(207)　所得課税のもとでの資産課税(208)

 15 - 3 支払能力と資産課税 ………………………………………… 208
  垂直的公平と資産課税(208)　社会的コントロールの手段(208)
  日本の資産分配状態(209)　所得分配と資産分配の不平等度(210)

 15 - 4 公共財・サービスからの受益と資産課税 ………………… 212
  資産の保護という国家の機能(212)　資産価値を引き上げる公共財・サービス(212)　資産所有に独自の担税力(213)　フローに対する課税の補完(213)

 15 - 5 資産の種類 …………………………………………………… 214
  家計資産の構成(214)

 15 - 6 OECD主要国における各種財産税 ………………………… 214

 15 - 7 純資産に対する課税 ………………………………………… 216

シャウプ税制と富裕税(216) フランスの富裕連帯税(217) スウェーデンの富裕税(218)

第16章　固定資産税 ——————————————219

16-1　課税標準としての固定資産額 …………………………219

16-2　地租改正 ……………………………………………………220

16-3　わが国の固定資産税 ………………………………………221

固定資産の範囲(221)　固定資産の評価(221)　税率と市町村税収に占める比率の変遷(222)　都市計画税(223)

16-4　イギリスの地方税 …………………………………………223

伝統的地方税のレイト(223)　カウンシル・タックス(225)

16-5　アメリカの財産税 …………………………………………226

辺境地域における土地税(226)　すべての財産の画一的課税(226)　低所得者の保護と住宅資産税の回路遮断器(227)　カリフォルニア州における納税者の反乱(227)

16-6　敷地税または地価税 ………………………………………228

16-7　個人財産税 …………………………………………………228

個人財産としての耐久消費財(228)　自動車税(229)　軽自動車税(230)

第17章　遺産税と相続税，補完税としての贈与税 ——————231

17-1　死亡時における非経常的課税 ……………………………231

17-2　死亡税課税の根拠 …………………………………………232

財産保護の代償(232)　財産所有集中の抑制(232)　出発点における平等の確保(232)　個人所得税の補完(233)　望ましい経済効果(233)

17-3　死亡税反対の根拠 …………………………………………234

経済への歪曲効果(234)　財産保護は基本的権利(234)　多重課税(235)　高い遵法費用(235)　死亡税の転嫁と公平性の原則

（236）　歴史的建造物の破壊（236）

　17-4　アメリカの連邦移転税制度 ……………………………… 237
　　　3つの税（237）　遺産税（237）　贈与税（239）

　17-5　イギリスの相続税 …………………………………………… 239

　17-6　日本の相続税と贈与税 …………………………………… 240
　　　相続税（240）　贈与税（241）　相続時精算課税制度（242）　相続税と贈与税の税率比較（242）

　17-7　相続税と事業承継 …………………………………………… 243
　　　わが国の中小企業の事業承継問題（243）　相続税における特例措置（244）　海外の事業承継に係る税制の現状と最近の動向（244）

　17-8　世界における死亡税と贈与税の動向 ……………………… 245

　17-9　消費課税のもとでの死亡税 ………………………………… 246

第18章　社会保障税 ───────────────────── 247

　18-1　財政の分配機能 ……………………………………………… 247
　　　「誰のために」の問題の市場による解決（247）　市場による分配の不公平性（247）

　18-2　市場の失敗と社会保険制度 ……………………………… 248
　　　高い取引費用とインフレへの対応（248）　逆選択（248）　モラル・ハザードと価値財（249）

　18-3　社会保険制度の歴史 ……………………………………… 250
　　　外国の社会保障の起源（250）　日本の社会保険の歴史（251）

　18-4　社会保障の費用 …………………………………………… 252
　　　中央政府一般会計に占める社会保障関係費（252）　一般政府から家計への移転（社会保障関係）（252）　社会保障基金への他会計からの繰入（253）

　18-5　社会保障の財源 …………………………………………… 254
　　　保険料と一般税（254）　社会保険料の決定（256）　アメリカの

FICA 税(257)

18-6 年金財政方式 …………………………………………………… 257
拠出制年金制度(257) 積立方式(258) 賦課方式(258) 修正積立方式（修正賦課方式）(259)

18-7 租税としての社会保険料 …………………………………… 259
課税標準としての給与所得(259)

18-8 社会保険の再分配効果 ……………………………………… 262
当初所得に対する社会保障の拠出と給付の関係(262)

第19章 地 方 税 ─────────────────────── 263

19-1 国税と地方税 ……………………………………………………… 263
国税と地方税の比重の変遷(263) 道府県税と市町村税(263)

19-2 地方税原則 ………………………………………………………… 266
アカウンタビリティの原則(266) 普遍性の原則(266) 安定性の原則(267) 分任性の原則(267) 地元定着性の原則(267) 独立税の原則(268)

19-3 道府県税 …………………………………………………………… 269
普通税と目的税(269) 道府県民税(269) 事業税(271) その他の道府県税(272)

19-4 市町村税 …………………………………………………………… 273
市町村民税(273) 固定資産税(274) 軽自動車税(274) 事業所税(275) 都市計画税(275)

19-5 税目選択の自由 …………………………………………………… 275
法定普通税と法定目的税(275) 法定外普通税および法定外目的税(276)

19-6 地方自治と税率決定の自由 ………………………………… 276
政府階層間の調整(276) 地方税の税率選択の自由(277) 超過課税(278)

第20章　国際課税 — 279

20-1　経済グローバル化に対する税制の課題 — 279

20-2　経済のグローバル化 — 280

国際貿易の拡大(280)　対外直接投資の急増(280)　対外直接投資のストックの増大(281)

20-3　租税条約の意義 — 282

外国税税額控除方式(283)　外国税所得控除方式(283)

20-4　租税条約の適用範囲 — 284

モデル租税条約(284)　事業から生じる所得に対する課税(285)　利子や配当に対する課税(285)　譲渡収益（資本利得，キャピタル・ゲイン）に対する課税(286)　資本所得の課税(286)

20-5　租税競争 — 287

個人所得税率の引下げ(287)　法人所得税率の引下げ(289)　タックス・ヘイブン(289)　国内租税政策との衝突(291)

20-6　移転価格税制 — 292

移転価格税制の意義(292)　独立企業間価格の算定方法(292)　アメリカの独立企業移転価格税制(293)　EUの移転価格税制と事前確認制度(293)

20-7　国境税調整 — 294

租税の調和と国境税調整(294)　EU最低法人税率(294)

参考文献 — 297

索　引 — 301

第 1 章 混合経済における公共部門の役割とその財源

1-1 あらゆる経済にとっての3つの課題

何を生産するか：資源配分の課題

　「ゆりかごから墓場まで」は，第2次世界大戦後にイギリス労働党の掲げた社会福祉政策の標語であったが，わが国も含めた**福祉国家**は，アダム・スミスの提唱した夜警国家とか安上がりの政府と呼ばれる国家とは異なり，きわめて多様な機能を果している。また，現代の経済は**混合経済**とも呼ばれるが，経済全体に占める公共部門の相対的規模が大きくなり，民間の自由市場経済を主としながらも，政府が直接的に各種財・サービスを供給するとともに，公共的手段により経済全体を管理している。

　公共部門の果たすべき機能とその資金調達方法の研究は，伝統的に財政学の問題領域であった。財政学が一般的に大学の経済学部に設置されるのは，**希少資源の配分**を基本的課題とするからである。サムエルソンは『経済学』において，原始時代の狩猟経済，中世の封建経済，旧東欧諸国の中央計画経済や西側諸国の自由市場経済などすべての経済が解決しなければならない共通の課題として，①何を，②いかに，③誰のために，という3つをあげている。公共部門においても，民間部門を補完する形で，財政手段によりこれら3つの問題を解決しようとしている。

　「何を」にかんする課題とは，経済においていかなる財・サービスをどれだけ生産すべきかを決定することである。数学の連立方程式において変数が

増加すると，解を求める問題は加速度的に難しくなる。経済における生産者や消費者，生産される財・サービス，投入される生産要素は膨大な数にのぼり，巨大な数の変数をもつ連立方程式の解を求めるような困難な課題である。それにもかかわらず，経済には混乱ではなく**整然とした秩序**が支配している。市場がこの膨大で難しい問題を，あたかも神の手が個々の消費者や生産者を導くがごとく解決している事実に感銘して，アダム・スミスは市場機構を「**見えざる手**」と呼んだ。ユダヤ教やキリスト教の全知全能の神の「見えざる手」である。

　旧ソビエト連邦をはじめとした東欧諸国や中国などの旧社会主義国では，自由市場経済に対する代案として**中央計画経済制度**を採用していたが，ソ連邦の多数の共和国への分解やベルリンの壁の崩壊に象徴されるように，これら諸国は中央計画経済制度を自発的に放棄し，いまや**自由市場経済**を志向した経済運営に方向転換した。いかに優秀な政治家や官僚が最新のコンピュータを駆使して経済計画を策定しても，資源の効率的配分において自由市場には及ばなかったことが，壮大なる実験の結果として判明した。

いかに生産するか：生産方法の選択

　「いかに」の問題とは，生産方法の選択の問題である。同じ製品をつくるにも，歴史上の各時代における経済の発展段階や，世界の各地における生産要素の賦存量の違いに対応して，異なる生産方法が採用されてきた。中国製やペルシャ製の絨毯はきわめて労働集約的な手織の製造方法を採用しているが，他方において近代的な自動車の組立工場においては，労働力をほとんど使用せず，高度に機械化された生産方式を採用している。国際貿易論において比較優位論がよく知られるが，各国がどのような製品に特化して輸出すべきかを決定する要因として，各国の**要素賦存量**が重要である。労働が豊富で安ければ労働集約的な生産方法で生産される財に特化されるであろうし，広大な土地が賦存するならば，土地という生産要素を集約的に使用する生産方法により生産される財に**特化**される。

　財政学の分野では，ある財・サービスを公共部門で生産するか民間部門で生産するかにかんする選択も，「いかに」の問題の一環を形成する。近年の

世界の傾向である**民営化**は，公共部門で生産や供給されていた財・サービスを民間部門に移管するという選択であり，混合経済における民間部門と公共部門との**最適分業**の問題である。自由市場経済においても，イギリスのサッチャー首相，ドイツのコール首相，アメリカのレーガン大統領は，肥大化した公共部門を削減し小さな政府を志向した。また，わが国でも中曽根内閣による国鉄をはじめとした民営化，さらに近年では小泉内閣による郵政事業の民営化がよく知られる。世界でもっとも大きな政府を作り上げた北欧福祉国家も，公共部門の規模を削減してきている。

誰のために生産するか：所得や富の分配の決定

　また，最後の「誰のために」という課題は，このようにして生産された財・サービスを誰が享受するかに関するものであり，経済学では古くから分配問題として重要な問題領域であった。自由市場経済においては，消費者たちは自らの選好にもとづいて財・サービスを自由に選択するが，各消費者はその購買力により制約を受けるから，「誰のために」というのは「**購買力をもつ人びとのために**」ということになり，人びとの間の**所得・富の分配**の問題となる。

　この「誰のために」にかんする決定は，自由市場経済では**生産要素市場**においてなされるが，生産に貢献する生産要素を提供できない各種障害者や高齢者は，所得を稼得できない。また，生産要素を提供できても，提供する生産要素の価格が低いため，きわめて少額の所得しか稼得できない就労貧困者も多数存在する。「ゆりかごから墓場まで」を標語とする現代福祉国家においては，市場で決定される分配状態を，**社会的公正**の観点から再分配する政策が重要である。わが国の憲法第25条には「すべて国民は，健康で文化的な最低限度の生活を営む権利を有する。国は，すべての生活部面について，社会福祉，社会保障及び公衆衛生の向上及び増進に努めなければならない」と規定され，現金給付とともに，現物給付による再分配も含めて，国家に国民の**最低生活保障**の義務を負わせている。

1 - 2　民間部門の仕組みと経済の課題

民間市場と民間の経済主体

　旧ソビエト連邦の崩壊と市場志向の経済運営への転換により，いまやできるかぎり市場機構を利用して経済運営をするのが世界的な傾向である。混合経済には民間部門と公共部門があり，同じ要素市場において希少な資源を競合的に使用するから，公共部門の課題を論じるには，経済のもう1つの部門である民間部門の仕組みを理解する必要がある。いかなる経済でも解決しなければならない，何を，いかに，誰のために，という3つの経済問題は，わが国も含めたほとんどの先進諸国において，民間部門では自由市場経済により解決されている。自由市場により効率的に提供できる財・サービスは，表1-1（p.8）においては場合1に対応する**純粋私的財**の場合である。

市場における「何を」の決定

　図1-1には，自由市場経済の**経済循環**における，2つの市場と2種類の

図1-1　民間市場のメカニズム

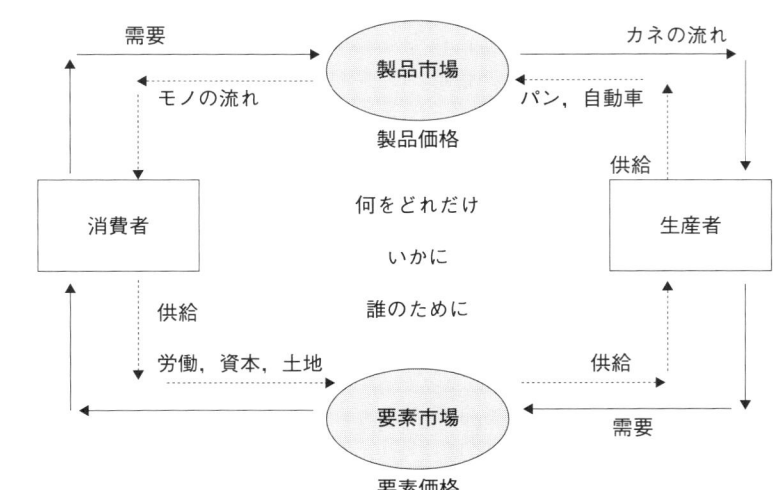

図1-2 市場における「何をどれだけ」の決定

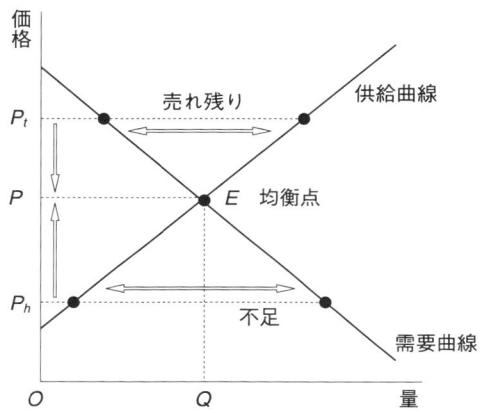

経済主体との関係を描いてある。実線で時計回りにカネの流れを示し，破線で逆時計回りにモノの流れを示してある。1つの市場は**製品市場**と呼ばれ，この市場において生産者は製品を販売し，消費者はそれらの製品を購入する。もう1つの市場は**要素市場**であり，消費者は生産要素を提供し，生産者はそれらの生産要素を用いて，さまざまの財・サービスを生産する。

図1-2には，市場における市場需要と市場供給の相互作用の結果，**価格**が媒介変数となり，「何を」の問題を解決する仕組みが示されている。価格はそれ自体が市場で決定される変数であるが，個々の消費者や生産者にとっては与件として機能するから，**媒介変数**（パラメーター）と呼ばれる。図1-2には製品市場における最終財の最適量の決定の仕組みを描いてあるが，各消費者は所得の制約のもとで，各財・サービスの価格を与件である信号として受け取り，効用を極大化するように各価格水準に対応した需要量を選択する。他方，各生産者は生産関数の制約のもとで，利潤を極大化するように，市場の価格を与件として，それに対応した最適量を生産して供給する。多数の個人の需要曲線から市場全体の**需要曲線**が導出され，多数の生産者の供給曲線から市場全体の**供給曲線**が導出されるが，市場需要と市場供給との**相互作用**の結果として，図においては市場需要曲線と市場供給曲線との交点 E で，**均衡量** Q と**均衡価格** P が決定される。価格が均衡価格よりも高い P_t に

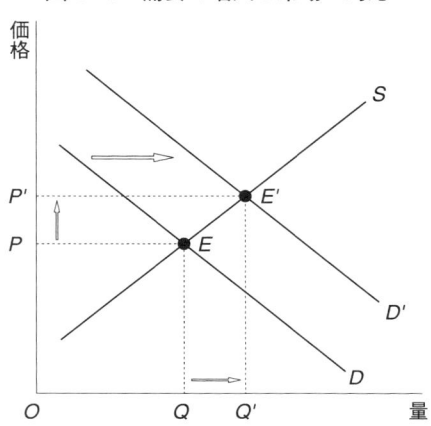

図1-3 需要の増大と市場の対応

おいては，供給が需要を上回り売れ残りが生じるから価格を引き下げる力が働き，他方，均衡価格よりも低い価格 P_h においては，需要が供給を超過し，欲しくても買えない人びとはより高い価格を払っても当該財を得ようとするから，価格を引き上げる力が働き，均衡価格 P で需要量と供給量が一致する。このように価格が媒介変数として機能し Q という量が決定されるが，この量があらゆる経済の問題である「何を」に対する解であり，市場経済においてはアダム・スミスが「見えざる手」にたとえた**価格機構**により解決される。

図1-3には需要が増大した場合にどのように市場が対応して，新しい最適量を決定するかを示している。需要の増大に伴って，需要曲線は D から D' へと移動し，新しい均衡点は供給曲線 S との交点 E' で表され，均衡量は Q から Q' へと増加する。需要の減少により需要曲線が D' から D へ移動した場合は，均衡量は Q' から Q へと減少する。同じように供給が増加や減少したときにも，市場は対応し「何を」の問題を解決する。

図は省略するが，**生産要素の利用量**も，市場における市場需要と市場供給との相互作用により決定される。生産要素に対する需要曲線の経済主体は生産者であり，生産者は当該生産要素の限界生産力に基づいて生産要素を需要する。他方，生産要素の供給者は消費者であり，労働，資本，土地などの生

産要素を提供する。生産者はこれらの生産要素を投入して製品を生産し，製品市場に供給する。製品市場における需要と供給との相互作用により，均衡価格と均衡量が決まるように，労働や資本や土地に対しても，それらに対する需要と供給との相互作用により，均衡価格と均衡量が決まる。労働，資本，土地などの生産要素をどのような組合せで「**いかに生産するか**」という問題が，市場において解決される。

1‐*3* 財政の資源配分機能

公共部門の意義と財政の3つの機能

　経済学の大前提は，資源の希少性と人びとの無限の欲望である。資源の希少性の制約がなく，人びとの欲望のすべてが完全に満たされているならば，経済学の存在価値はない。私的財の場合には市場における需要と供給の相互作用と，価格の媒介変数機能により，効率的な資源配分が達成される。資源配分の効率性の基準として**パレート最適**の基準が一般的に受け入れられているが，**厚生経済学の第一定理**は，自由市場がこのパレート最適を実現するということであり，これこそアダム・スミスのいう「見えざる手」の作用である。

　しかし，アダム・スミスが「見えざる手」にたとえた市場にも，**アキレス腱**のような弱点があり，社会全体ではきわめて必要度が高い財・サービスでも，市場によってはまったく供給されないか，社会的最適量に比べて過小供給される。そのような財・サービスは，公共部門が租税を財源として，市場に代わって供給しなくてはならない。

　また，主としてその供給を民間市場に委ねるが，市場に存在する不効率性を是正するのも財政の役割である。民間市場が効率的資源配分を達成するためには，いくつかの重要な前提条件が必要となるが，そのなかには外部便益や外部費用のような外部性の不在という前提条件がある。**外部便益**が存在する場合には，私的便益と外部便益の合計である社会的便益が生産費という社会的費用と等しくなるように，外部便益に対応する部分を補助金交付で補塡するなどの是正策が必要となる。また，外部費用が存在する場合には，私的

表 1-1 各種財・サービスの分類

	排除原理適用可能	排除原理適用不可能
消費における競合性	場合 1	場合 2
消費における非競合性	場合 3	場合 4

資料：Richard A. Musgrave & Peggy B. Musgrave, *Public Finance in Theory and Practice*, 4 th ed. McGraw-Hill, 1984, p. 50 の表より作成。

費用と外部費用の合計である社会的費用が社会的便益と等しくなるように，**外部費用**に対応する部分を公害税や環境税のような形で徴収する必要がある。

市場による効率的配分を達成するためには完全競争が必要条件であり，市場に存在する自然独占のような**不完全競争**の要素を是正する必要がある。民間部門に任せずに公共部門で直接的に生産するか，民間部門に生産を委ねても，政府による規制や監督を通して，独占企業の弊害を除去することが要請される。このような市場で供給できない公共財・サービスの供給と民間市場の不効率性の是正を，「**財政の配分機能**」と呼ぶ。

純粋私的財と民間市場による供給

人びとの生活に必要な財・サービスにはさまざまなものがあるが，これらの財・サービスを民間市場による供給可能性という基準から分類すると，表1-1に示すように，消費における競合性の有無と排除原理の適用可能性の有無により，4つの場合に分類できる。典型的な私的財・サービスは**場合1**に対応するが，特定の単位の財・サービスは特定の消費者にのみ限定的に便益を与え，他の消費者は同じ財・サービスから一緒に便益を享受することはできない。消費におけるこの性格を，**消費における競合性**と呼ぶ。また，この種の財・サービスについては，費用負担をしない人びとを便益の享受から排除するという**排除原理**の適用が，可能であり容易である。法律で所有権は保障されているから，価格を払わないで消費しようとするならば，刑法や民法等の法律で罰せられる。消費者は価格を支払ってある特定単位の財・サービスの所有権を取得すれば，他の人びとによる消費を排除できるから，自発的に価格を支払おうとする。したがって，政府が関与する必要はなく，自由

交換が民間部門における経済取引形態となる。このような性格を有する私的財・サービスは，民間部門により効率的に供給できる。

純粋公共財と財政の配分機能

　消費における非競合性の性格を有するとともに，排除原理の適用が不可能な財・サービスは**場合4**に当たるが，灯台や放送用電波，アダム・スミスでさえも君主の義務であると認めた国防や治安が典型的な例である。国防により外国の侵略や占領を阻止し国家安全保障が維持されるならば，国民全体がそのような安全保障の便益を享受することができる。特定の要人の身辺警護とは異なり，地域全体の治安からは，すべての人びとが安全に生活できるという便益に与(あずか)ることができる。誰かが灯台の光や国防や治安の便益を享受することにより，それらの同じ財・サービスから他の人びとが享受する便益の量が減少するわけではない。

　消費における非競合性の性格を有する財・サービスの便益から，それらの供給に必要な費用の負担をしない人びとを排除することは，いくつかの種類の財・サービスについては，技術的に不可能か経済的にきわめて困難である。空いている一般道路は消費における非競合性の性格を有するが，排除原理の適用が技術的に可能であっても，そのために必要な料金徴収所とか乗入れを阻止する壁の建設費や料金徴収係の人件費，交通への障害を考えれば，**排除原理適用**のための費用が禁止的にまで高くなる。したがって排除原理は適用されないから，負担をしてもしなくても便益から排除されることはない。負担をしないでも便益の享受に等しく与れるならば，負担せずに便益のみの享受に与ることが合理的選択である。このような「ただ乗り」(free riding) が一般化すると，民間の生産者は生産費を回収できず，したがって民間部門によってはまったく供給されないか，深刻な過小供給に陥る。消費における非競合性の特徴を有し，排除原理の適用が不可能な財を**純粋公共財**と呼び，公共部門で供給しなければならない。

公共財の民間部門による供給

　他方，消費における非競合性の特徴を有するすべての財・サービスに対し

て，排除原理の適用が不可能なわけではない。同じ道路でも一般道路については技術的にも経済的にも排除原理の適用は不可能といえるが，高速自動車専用道路には，排除原理を適用した費用回収が可能となる。消費における非競合性の性格を有する財・サービスは，国防，治安，灯台などの少数の財・サービスにのみ限定されるわけではなく，学校の教室，映画館，電車やバスなど空席のある多くの施設の利用において，消費における非競合性という性格が観察される。しかし，**場合3**に対応するこれらの財・サービスは，消費における非競合性という性格にもかかわらず，排除原理の適用が可能であり容易であるから，民間部門により供給することが可能である。消費における非競合性という性格だけで，ただちに公共部門により供給すべきだという結論にはならない。**市場の失敗**のみならず**政府の失敗**の顕著な昨今において，一度は公共部門が担当していた多くの財・サービスの供給が民間部門に移管されており，**民営化**はいまや世界的傾向といえる。

消費における競合性と排除原理適用の困難性

場合2は，消費における競合性はあるが，排除原理の適用がきわめて困難か不可能な場合である。わが国ではとりわけ盆や正月前後の**一般道路**は極度に渋滞しており，道路の空間は明確に消費における競合性という特徴を示す。電力消費に対する公共料金決定の理論においてピーク・ロード料金決定法と呼ばれる方法が知られるが，もし排除原理が適用できるならば，最も高い利用価値を認める利用者に割り当てるために料金を設定し，料金を払わない利用者を利用から排除することが経済的には好ましい。しかし，排除原理の適用が望ましくても，技術的または経済的に不可能であるから，多くの場合において排除原理は適用されないで，数時間にわたる**長い渋滞**が出現する。

国際河川などは上流の国が汚染すれば，下流の国はその害を被るから，消費における競合性が存在する。また，最近世界的に深刻化している，大気汚染，水質汚染，オゾン層破壊，地球温暖化などに見られるように，環境資源の消費における明確な競合性が存在する。このような消費における競合性を有するが排除原理の適用が容易でない財・サービスに対しては，困難であるが国際協定などにより多数の国や当事者の間の強制をともなった対策が必要

である。消費における競合性があるからと言って，完全に民間部門に委ねることはできず，困難な政治的調整も含めた消費の競合性に対応した排除原理適用の方法を模索しなければならない。

1-4　財政の分配機能と政府移転支出の増大

　「ゆりかごから墓場まで」やわが国の憲法第25条の規定する「すべて国民は，健康で文化的な最低限度の生活を営む権利を有する」という目標を明確に標榜する**福祉国家**においては，要素市場が限界生産力に基づき所得を分配する点においてその機能を完全に果たしても，市場の決定した分配状態を，**社会的公正の基準**に基づいて改善することが要請される。

　市場は人びとの生産への寄与の程度に応じて所得を分配するが，その結果が社会的公正の基準から見て容認できるとは限らない。現代の福祉国家は，国民を極貧のうちに放置することを容認できないから，政府による再分配が不可欠となる。公平な分配の基準は基本的に主観的価値判断の問題であるが，市場の決定する分配状態を全面的に容認することはなく，少なくとも最低生活は国家が保障しようとする。この機能を「**財政の分配機能**」と呼ぶ。

　財政のこの分配機能の大きさを示す1つの指標は，政府歳出総額に占める移転支出の比率である。同じく政府支出といっても，最終消費，資本形成，移転支出は異なる経済的性格を有する支出である。現代国家の大きな特徴は，対価の提供なくして一方的に政府から民間の個人に対してなされる**政府移転支出**が，急速に増大した点にみられる。図1-4には，アメリカの連邦支出に占める移転支出の比率の変遷を，1940年から2006年までの期間にわたって描いてある。アメリカの公共部門の比率は先進諸国の中ではもっとも低いグループに属し，福祉国家の性格はそれほど明確ではないが，それでもこの比率の上昇傾向は明白であり，2006年においては個人への支払いは59.9％にも上り，個人への直接支払いの比率でも49.5％である。この差額は州政府や地方政府に対する補助金として連邦政府から支出されるが，州政府や地方政府を通して個人に対して支払われるものである。連邦政府は国民から多額の借入れをしているが，その残高に対する利子の純支払いの比率が10％

図1-4 アメリカ連邦政府支出総額に占める移転支出比率の変遷

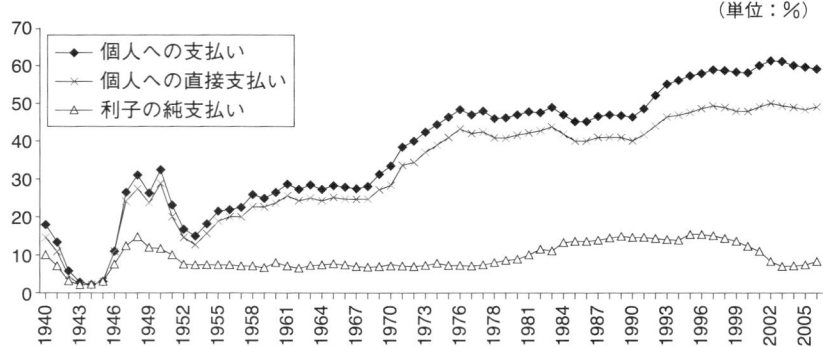

資料：*Budget of the United States Government* : Historical Tables Fiscal Year 2008, Table 6.1―COMPOSITION OF OUTLAYS : 1940-2012 より作成。

前後に上る。利子の純支払いは財政の再分配機能というよりは，経済の安定化機能に密接に関係した移転支出である。

1-5 財政の安定化機能

フィスカル・ポリシー

　1930年代の世界的大不況は未曾有のものであったが，自由市場が自動的に経済の完全雇用を保証しないことが判明した。多数の失業者が存在し，遊休状態に放置された大量の生産設備が存在するにもかかわらず，生産活動が行われないという「**豊富の中の貧困**」という現実が明らかとなった。そこで，政府が経済を管理して雇用の確保，物価の安定，国際収支の均衡などの**経済の安定性**を確保しようとする政策が重要となったが，財政のこの機能を「財政の安定化機能」と呼ぶ。1990年以来のわが国の長い景気低迷においても，フィスカル・ポリシーと呼ばれる景気対抗的財政政策が大規模に実施された。

　現代国家の公債依存にほとんど無制限のお墨付きを与えたのは，景気対策としてのケインズ流のフィスカル・ポリシーであった。表1-2（p.15）には2006年度に対して，OECDデータの経常収入（current receipts）から歳出総額（total outlays）を差し引いた差額を分子に，国内総生産を分母にとった

比率を計算してある。分子はプラスなら財政黒字，マイナスなら**財政赤字**に対応する。OECD全体は－1.6％であるが，わが国は－2.4％で，OECD平均よりも財政赤字幅がかなり大きい。もっとも赤字幅が大きいのはイタリア（－4.5％）であり，その他旧東欧諸国の1つチェコ（－2.9％）や西欧福祉国家のイギリス（－2.9％）やフランス（－2.6％）の財政赤字は大きい。そのなかでもフィンランド（3.8％），アイルランド（2.9％），韓国（2.6％），スウェーデン（2.1％）などが黒字財政運営をしているのが注目される。

政府債務の累積

毎年度の財政赤字とそれに対処するために発行される公債は累積していき，わが国をはじめとして多くの諸国は，巨大な**政府累積債務額**の重圧のもとで苦悩している。多くの国を一度に描くと図が見にくくなるから，わが国との比較において，きわめて健全な財政運営をしている例としてオーストラリアと，世界の超大国でありOECD全体とほぼ同じ変遷を示しているアメリカとを例にとり，一般政府債務残高の対GDP比率の変遷を，図1-5に示してある。

オーストラリアは全般的に低い比率を示しており，1990年代中ごろには少し上昇したが，その後一貫して低下し，2006年の値は16.1％である。アメリカでも伝統的に均衡財政への志向性が高かったが，クリントン政権下において挙国一致で連邦政府の財政赤字を解消し，大幅な黒字を出すにいたった。その後のブッシュ（子）政権下においては，大幅な減税政策とアフガニスタンとイラクの泥沼化により，また財政赤字幅が増大し，累積額の対GDP比率も上昇に転じている。わが国はこの期間全体にわたって一貫して急上昇を示しており，2006年には179.3％とOECD諸国の中でもとりわけ高い比率を示している。わが国の抱える深刻な問題は年金問題や教育問題をはじめとして数多いが，世界でも異常に高い累積債務の問題はまちがいなくその1つである。

図1-5 一般政府債務残高の対GDP比率の変遷

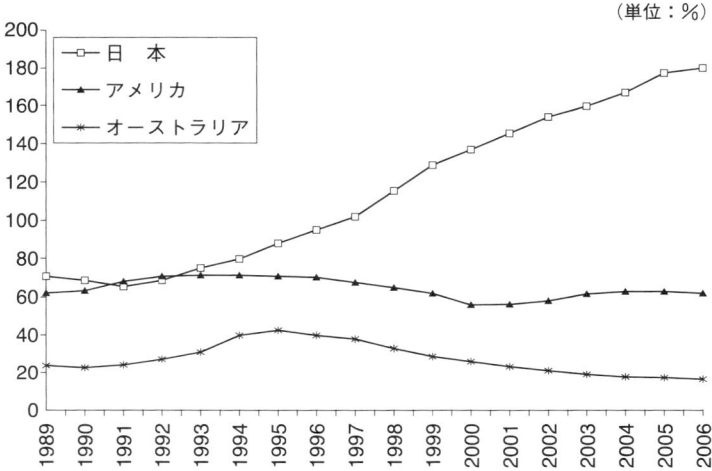

資料：OECD, *Economic Outlook*, No. 81, Annex Table 32, General Government Gross Financial Liabilities より作成。

1-6 公共部門の規模

一般政府の規模

　一般政府という政府の概念は，政府の範囲の概念として通常使用される。「**一般政府**」(general government) とは，OECD統計用語集によるならば，政治的責任と経済規制の役割遂行に加えて，個人または集合的消費のために主として非市場的財・サービスを生産し，所得と富を再分配する諸機関全体から構成される。一般政府部門は主として中央・地方政府と，それらにより義務付けられ監督される社会保障諸基金から構成される。それに加えて，政府諸機関と，社会保障諸基金により監督され資金供給を受ける非市場的生産に従事する非営利機関も含む。

　表1-2には，わが国も含めた主要先進諸国の2006年度におけるGDPに対する一般政府の規模の比率を，OECDデータにもとづいて示してある。一番高い比率を示すのはスウェーデンであるが55.5％にまで達しており，

表1-2 一般政府の規模対GDP比率：2006年

(単位：％)

	歳出総額	経常歳入	財政収支
オーストラリア	34.1	35.5	1.5
カナダ	39.5	40.3	0.8
チェコ	41.9	39.0	−2.9
フィンランド	48.5	52.2	3.8
フランス	53.7	51.2	−2.6
アイルランド	34.0	36.8	2.9
イタリア	50.1	45.6	−4.5
日　本	36.3	33.9	−2.4
韓　国	29.9	32.5	2.6
オランダ	46.7	47.2	0.5
スウェーデン	55.5	57.6	2.1
イギリス	45.1	42.2	−2.9
アメリカ	36.4	34.1	−2.3
ユーロ圏	47.1	45.5	−1.6
OECD全体	40.4	38.8	−1.6

資料：OECD, *Economic Outlook*, No. 81, Annex Tables 25 General Government Total Outlays, 26 General Government Total Tax and Non-tax Receipts, 27 General Government Financial Balances の表から作成。

　西欧諸国の多くは40％から50％の水準にある。わが国はアメリカと同じくらいで30％台中位の水準にあるが，急速に西欧諸国の水準に追いつきつつある。

経費膨張の法則と公共部門の規模の抑制

　表1-2では2006年単年度の状態を示したが，公共部門は長期にわたり傾向的にみると拡大してきている。その提唱者の名前にちなんで「**ワグナーの法則**」と呼ばれる法則は，100年以上も前の著書で明らかにされた経験法則であるが，OECD先進諸国の戦後期間にわたる一般政府の規模についてもよく当てはまる。公共経費は名目表示の絶対額で増大するのみではなく，実質表示でも，1人当たり実質額でも，さらには国内総生産や国民総生産等の

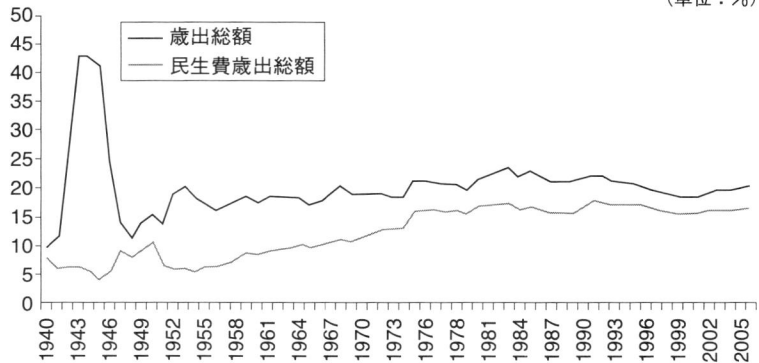

図 1-6　アメリカ連邦歳出額の対 GDP 比率の変遷

(単位：％)

凡例：歳出総額／民生費歳出総額

資料：*Budget of the United States Government*：Historical Tables Fiscal Year 2008, Table 6.1―COMPOSITION OF OUTLAYS：1940-2012 より作成。

指標で表されるパイ全体に占める比率においても，増大してきている。

　図 1-6 には，長期データが利用可能なアメリカの連邦政府の歳出総額と国防費を除く歳出総額，すなわち民生費歳出総額の対 GDP 比率の変遷を描いてある。**歳出総額**の対 GDP 比率は戦前の 1940 年には 9.8％にすぎなかったが，2006 年には 20.3％まで膨張している。1940 年から 45 年までは第 2 次大戦という緊急事態の期間であり，連邦政府の歳出総額の対 GDP 比率はきわめて高く，ピーク時の 1943 年と 44 年には 43.6％に達している。その後の期間においても 1950 年代前半においては朝鮮戦争があり，さらにその後の 60 年代から 70 年代前半のベトナム戦争の影響や，レーガン政権下の小さな政府志向の政策もあり，かなりの変動を示している。戦後の 1946 年から 2006 年までの期間に対して**傾向線**を計算してみると，年率 0.08 ポイント上昇している。

　図 1-6 には国防費を除いた**民生費歳出総額**対 GDP 比の変遷も示してある。1940 年度には 8.1％であったが，2006 年度には 16.3％まで上昇しており，傾向的には 1940 年度から 2006 年度までの期間にわたり，年率 0.19 ポイント上昇してきている。

第2章 租税国家の歳入と租税の性格

2-1 租税国家の歳入

政府歳入の膨張

　第1章では国内総生産に占める一般政府の歳出総額の比率という指標により，現代国家における公共部門の規模の現在の大きさと，「経費膨張の法則」と呼ばれる時間にわたる公共部門の拡大の現実を明らかにした。歳出の増大に伴って，歳入も増大する。近代国家は無産国家または**租税国家**とも呼ばれ，自ら生産手段を所有して収入を獲得するのではなく，民間部門の経済活動の結果である純生産物の一部を，租税として徴収して必要な財源を調達する。

　アメリカの連邦政府の例をとり，**歳入額**（receipts）の対 GDP 比率の変遷を見よう。図2-1に示されるように，データの最初の年度である 1930 年には 4.2％であり，32 年には大不況の影響を受けて 2.8％まで落ち込んだ。その後は第2次大戦の戦費調達のために歳入の対 GDP 比率は大幅に上昇し，44 年度には 20.9％となった。戦争は終焉しても，戦後の期間においては戦前の水準まで低下することなく，戦前の5倍くらい高い 15％から 20％の間くらいを推移した。戦争のような大きな社会的大変動の中にあって，以前には容認できなかった水準の租税負担を，納税者が支払おうとするから**租税負担率**は元の水準には戻らない。財政学ではピーコック＝ワイズマンによる**転置効果**が知られるが，経費膨張に対する抑制条件である租税への抵抗が，戦争という緊急事態において低下した結果，民間の支出が転置（排除）され公

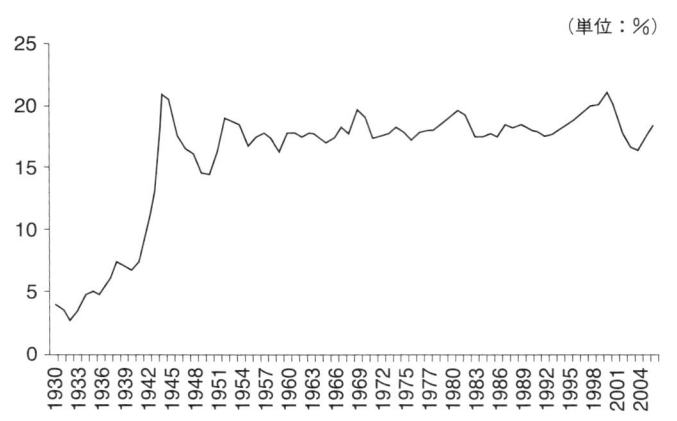

図 2-1　歳入額の対 GDP 比率の変遷

(単位：%)

資料：*Budget of the United States Government : Historical Tables Fiscal Year 2008*, Table 1.2―SUMMARY OF RECEIPTS, OUTLAYS, AND SURPLUSES OR DEFICITS (－) AS PERCENTAGES OF GDP : 1930-2012 より作成。

共支出が増加するという財政現象である。アメリカの場合にも，第 2 次大戦を境にして，明確に租税負担率は高い水準にシフトしたことが図 2-1 から明らかである。

租税国家アメリカの連邦政府歳入

　図 2-2 には，租税国家アメリカの連邦政府の **歳入構造** の変遷を示してある。個人所得税，法人所得税，社会保障税，個別消費税は 2006 年においては 95.9 ％を占める。その他歳入の中にも税収が含まれ，2006 年度におけるその他歳入の内訳は遺産税と贈与税が 28.5 ％であり，関税と手数料が 25.4 ％である。残りの雑収入には連邦準備銀行預託金が 30.7 ％，その他が 15.4 ％である。1934 年にはその他歳入の比率は 26.7 ％と高く，その内訳は遺産税と贈与税が 50.6 ％，関税と手数料が 47.4 ％であり，これらを除くその他歳入のその他歳入総額に占める比率は 2.0 ％にすぎない。要するに租税国家アメリカの連邦政府歳入のほぼすべては租税収入である。この歳入額よりも歳出額が多額の場合には財政赤字が生じ，**借入れ**により補塡しなければなら

図2-2 アメリカ連邦政府歳入の構成

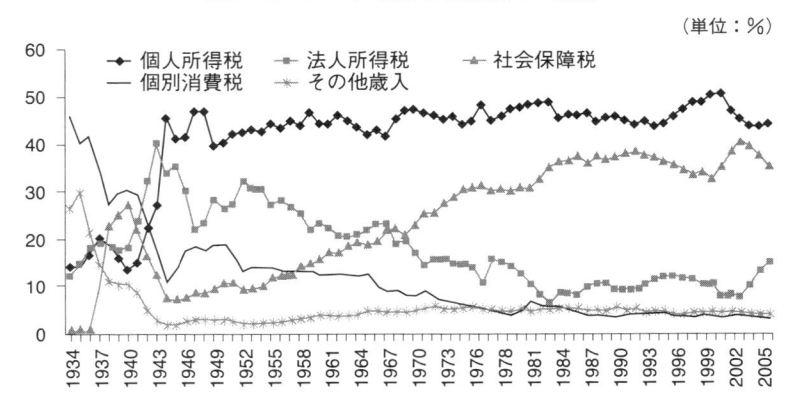

(単位：%)

凡例：個人所得税、法人所得税、社会保障税、個別消費税、その他歳入

資料：*Budget of the United States Government : Historical Tables Fiscal Year 2008*, Table 2.2— PERCENTAGE COMPOSITION OF RECEIPTS BY SOURCE：1934-2012 より作成。

ないが，借入れは将来の**税収の先取り**であり，将来の税収による元利償還が要請される。

わが国の一般会計歳入構造

経常収入には租税のみでなく，雑収入等の収入も含まれるが，根幹は**租税収入**である。表2-1にはわが国の一般会計の歳入構造が示されている。租税収入比率は63.0％であるが，30.7％を占める公債金収入は将来の税収の先取りの性格を有するから，歳入のほとんどは税収で構成される。雑収入は4.5％であり，その内訳は国有財産利用収入0.1％，納付金1.4％，諸収入3.0％である。政府資産整理収入0.3％は臨時的収入であり，官業益金及び官業収入はほとんど皆無であり，ほとんどすべての歳入は租税収入であるといえる。

表 2-1　一般会計歳入構造：2007 年度予算

		単　位	10 億円	％
租税及び印紙収入			53,467	64.5
	租　税		52,248	63.0
		所得税	16,545	20.0
		法人税	16,359	19.7
		相続税	1,503	1.8
		消費税	10,645	12.8
		酒　税	1,495	1.8
		たばこ税	926	1.1
		揮発油税	2,135	2.6
		石油ガス税	14	0.0
		航空機燃料税	93	0.1
		石油石炭税	533	0.6
		電源開発促進税	346	0.4
		自動車重量税	716	0.9
		関　税	929	1.1
		とん税	9	0.0
	印紙収入			
		印紙収入	1,219	1.5
官業益金及び官業収入				
	官業収入		16	0.0
政府資産整理収入			271	0.3
	国有財産処分収入		241	0.3
	回収金等収入		30	0.0
雑収入			3,723	4.5
	国有財産利用収入		62	0.1
	納付金		1,155	1.4
	諸収入		2,506	3.0
公債金				
	公債金		25,432	30.7
合　　　計			82,909	100.0

資料：2007 年度国庫歳入歳出状況，2007 年 4 月末，一般会計歳入より。

2-2　租税の性格

自発的交換と強制獲得

　租税という負担と純粋公共財から享受する便益との間には，一般的な形においては**交換**と呼べる対応関係を想定することができる。第5章で扱う「公平性の原則」のうち，**利益説**と呼ばれる考え方は，租税を財源として供給される公共財・サービスから受ける便益に応じて租税負担を納税者間に配分することが，公平性の原則に適う(かな)ことを主張する。

　しかし，私的財の場合には個別の便益と個別の負担とが対応するのに対して，純粋公共財の便益と**一般税**の租税負担は，便益と負担とのきわめて大まかな対応関係にすぎない。また，公共財の多くについては排除原理が適用されないから，その財が利用できない場合との比較が現実にはなされず，いわば太陽の光や空気のような自由財に近い性格の財として享受される。他方，租税負担は納税者によってもっと明確に意識されるから，負担感が過度に増幅され，**強制獲得**の性格が強くなる。その結果として租税への抵抗は強くなるが，裏返していえば，人びとの抵抗が少ない形で必要な資金を調達するには，できるだけ個別の便益と個別の負担とを明示的に対応させ，**自発的交換**の性格をもたせることが賢明である。このことは特定便益と費用負担が対応する財・サービスの供給を，民間部門に委ねた方がよいという，民営化の政策を支持する。

租税負担への抵抗

　租税には強い抵抗が伴うという現実は，租税は明確な政治的性格を帯び，さまざまな重要な政治的発展が，租税の歴史に密接な関係を有してきたことを示唆する。**苛斂誅求**(かれんちゅうきゅう)という言葉があるが，「苛斂」は苛酷に取り立てること，「誅求」は責め求めるという意味であり，税金，年貢などを責めて厳しく取り立てることを意味する。江戸時代には四公六民，五公五民などと言われたが，「公」は御公儀で政府であり，「民」は民衆であるから，現代流にいえば**租税負担率**は40％とか50％であった。江戸時代には3,200の一揆が起

こったといわれるが，税は人びとにとり生活を脅かす大きな負担であり，その軽減のために，人びとはときには直訴や徒党を組んだ抵抗という手段に訴えたのである。

租税と政治的発展

　歴史上有名なイギリスの**マグナ・カルタ**が，課税と政治的発展との密接な関係を示す格好の例を提供する。イングランドのジョン王は，騎士たちが軍役の代わりに支払う税を重課し歳入を増やそうとしたが，封建貴族はその支払いを拒否した。彼らは 1215 年に国王ジョンにマグナ・カルタへの署名を強制したが，この文書は**国王の課税権**を制限し，貴族たちが同意したときにのみ軍役免除税を徴収することを国王に要請したものである。国王はその後，国王の議会に代表を送る義務を貴族の臣民に課した。

　また植民地アメリカに対するイギリスによる課税は，アメリカの**独立戦争**の引き金となる要因の 1 つであった。フレンチ・インディアン戦争はイギリスに多額の負債を残したが，イギリス議会は，豊かな植民地はその防衛費を支払うべきであると強硬に主張した。1764 年に議会は砂糖税を課し，砂糖と糖蜜のイギリス人以外の業者による輸入に対して厳しく課税した。1 年後には印紙法を制定し，すべての公文書には印紙を購入し貼り付けることを植民地人に要求した。これらの税は，広範な植民地人の間に激しい憤りを引き起こした。「**代表なくして課税なし**」が植民地人の標語となり，植民地人は暴動に走り，イギリスの財をボイコットした。

2‐3　租税の歴史

古代の租税

　古代パレスチナ，エジプト，アッシリア，バビロンにおいては，個人の財産権は存在しなかった。国王のみが臣民の身体も含めて領土内のすべての所有者であり，国王は臣民に労働を強制し，自分の土地から生産した食糧や鉱山からの貴金属の形態で歳入を調達した。この歳入が財政需要を賄うのに十分でなければ，軍隊を隣国に侵入させ，隣国の財産を略奪した。被征服民は

征服者の力に対する服従をみとめ，征服者に対して**貢物**を提供した。富裕でもなく隣国からの略奪にも長けていなければ，国王は自国民に課税した。貨幣を用いない社会においては，穀物の一部の形態で農民から税を徴収した。エジプトのプトレマイオス王朝においては，**人頭税**が主要歳入源であった。ギリシャのアテネ政府は，公共的に所有された銀鉱山からの産物や，被征服国家からの貢物，関税，また市民からの自発的寄付により歳入を調達した。人頭税は奴隷や外国人に対してのみ課税し，税の未納は重罪とみなした。

　ローマ共和国の初期には，すべてのローマ市民は人頭税を支払った。しかし，ローマの軍事的勝利は，外国からの大量の貢物をもたらしたので，ポエニ戦争後の紀元前2世紀には，市民への課税は免除された。皇帝アウグストゥスは，**土地税**と**相続税**を導入した。その後の皇帝たちは，税率を引き上げ，小麦や塩を含むさまざまの**物品**に対する課税を導入した。

ヨーロッパの中世の税

　中世の封建制度のもとでは，家臣からの軍事サービス，租税，その他の科料と交換に，領主は土地と保護を家臣に与えた。5世紀から15世紀までの中世においては，**課税**は地域ごとにさまざまの形態をとった。ヨーロッパでは土地税，人頭税，相続税，交通料（橋，道路，港湾などの使用料）やその他の料金や罰金の形態で徴収した。11世紀以後の封建制度のもとでは国王，貴族，教会などの支配者はすべて税を徴収した。国王は土地からの収穫に対する税，関税，さまざまの封建科料を徴収した。教会の聖職者や貴族は，ほとんどの税について国王の課税から免除されたので，税負担は小作人に重くのしかかった。

　中世にはローマカトリック教会が主な徴税者であったが，教会のもっとも重要な収入源の1つは**十分の一税**で，個人の収穫や家畜の十分の一を強制的に徴収するものであった。教会はそのほかにもさまざまの料金，罰金，通行料を徴収し，また司教や大司教には，ローマ法王への支払いを要求した。封建時代の終わり頃には，人口と町や市の数とが劇的に増加したが，これらの都市中心地は，各種物品に対する**売上税**とともに**財産税**を課した。

　多くの人びとは，貨幣または穀物の形で，小作する土地の領主に対して支

払った。ヨーロッパにおいては，軍事的強化と拡大する行政に支援されて巨大な土地を獲得したときに，集権的国家が建設されている。国家間の競争のために，支配者たちは**軍事力増強**を迫られ，ますます多額の資金の徴収を強いられた。支配者が徴収できる税額は，自然資源や人的資源により制約を受けたから，生産増強と貿易の拡大が重要な課題であった。拡大する生産と貿易に課税するために，しばしば支配者は，新規課税の承認を封建諸侯たちから得なければならなかった。このことにより支配者と封建諸侯との関係が強化され，代議制民主主義の発展における重要な要因となった。

中央集権国家の税

　13世紀から18世紀までには，ヨーロッパの政治形態は中央集権化された国民国家へと大きく変貌し，国家の支配者に課税権を与える**代議制議会**が発展した。代議制議会はヨーロッパのどこでも発展したわけではなく，貴族や聖職者と指導者との関係により規定され，指導者とこれらの選良との交渉形態が，のちの政治制度の発展に影響を与えた。イギリスの議会やフランスの身分制議会は，13〜18世紀において聖職者，貴族，平民などの諸身分がそれぞれの代表をたてて，君主が諮問した国政の重要事項を審議した議会であった。

　審議事項は政治や国政上の重大問題に関する助言や，これにともなう軍事的奉仕と金銭的援助についての決定であったが，身分制議会の場合もっとも重要だったのは，戦争などの国家的緊急事態に際して王国全域の臣民に対する**課税の承認**であった。ヨーロッパの中世では，通常の王国財政は王領地からの収入や流通税などによって運営されていて，それ以外の臨時の特別課税をおこなう場合には，その理由，金額，徴収期間などについて，被課税者の同意を得る必要があった。

　議会は王権と諸身分との交渉の舞台であり，課税承認の対価として，さまざまな請願受理や特権拡大が要求された。イングランドでは，国王や女王が資金を得るためにしばしば議会を招集したので，議会の力が着実に増大した。1689年の**権利章典**は，議会の承認なしには国王は課税できないという原則を確立した。

近代国家の所得税

18世紀までには，イングランドは取引に対してさまざまの税を課した。砂糖，肉，チョコレート，アルコール，コーヒー，ろうそく，石鹸などのさまざまな商品に対する**物品税**とともに，輸入財に対する**関税**はきわめて重要な歳入源であった。窓ガラスに対する税は金持ちが負担するものであったが，「光と空気に対する税」と見られたから評判が悪かった。他のほとんどの税負担は主として貧困者に帰着したので，この種の租税制度に対する人びとの不満は増大した。関税も支配者階級が欲するほどの歳入が上がらなかったうえに，貿易量を減少させ社会に対して経済的損失を生みだすことを，経済学者や政治指導者は悟り始めた。

19世紀末と20世紀初頭においては，歳入調達能力を高め公平性を確保するために，政府は**所得税**を導入した。イギリスはナポレオン戦争の戦費調達のために，1799年に最初の国税の所得税を導入した。ナポレオン戦争が終了した1815年に廃止したが，1842年に再導入した。最初の**累進所得税**はプロイセンで1853年に導入され，イギリスでは1907年，アメリカでは1913年，フランスでは1917年に，次つぎと他の諸国にも導入された。所得税の税収は当初はあまり多くなかったが，今日ではすべての近代国家において主要税収源となっている。

アメリカの連邦税制度の変遷

租税制度は，経済活動や徴税能力の変化に対応して変遷する。図2-2の対象期間の範囲では，大不況の真只中の1934年度から第2次世界大戦終了の1945年度までの期間中に，各種税の構成比の変動が顕著である。**個人所得税**は，ナポレオン戦争やクリミヤ戦争の財源調達に貢献したイギリスの所得税を参考に，南北戦争の戦費調達を目的として1861年に最初に導入され，1872年には失効した。再導入された1894年連邦所得税法が，1895年に最高裁により**違憲判決**を受け，ようやく1913年の憲法修正第16条により，連邦税として正式に承認された。図2-2が示すように，戦後の連邦税制の女王的地位を占める個人所得税と法人所得税の構成比が，1934年度から45年度までの期間中に急上昇し，それ以前において主役を演じていた個別消費税や

その他歳入の比率が急降下している。

　戦後の期間においては，個人所得税が高い比率で推移し，連邦税収の主幹的地位を維持してきている。1940年代中頃までは，**法人所得税**は個人所得税と競うくらいの高い比率を占めていたが，その後は一貫して低下している。また，個別消費税の比率も低下傾向にあり，その他歳入は低い比率でほぼ横ばい状態で推移してきた。顕著に上昇したのが給与税（payroll tax）と呼ばれる**社会保障税**であり，個人所得税さえも凌駕しそうである。

2‐4　日本の租税制度の歴史

古代の租税：租庸調

　租税制度は，他の社会制度と同様に，その国の歴史や経済や社会情勢と密接不可分な関係を持っている。わが国の租税の歴史を見ると，古代の共同体は生産力が低く，各構成員が労力を提供し合うことにより，それぞれの共同体を支えていた。その後，大和朝廷という強大な政権が誕生すると，7世紀半ばには「**大化の改新**」によって，当時東アジアにおいて圧倒的な影響力を持っていた唐に倣って，「租庸調」という租税制度が，統一的に全国で施行されるようになった。

　租庸調というのは，律令制における代表的な3種の税であり，中国の北魏で創設され，唐代初期に整備された税制である。これらは一定年齢の成年男子すべてが負担しなければならない**人頭税**であり，唐代前期には唐王朝の公課の中心であった。日本でも，それにならう全国統一の租税制度が7世紀に取り入れられ，**大宝律令**（701年）によって確立した。しかし，唐の租庸調制とはかなりちがったものであり，とくに租が人ではなく土地に賦課される点が大きく異なっており，平均収穫稲の約3％であった。庸は中央での10日の無償労働の代納物であり一定量の布で，調は繊維製品，鉱産物，魚介類，海藻類など多種多様な郷土の産物で納められた。

年貢という租税

　日本史上において**年貢**は租税の一形態であり，平安初期〜中期における律

令制の崩壊と形骸化にともなって，律令制における田租が年貢へと変質した。その後，中世と近世を通じて，領主が百姓をはじめとする民衆に課する租税として存続したが，主に米で収めるので**年貢米**とも呼ばれた。中世の封建社会においては，生産力の源泉である土地の収益の一定部分を当該土地の領主に納める年貢が中心になり，近代に至るまでの長い間にわたり中核的な租税として，幕府を始めとする領主の財政需要を支えてきた。

　鎌倉時代になると，商品経済が発展し貨幣流通が増加したので，中には銭貨で年貢を納入する場合も出てきたが，物納された年貢を荘官や地頭が換金することの方が多かった。室町時代に入ると，貨幣経済が一層進展し，銭貨による年貢納入が，畿内を中心に広く普及するようになった。

　安土桃山時代に実施された**太閤検地**により，1つの土地に対する重層的な支配・権利関係がほぼすべて解消された。1つの土地の耕作者がその土地の唯一の権利者となり，土地の生産力は米の見込生産量である石高で計られることとなった。年貢については，石高を村落全体で集計した村高に応じた額が，村の年貢量とされ，年貢納入は村落が一括納入の義務を負う**村請**の形態が採用された。江戸時代になっても，太閤検地による村落支配体制はほぼそのまま継承され村請制がとられた。

地租改正

　その後も小作料を年貢と呼ぶ慣習が残った。1873（明治6）年に地租改正条例が制定され，明治政府は翌年1874年から地租改正に着手した。新地租は，収穫量の代わりに，収穫力に応じて決められた**地価**を課税標準とし，従前は物納であったものを**金納**とした。税率を地価に対する一定率3％とし，耕作者ではなく地券の発行により確認された土地所有者を納税義務者とした。また，制度を全国的に統一し，税率を地価に対する一定率とすることにより，農作物の豊凶により税収が変動することなく，政府は安定した収入を確保することができるようになった。地租は収穫量を課税標準とし，耕作者である百姓から直接に生産物の物納の形で徴収されたが，近代的な国家が成立すると，その財政需要を賄うために，統一的な租税制度が整備されはじめた。

地券の発行により，個人に対する土地の私的所有が認められることとなった。この結果，土地は天皇のものであり，臣民は天皇または領主からその使用を許されているにすぎないと考える公地公民思想や，封建領主による領主権や村などの地域共同体による共同保有といった封建制度的な土地保有形態が完全に崩壊した。土地にも保有者個人の**所有権**が存在する事が初めて法的に認められることになり，土地が個人の財産として流通や担保の対象として扱われるようになった。その意味で，地租改正は日本における資本主義体制の確立を基礎づける重要な一歩であるといえる。

地主を納税義務者とすることで，従来の村請負制度が消滅することとなった。また，地主を納税義務者とすることは，彼らに参政権を付与することを意味し，**地主階級**に対して一定の政治的な力を与えることになった。

所得課税

所得税はわが国では1887（明治20）年に，年間300円以上所得のある家長とされた戸主に限って課税された。この税はプロイセンの制度を基準としながらも，所得を5段階に区分し，最低1％から最高3％の低い税率で，**累進課税方式**を採用していた。この新税の対象とされたのは，当時の全戸主の1.5％にあたる12万人のみであり，納税額も国税収入のうちの0.8％程度であった。1890年に行われた日本最初の国政選挙である第1回衆議院議員総選挙においては，満25歳以上の男性で直接国税15円以上を納めている者に**選挙権**が与えられた。

1899年の改正では，所得を3種類に区分し，第1種を法人所得，第2種を公社債利子所得，第3種を300円以上の個人所得とした。1940（昭和15）年改正では，**分類所得税**と**総合所得税**の2本立てとなり，前者において所得種類別に異なった税率を適用するとともに勤労所得への**源泉徴収制度**が導入され，後者において所得合計が5,000円以上の者に10〜65％の高度の累進税率で課税された。

第 3 章　経済循環と各種租税

3‑1　税源としての経済の純生産

ガチョウと金の卵

　イソップ物語の金の卵を産むガチョウの寓話が，経済と租税の関係を示すたとえとして最適である。ガチョウが毎日産んでくれる金の卵は，経済におけるフローである年々の純生産に対応する。どのように使用しようと自由であるが，毎日1個の卵や**年々の純生産量**が，公共部門と民間部門も含めた経済全体により利用可能な最大量を規定する。ガチョウが毎日1個の金の卵を産むからといって，ガチョウの腹の中に巨大な金塊が存在するわけではなく，いわばガチョウの毎日の生産活動の成果として1個の卵が産み出される。純生産であるガチョウの卵に満足せずに，ガチョウの腹を割いて金塊を求めようとするならば，あのイソップ物語の愚かな飼い主のように，ガチョウも金の卵もともに失うことになる。賢い飼い主ならば，ガチョウがより大きな卵をより多く産んでくれるように，ガチョウを大切にして，その健康に細心の注意を払う。

　国家の徴収する税は，ガチョウが産む金の卵に対応する年々の経済の純生産の一部にすぎない。租税政策においては，**生産基盤**を損なう課税はタブーとされ，経済に対する歪曲効果を最小化し，究極的税源である年々の純生産を最大化することが重要である。古代や中世の盗賊の群れは農村を襲い食料などを略奪したが，どんなに徹底的に略奪しても，種モミだけは残すという

不文律があったという。種モミまでも略奪しては，翌年に略奪にきたときに略奪対象がなくなるからである。

3‒2　経済循環と各種税の衝撃点

経済循環と税源

　租税論の課題は，国家の必要とする税収を調達するのに，いかなる租税により調達すべきかを研究することである。優れた租税の条件である租税原則を打ち立て，経済に対する租税のさまざまな効果を分析し，いろいろな租税の性格を考慮して，各種税を組み合わせた租税体系を構築することが課題となる。租税分析のための基本的な枠組みは，重農学派の**フランソワ・ケネー**により発見された経済循環である。フランス絶対王政下における王侯貴族の絢爛たる生活と，それを財政的に支えるための庶民に対する**苛斂誅求**を目前にして，宮廷侍医ケネーの究明しようとした問題は，税の究極の源泉は何かということと，税はどこまで徴収できるかという**課税の限界**であった。思索の結果として到達した経済循環という概念は，血液循環の発見に比せられる重要な発見であった。ケネーのこの経済循環の発見は「経済表」という形で表現されたが，のちにマルクスが人類最大の発見の１つとして絶賛し，「再生産表式」という形で自らの理論の中核に据えた。さらに後にはレオンチェフによりコンピュータとデータを駆使した「投入産出分析」へと発展し，現代の定量的経済分析と政策策定に不可欠の手法となっている。

　経済循環は経済学におけるもっとも基本的な概念であるが，租税論においても**税の本質と限界**を理解するうえで不可欠な概念となっている。図3‒1では経済における２つの経済主体として上部に家計，下部に企業が描かれている。また，市場として左側には要素市場が，右側には消費の流れに対応する消費財市場と貯蓄の流れに対応する資本市場，さらに資金を投資に向けた場合の資本財市場に分けて描いてある。さらに，固定資産税のようなストックに対する税も包含するために，右下には資本財投資の蓄積である資本ストックも描いてある。

　家計は生産活動に必要な労働や資本や土地のような生産要素を要素市場に

第 3 章　経済循環と各種租税　31

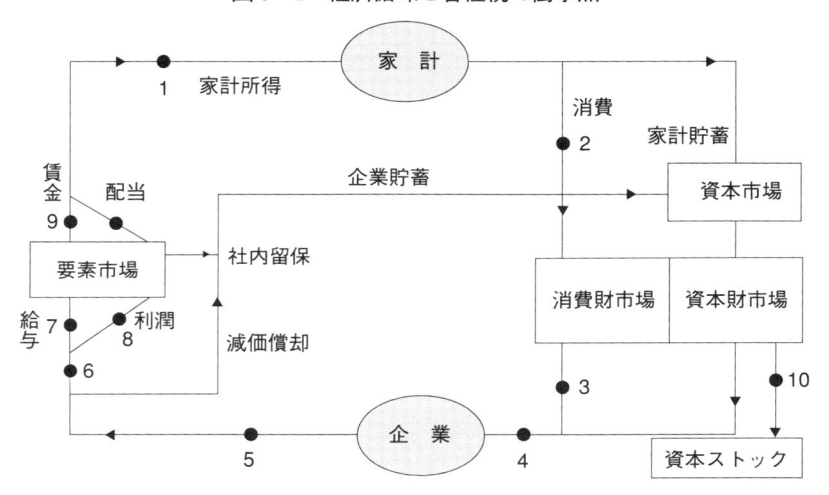

図 3-1　経済循環と各種税の衝撃点

おいて提供し，企業はこれらのいろいろな**生産要素**を生産活動に投入して**純生産**を生み出す。純生産は投入された生産要素に対する報酬として家計に分配され，家計の**所得**を形成する。家計は所得の一部を消費にあて，消費財市場で必要な消費財を購入する。残りは貯蓄され，資本市場に流入するが，企業は資本市場で資金を調達し，プラントの建設や他の生産設備に投資する。経済循環のさまざまな段階でいろいろな経済量のフローが生じるが，それらのフローに対する**課税の衝撃点**は，経済量の流れに投じる網のようなものであり，経済循環の各段階で，種々の税が徴収される。図 3-1 には，経済循環における衝撃点と各種税の対応が示されている。

租税の等価関係

　経済循環においては，製品市場と要素市場という 2 種の市場と，家計と企業という 2 種の経済主体が存在し，モノとカネとが逆方向に循環する。**付加価値**とも呼ばれる生産段階で生じた純生産は，生産に貢献した消費者の供給するさまざまの生産要素に分配され所得を形成する。付加価値税と所得税は外見上かなり異なる税であるが，経済循環におけるフローでみると，生産段

表 3-1　三面等価の法則と国民経済計算：2004 年度

項　目	単位：10 億円
1.1　雇用者報酬(2.4)	255,248.9
1.2　営業余剰・混合所得(2.6)	95,734.9
1.3　固定資本減耗(3.2)	106,239.5
1.4　生産・輸入品に課される税(2.8)	41,834.3
1.5　(控除)補助金(2.9)	−3,821.1
1.6　統計上の不突合(3.7)	960.5
国内総生産(生産側)	496,197.0
1.7　民間最終消費支出(2.1)	285,249.1
1.8　政府最終消費支出(2.2)	89,291.2
1.9　総固定資本形成(3.1)	113,452.6
1.10　在庫品増加(3.3)	−725.5
1.11　財貨・サービスの輸出(5.1)	67,038.7
1.12　(控除)財貨・サービスの輸入(5.6)	−58,109.2
国内総生産(支出側)	496,197.0

資料：『国民経済計算年報　2006』第一部フロー編，1. 統合勘定，
　1. 国内総生産勘定(生産側及び支出側)より作成。

階で発生した付加価値を生産要素に分配したものが**所得**であり，定義により両者は等価である。国民経済計算においては国民総生産，国民純生産はそれぞれ国民総所得，国民純所得に対応する。いずれもガチョウの産んだ金の卵にあたる経済の純生産に対応し，真の**税源**はこの経済の純生産以外にはない。

　生産要素に分配された所得は，経済循環において消費や投資という形で**支出**される。国民総所得は国民総支出に，国民純所得は国民純支出に対応するが，純生産の付加価値やその生産要素に分配された所得と同じフローにすぎず，支出合計額は付加価値額や所得額と，定義により等価である。GNP などのマクロ指標はよく知られるが，国民経済計算のさまざまな項目の統計値は，この経済循環を前提に推定されている。表 3-1 には 2004 年度に対する国内総生産（生産側）と国内総生産（支出側）の**等価関係**を示している。国内総生産（生産側）も 1.1 雇用者報酬とか 1.2 営業余剰・混合所得などの生産に貢献した生産要素への報酬の形で表現されているから，所得面で捕捉した経済量ともいえる。生産側でみても，支出側でみても国内総生産は同額の

496.197兆円となる。

経済循環と各種税

　このように究極的な税源は年々の純生産であり，国民所得計算において重要な概念である**三面等価の法則**が明らかにするように，所得，支出，生産という異なる段階で測定しても，定義によりその大きさは等しい。したがって，完全な**単一税**というものがあるならば，所得段階，支出段階または生産段階のいずれかで，単一税を課すれば十分なはずである。しかし，現実には税務行政の不完全性も含めて，単一税では各種租税原則を満足する税制を制定できないという認識にもとづいて，それぞれの税の長所と短所を組み合わせた租税体系が構築されている。わが国の国税と地方税を含めた**租税体系**は，包括的な税源である所得に対する税も含めた各種税により構成されており，あらたな課税標準を見つけることはほとんど不必要であり，税収を増減するには，既存の課税標準に対して税率を調整するだけで十分である。

　図3‐1におけるさまざまな衝撃点と各種税を関連付けると，まず家計に所得が分配される段階，衝撃点1で課税される税は**所得税**である。家計の所得の一部は消費に支出され残りは貯蓄されるが，消費を課税標準とする税としては，**個人消費税**（expenditure tax）が衝撃点2で課税される。ニコラス・カルドアがインドやスリランカに短期間だけ導入したことがあり，理論的には理想的な税として支持者が多いが，現在では現実の制度としては存在しない。アメリカの税制改革の議論においては，所得課税から消費課税への転換が1つの争点となっており，第11章で取り上げるフラット・タックスやUSA税（Unlimited Savings Allowance Tax，無制限貯蓄控除税）などが，個人消費税として具体的に提案されている。

　衝撃点3では，**個別消費税**が課税される。酒税，たばこ税，揮発油税などは，世界の諸国で課税されている個別消費税である。わが国で消費税が導入される前に各種の財に課税されていた物品税や，アメリカの州税として一般的に課税されている**小売税**も含まれる。また，EU加盟国をはじめ世界の多くの国で課税されている**消費型の付加価値税**も，この衝撃点で課税される税として位置付けてよい。

衝撃点 4 では企業の売上高に課税されるが，付加価値税導入前にヨーロッパ諸国において一般的であった**取引高税**があてはまる。取引高の合計は前段階からの中間財の購入を控除しないで各段階の取引高を合計するから，GNP や GDP の数倍の大きさになる。したがって，低い税率で多額の税収を得ることができるが，納税額も含めた前段階からの中間財の購入額を含んだ売上高に課税されるから，税に税が課されるという税の累積が生じる。したがって，経済効率上の理由ではなく，この税の累積を逃れて節税するために，企業の垂直的統合が促進される。また，国境での租税調整がきわめて困難か不可能であるので，付加価値税により代替された。

衝撃点 5 では，減価償却も含めた GNP 型の**付加価値税**が課税される。減価償却は生産費用の一部であり，生産基盤を損なわないために費用には課税してはならないという課税の鉄則に反するから，現実には採用されていない。さらに衝撃点 6 では，NNP 型の付加価値税が課税されるが，減価償却を除いた純投資であっても，投資は経済活動においては迂回生産にしかすぎず，経済活動の最終目的ではない。経済活動の最終目的は消費であり，投資はこの最終消費税の生産を効率化するという点においてのみ重要である。したがって，NNP 型の付加価値税の課税も現実には選択されておらず，EU におけるような**消費型の付加価値税**が一般的である。

衝撃点 7 は，生産要素のうちの労働の報酬に対して雇用者に課税される部分であり，**社会保障拠出金**の雇用者負担があたる。衝撃点 8 は資本に対する報酬である利潤に対して企業が支払う税であり，**法人所得税**が典型的な例である。衝撃点 9 における課税は，社会保障拠出金のうち従業員負担分が対応する。

3‒3 租税の種類

納税義務者による分類

表 3‒2 では横に納税義務者として企業と家計に，さらにそれぞれが売り手としての立場と買い手としての立場に分類されている。企業と家計は法人と自然人といってもよいが，**自然人**の納税者と**法人**の納税者との関係は，法

表3-2 租税の分類

	企　業		家　計	
	売り手	買い手	売り手 (源泉)	買い手 (使途)
製品市場				
すべての製品	小売売上税 消費型付加価値税			支出税
一部の製品	たばこ税			ガソリン税
要素市場				
全要素，全投入形態		所得型付加価値税	所得税	
一部要素，全投入形態		雇用者負担給与税	従業員負担給与税 賃金税または 　資本所得税	
一部要素，一部投入形態		法人利潤税 地方財産税		

資料：Richard A. Musgrave & Peggy B. Musgrave, *Public Finance in Theory and Practice*, 4th ed. McGraw-Hill, 1984, Table 10-1, p.223 より作成。

人の本質の規定との関係で難しい問題を提起する。この点については，第12章「企業課税：法人所得税と企業消費税」において詳しく論じる。最終的に租税負担をするのは自然人以外にはないという法人擬制説に基づいても，税務行政上の徴税機構として法人を利用し，法人において生じる個人所得を源泉徴収する意義がある。

　三面等価の法則により表されるように，経済循環の異なる段階で課税されても，経済的には**等価関係**にある税が多く存在する。課税される市場が**製品市場**であるか，**要素市場**であるかにより税を分類できる。さらに各市場でどのような範囲に課税するかにより，製品市場におけるすべての製品か一部の製品か，要素市場における全生産要素か一部生産要素かで分類できる。また，一部生産要素でも，全投入形態か一部投入形態かにより分類できる。主としてわが国の租税を例にあげて各種租税を表3-2に分類してあるが，例をあげると所得税は要素市場で売り手（源泉）としての家計を納税義務者として，全要素の全投入形態に生じるすべての種類の所得を課税標準として課税される。たばこ税は売り手としての企業を納税義務者として，製品市場でたばこ

という一部の製品に対して課税される。

　生産要素には労働，土地，資本があり，資本の投入形態は持分資本への投入と借入資本への投入との選択があるが，法人所得税は持分資本への投入のみに対する課税である。法人形態をとらない企業の資本投入に対する利潤は，法人所得税の課税対象ではない。

課税標準による分類

　OECD の租税の分類は，いかなる課税標準に対して課税されるかを基準にしてなされる。1000 は所得，利潤，資本利得，2000 は社会保障拠出金，3000 は給与と労働者，4000 は財産，5000 は財・サービス，6000 は多数の課税標準または確認できない課税標準に対する税である。租税が2つ以上の課税標準に対して課税される場合には，できるかぎり分割される。また**経常的租税**と非経常的租税が区別される。社会保障拠出金は，社会保障給付金の支払いに限定される目的税であるが，一般税か目的税かは，租税の分類には影響しない。

　OECD は加盟国を中心として世界諸国のさまざまなデータを提供しているが，本書との関係では *Revenue Statistics* が，OECD 諸国の租税をはじめとするさまざまな歳入源についての詳細なデータを提供しており重要である。OECD の分類においては，**租税**は強制的で政府に対する対価のない支払いに限定されている。政府が納税者に供給する便益が，通常は租税の支払額に比例しないという意味で，租税は**対価のない支払い**である。

　一般政府には中央政府，地方政府，ある種の社会保障制度，その他の自治的政府団体が含まれるが，公営企業は除かれる。財政独占（fiscal monopoly）から生じる利潤は，独占力の行使により国家が得る利潤であるから，租税として扱われる。一般政府に支払われる強制的社会保障拠出金は，一般政府への強制的支出であるから租税に類似し，租税収入として扱われる。ほとんどの国において，かならずしも給付額は拠出額に直接的に関連付けられてはいないが，過去になされた拠出金額に依存する点においては，**社会保障拠出金**は他の税と異なる。租税負担率の国際比較をするには，社会保障拠出金も含めることが正確な比較のために不可欠であるが，いかなる分析におい

ても租税とは別の項目で表現される。自発的なもの，または一般政府に支払う義務のない社会保障拠出金は，租税として扱われない。サービスを受ける者が，サービスの供給費に明確に関連した**料金**を支払った場合には，対価のない支払いという租税の条件に抵触するから，租税としては扱われない。

3-4 OECD諸地域における各種税

表3-3にはOECD全体およびアメリカ，太平洋，ヨーロッパの各地域における各種税の税収総額に占める比率を示してある。OECD全体のみについて述べると，1000所得，利潤および資本利得に対する税の比率が34.4％で一番高く，次いで5000財・サービスに対する税が32.1％を占めている。社会保障の財源である2000社会保障拠出金も26.1％と高い比率を示す。財産税については第15章「ストック課税と富裕税」において詳しく論じるが，OECD全体では5.6％にとどまっている。

表3-3 OECD諸地域における租税体系　　　　　(単位：％)

各種税	全体	アメリカ	太平洋	ヨーロッパ
1000　所得，利潤および資本利得に対する税	34.4	38.6	43.3	32.3
1100　所得および利潤	24.9	34.9	27.6	23.6
1200　法人	9.3	9.2	14.7	8.4
2000　社会保障拠出金	26.1	19.6	14.5	28.9
2100　従業員	8.2	6.0	9.4	8.4
2200　雇用主	14.3	7.3	8.5	16.0
3000　給与と労働者に対する税	0.9	1.3	1.5	0.8
4000　財産税	5.6	7.9	9.2	4.7
5000　財・サービスに対する税	32.1	32.3	30.6	32.3
5100　生産，販売，移転に対する税	30.4	30.6	28.5	30.7
5110　一般税	18.9	14.3	16.9	19.8
5120　個別財・サービスに対する税	11.5	16.3	11.7	11.9

資料：OECD, *Revenue Statistics*, 2005, Table 9-31の表から2003年度に対して作成。

3-5　OECDによる租税の分類とわが国の各種税

1000　所得，利潤および資本利得に対する税

　OECDの分類では1000番台は所得，利潤および資本利得という課税標準に対して課される税である。図3-1の経済循環においては，衝撃点1における所得に対する課税である。年々の純生産は労働や，資本，土地などの生産に貢献した生産要素に対して分配され，所得を形成する。表3-4に示されるように，わが国では30.6％の税収はこれらの課税標準に対する税から徴収される。1110は**個人**を納税者として所得，利潤および資本利得に対して課税される税であり，わが国では税収総額の17.5％を占める。これらの税の内訳は国の所得税（11.0％），道府県住民税（1.9％），市町村住民税（4.4％），個人事業税（0.2％）となっている。

　納税者を個人と法人とに分けてあるが，1210利潤に対して**法人**の支払う税は，税収総額の13.0％を占める。内訳は国の法人税（8.0％），道府県住民税（0.6％），市町村住民税（1.6％），道府県税の事業税（2.9％）となっている。

2000　社会保障拠出金

　社会保障拠出金は，わが国では通常は明示的に租税とは呼ばれないが，政府による強制的徴収を特徴とするから，租税と同じ性格を有すると考えられており，OECD基準では租税として扱われる。世界の各国においても，給与税と呼ばれる社会保障拠出金の重要性は増大している。わが国の少子高齢化はきわめて急速に進展しており，税収総額に占める比率は，今後ますます上昇すると予想される。**給与税**とも呼ばれるように，所得の一形態にすぎない給与という労働に対する報酬のみを課税標準とし，かつ多くの国において，ある一定額以下の給与額のみが課税標準とされる比例税であるから，逆進性を示し垂直的公平性の基準に照らし合わせて問題がある。

　現行保険料率は14.642％であり，基本的に従業員と雇用主が折半で負担する。図3-1の経済循環においては，**雇用主**は衝撃点7で，**従業員**は衝撃

表3-4　わが国の各種税：2003年度

	10億円	比率%
税収総額	126,908	100
1000　所得，利潤および資本利得に対する税	38,787	30.6
1100　個人	22,240	17.5
1110　所得および利潤	22,240	17.5
所得税	13,915	11.0
道府県住民税	2,472	1.9
市町村住民税	5,636	4.4
事業税	217	0.2
1200　法人	16,547	13.0
1210　利潤	16,547	13.0
法人税	10,115	8.0
道府県住民税	802	0.6
市町村住民税	2,001	1.6
事業税	3,629	2.9
2000　社会保障拠出金	48,870	38.5
2100　従業員	20,964	16.5
2110　給与	20,964	16.5
2200　雇用主	22,273	17.6
2210　給与	22,273	17.6
2300　自営業者または非雇用者	5,633	4.4
2310　給与	5,633	4.4
4000　財産税	13,120	10.3
4100　経常的不動産税	10,031	7.9
道府県固定資産税	16	0.0
市町村固定資産税	8,767	6.9
都市計画税	1,239	1.0
4300　遺産，相続，贈与税	1,443	1.1
4400　金融および資本の取引	1,646	1.3
印紙収入	1,165	0.9
不動産取得税	481	0.4
5000　財・サービスに対する税	25,793	20.3
5100　生産，販売，移転に対する税	22,732	17.9
5110　一般税	12,107	9.5
5111　付加価値税	12,107	9.5

5120	個別財・サービスに対する税	10,625	8.4
5121	個別消費税	9,686	7.6
	酒税	1,684	1.3
	地方道路税	309	0.2
	揮発油税	2,885	2.3
	石油ガス税	29	0.0
	航空機燃料税	108	0.1
	道府県たばこ税	278	0.2
	市町村たばこ税	854	0.7
	軽油引取税	1,103	0.9
	自動車取得税	447	0.4
	電源開発促進税	366	0.3
	石油石炭税	478	0.4
	たばこ税	903	0.7
	特別たばこ税	241	0.2
5123	関税と輸入税	845	0.7
5125	特定サービスに対する税	94	0.1
	ゴルフ場利用税	69	0.1
	特別消費税	25	0.0
5200	財の利用と活動に対する税	3,061	2.4
5210	経常税	3,041	2.4
	自動車税	1,746	1.4
	軽自動車税	141	0.1
	自動車重量税	1,151	0.9
	狩猟免許税	2	0.0
	狩猟税	1	0.0

資料：OECD, *Revenue Statistics 1965-2005*, "Country Tables 1965-2004, Japan" から作成。

点9で課税される。自営業者または非雇用者は，同じく給与を課税標準として社会保障拠出金を負担する。社会保障拠出金は，わが国においてすでに税収総額の 38.5％を占め，1000 所得，利潤および資本利得に対して課税される税の占める比率 30.6％を凌駕している。

4000 財産税

年々の純生産の一部は貯蓄され，物的な資本ストックや金融資産その他の

資産の形で蓄積される。**フロー**である所得額が等しいならば，ストックである富や財産をより多く所有する人の担税力の方が高いであろうと一般的に考えられており，**ストック**に対する課税も一般的である。所得税をはじめとするフローに対するさまざまな税が課税されているが，税務行政の不完全性などの理由により，徴税漏れした部分をストック課税で補完するという意義もある。

図3-1の経済循環においては，年々の投資により形成される資本ストックを右下に描いてあり，資本ストックに対する税の衝撃点は10で示してある。各個人について資産から負債を控除した**純資産**が資産課税の経済的に合理的な課税標準として考えられるが，シャウプの勧告した富裕税（net wealth tax）はそのような税であった。しかし，税務行政上の困難などの理由により，**固定資産税**が一般的である。とりわけ，土地，家屋，償却資産等にたいする固定資産税は，それらの課税物件が地方団体間の移動が困難で特定地域内への定着性が高いという理由により，世界各国において優れた地方税として利用されている。

わが国においては，毎年度経常的に課税される**経常的財産税**として，市町村固定資産税（6.9％），都市計画税（1.0％）が重要である。非経常的財産税としては相続，贈与税が存在する（1.1％）。また，金融資産や資本資産の取引に課税される税として，印紙収入（0.9％），不動産取得税（0.4％）が存在する。

5000　財・サービスに対する税

図3-1の経済循環においては，衝撃点は3で表される。EUの付加価値税やアメリカの小売税など，5000財・サービスに対する税も重要な税であり，わが国では20.3％を占める。5110一般税は**消費型の付加価値税**であり，わが国では消費税が対応するが9.5％を占める。消費税の税率が今後EU諸国並みに高まれば，この比率はもっと上昇する。5120は**個別財・サービス**に対する税（8.4％）であり，5121個別消費税（7.6％）と5123関税と輸入税（0.7％），5125特定サービスに対する税（0.1％）に分類される。個別消費税のなかでは，酒税（1.3％），揮発油税（2.3％），市町村たばこ税

（0.7％），軽油引取税（0.9％），自動車取得税（0.4％），石油石炭税（0.4％），たばこ税（0.7％）などが主なものである。

　消費者は所得をさまざまの財・サービスに支出するが，わが国の税では5200財の利用と活動に対する税（2.4％）として，自動車税（1.4％），自動車重量税（0.9％），軽自動車税（0.1％）がある。

第 4 章　一般税と部分税

4-1　課税標準の範囲

　第 3 章の表 3-2「租税の分類」で示したように，生産要素の報酬に対する**源泉課税**にも，すべての所得を合計した総所得に課税する包括的所得税と，特定の所得にのみ課税する部分的所得税がある。それぞれの所得の種類ごとに異なる所得控除額や税率を定める分類所得税でも，すべての種類の所得に課税するならば全体としては**一般税**といえる。しかし，社会保障財源として個人所得税も凌駕しそうな勢いで増大している給与税（社会保障拠出金）は，所得の中でも給与所得のみを課税標準とする部分税である。法人以外に多数の非法人企業が存在するのに，法人所得税は法人の自己資本に対する報酬である法人所得のみを課税標準とする**部分税**である。

　使途税の場合にも，消費全体に課税する一般税である付加価値税や一般小売税があるが，たばこ税や酒税やその他の個別消費税は，一部の財・サービスの消費に対してのみ課税される部分税である。製品市場においても，すべての財・サービスに課税するか，特定の財・サービスのみに課税するかの選択がある。

4 - 2　2 財間の一般税と部分税

課税前の A 財と B 財の量の選択

　租税は納税者の所得を政府に移転するから，納税者の可処分所得は減少し**経済厚生**は低下する。しかし，同額の租税を政府に支払うならば，納税による納税者の経済厚生の悪化の程度が低いほど望ましい。図 4-1 では貯蓄はないものとして，所得のすべては A 財と B 財に支出されると単純化してあるから，A 財と B 財の両財に同率で課税する税は**一般税**であり所得税に等しく，A 財のみまたは B 財のみに課税する税は**部分税**である。課税前においては，A 財にすべての所得を消費すれば A 財を OA 消費できるが，この OA は所得額 Y を A 財の価格 P_a で除して得られる。また，所得のすべてを B 財に消費するならば OB 消費でき，この量は所得 Y を B 財の価格 P_b で除して得られる。A 財と B 財の組合せは，所得線または予算線と呼ばれる A と B を結んだ直線上の点で表される。

　経済厚生を表す分析道具として，無差別曲線を用いる。**無差別曲線**はそれぞれの経済厚生水準に対応して 1 本存在するから，さまざまの経済厚生水準に対応して，無限の数の無差別曲線を描くことができる。無差別曲線は交わることはなく，右上に行けばいくほど高い効用水準に対応する。同一の無差別曲線上の A 財と B 財の組合せは無限に存在し，両財の量は異なるが，両財から得る効用水準は等しく同じくらい好ましい組合せであるから，無差別曲線と呼ばれる。ある財の消費を増加するとその財の限界効用は逓減する傾向があるから，同じ効用水準を維持するためには，A 財の消費量が増加するに伴い 1 単位の B 財に代替するのに，より多くの A 財を必要とする。**限界代替率逓減の法則** とも呼ばれるが，この性質のゆえに無差別曲線は一般的に原点に対して凸の形状を示す。消費者にとっては A 財と B 財の組合せは異なっても，同じ無差別曲線上にあれば，同じ満足度，効用水準を享受できるから，柔軟な選択が可能となる。所得の制約条件を満たして達しうる最も高い効用水準は，所得線 AB と接する無差別曲線 i_1 で表され，接点 E において A 財 Q_a と B 財 Q_b との組合せが選択される。

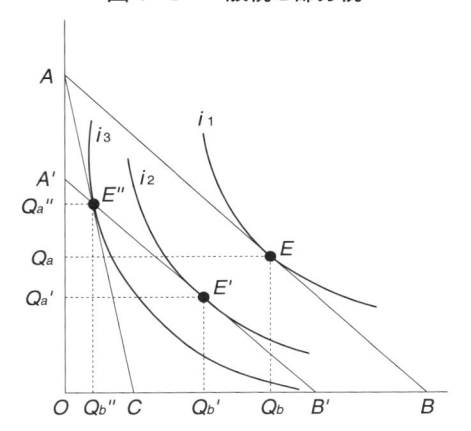

図 4-1　一般税と部分税

両財に同じ税率で課税する一般税

　2財のみからなる単純化した世界では，一般税とは A 財と B 財の両財に同じ税率 t で課税する税である。課税により両財の課税後の価格はそれぞれ $P_a(1+t)$ と $P_b(1+t)$ となり同率で上昇するから，課税後には A 財のみに支出すれば OA'，B 財のみに支出すれば OB' を消費することができ，課税後予算線は課税前の予算線を原点に向かって平行移動した $A'B'$ で表される。税率 t は $AA'/OA=BB'/OB$ である。この一般税の税引後予算線 $A'B'$ と接する無差別曲線は i_2 であり，接点 E' が課税後の A 財と B 財との最適な組合せを表す。両財に同じ税率で課する一般税により，消費者の効用水準は i_1 から i_2 まで低下するが，その原因は課税による所得の減少にあり，**所得効果**と呼ばれる。**相対価格**は課税前と変わらないから，代替効果は生じない。租税は政府の歳入となり，それを財源として政府は人びとが必要とする公共財・サービスを提供するから，私的財である A 財と B 財の消費量の減少による私的財の消費からの効用の低下は，提供される公共財・サービスの便益により相殺される。

B 財のみに課税する部分税

2財からなる単純化した世界における部分税とは，2財のうち1財，例えば B 財のみに課する税である。A 財と B 財の両財に一律に課税する一般税と比較するには，いずれの場合にも**同額の税収**を上げるという前提条件をつける。税収が異なる2税を比較するのは公平ではないので，いずれも同額の税収を上げるという前提条件をおいて，2税の与える異なる効果を比較する分析手法が，**差別税の手法**である。

B 財のみに課税する部分税と両財に一律に課税する一般税とを比較するのであるが，B 財のみに課税する部分税に対応する税引後予算線は，AC 直線で描かれる。A 財には課税されないからその価格は変わらず，所得のすべてを A 財に消費すれば課税前と同じ量の OA を購入することができる。他方 B 財には課税されるがこの税率を T ％とすると，その課税後の価格は $P_b(1+T)$ となるから，所得をすべて B 財の購入にあてても，購入できる B 財の量は，所得額を課税後価格 $P_b(1+T)$ で除して得られる OC の水準まで減少する。

同額の税収を上げるという差別税の条件は，A 財と B 財の両財に一律に課税する一般税の課税後の予算線である $A'B'$ 上において満たされる。したがって，B 財に対する税率 T を，均衡点が $A'B'$ 上に位置するように決定しなければならない。均衡点 E'' は均衡条件を満たすとともに，一般税と同額の税収を上げるという差別税の要請も満たす。均衡点においては，B 財のみに対する課税後の予算線 AC の傾きと，無差別曲線 i_3 の傾きである**消費における限界代替率**が一致する。

部分税の予算線の傾きは一般税の予算線の傾きよりも大きく，原点に凸型の無差別曲線の一般的形状を前提とすれば，部分税の場合の方が低い効用水準に対応する。無差別曲線との接点は，一般税の場合の接点よりは無差別曲線の左上になる。**代替効果**とは**相対価格**が変わると低い価格の財で高い価格の財に代替させる効果であるが，代替効果により，課税され価格の上昇した B 財の消費量は Q_b' から Q_b'' まで減少し，非課税の A 財の消費量は Q_a' から Q_a'' まで増加する。同額の税収を支払っているのにこのような税引後効用水準に差異が生じる理由は，一般税が A 財と B 財との間の選択において

中立的であるのに対して，B 財のみに対して課税する **部分税** は，消費者による両財間の選択において **歪曲効果** を及ぼすからである。一般に租税はさまざまな歪曲効果を経済に及ぼすが，図 4-1 では部分税による歪曲効果は，同額の税を払いながら，納税者の税引後厚生が一般税の場合よりも悪化するという基準により表現されている。

現実の租税制度との対応

　第 13 章「一般消費税：小売税と付加価値税」や第 14 章「個別消費税」で詳しく論じるが，現実の税制において，すべての財・サービスに同一の税率で課税する一般消費税は一般税であり，個別消費税は部分税である。わが国の **消費税** は消費型の付加価値税であり，租税論における分類では，EU の付加価値税と同じ種類の税である。わが国で消費税が導入される前の **物品税** はかなり多数の財・サービスに対して課税されていたが，すべての財・サービスに対する一般税ではなく，税率もまちまちであった。物品税が廃止され消費税に代替された後でも，国税の酒税，たばこ税およびたばこ特別税，揮発油税および地方道路税，航空機燃料税，石油ガス税，石油石炭税は一般税ではなく，特定の財・サービスに対する部分税である。道府県税では不動産取得税，道府県たばこ税，ゴルフ場利用税，自動車税，自動車取得税，軽油引取税，市町村税では市町村たばこ税などがある。

4-3　所得と余暇の選択

余暇の犠牲と勤労所得

　単純化した 2 財の世界においては，2 財に同じ税率で課税する一般税は所得税に対応する。所得税は一般税であり歪曲効果は生じないが，一部の財・サービスに対してのみ課税される部分税の場合には **歪曲効果** が生じ，同額の税を払いながらも納税者の税引後の経済厚生は一般税よりも悪化する。すなわち，所得税のほうがすぐれた税であるといえる。

　しかし，所得税は余暇と所得との選択を考えると，一般税ではなく部分税の性格を帯びる。勤労所得はさまざまな所得のなかでも大宗を占める所得形

体であるが，余暇を犠牲にした時間を労働に投入した報酬として稼得するものである。余暇も所得もプラスの効用をもたらす要素であるから，余暇と所得の間には**トレードオフ関係**があり，一方を享受するには他方を犠牲にしなければならない。同じ図 4‐1 の縦軸に余暇をとり，横軸に勤労所得をとると，A と B を結ぶ直線は，余暇を犠牲にして勤労所得を稼得する機会線を示す。賃金率が 1 時間 1,000 円とすれば，1 時間の余暇を犠牲にして労働すれば 1,000 円，8 時間労働すれば 8,000 円の勤労所得を得ることができる。

　人びとが主観的な価値判断に基づいてどのような選択をするのも自由であり，課税のない状態においては，最適な選択は均衡点 E に対応する余暇の量 Q_a と勤労所得額 Q_b となる。**勤労時間**は利用可能なすべての時間 OA から**余暇時間** Q_a を差し引いた時間であり，余暇時間の選択は同時に勤労時間の選択を意味する。現実の社会においては，多くの労働者はそのような柔軟な選択をできる環境の下にはないが，完全な自由選択を与えられていたらどのような選択をするかという基準的場合を考察することも有意義である。

所得税は余暇に課税せず所得にのみ課税

　勤労所得税は余暇には課税しないで勤労所得にのみ課税する税であるから，課税後の予算線は A と C を結んだ直線で表される。余暇には課税しないから課税後の所得線 AC の A 点は変わらず，税率を T_y とすると，$T_y = BC/OB$ となるように課税される勤労所得 C 点が決まる。無差別曲線 i_3 とこの予算線の接点が接する E'' で，OQ_a'' の余暇と OQ_b'' の所得の組合せが選択される。労働時間は犠牲にされた余暇時間（$OA - OQ_a''$）に対応する。

　現実には存在しないが，勤労所得と余暇に同じ税率で課税する一般税が存在するならば，課税後の予算線は $A'B'$ で表される。この課税後の予算線は課税前の予算線 AB と平行で，かつ同額の税収を上げるためには，勤労所得税のもとでの均衡点 E'' を通過する。この勤労所得と余暇に同率で課税する**仮想の一般税**のもとでは，均衡点は E' となり，余暇は Q_a'，勤労所得は Q_b' の量の組合せが選択される。均衡点 E' は無差別曲線 i_2 に接するが，この無差別曲線は勤労所得税の予算線 AC の接する無差別曲線 i_3 よりも高い経済厚生に対応する。同じ税収を上げながら，勤労所得と余暇に同じ税率で

課税する一般税の方が，課税後の納税者の経済厚生が高いことがわかる。

余暇の価値を課税標準として課税する制度は，税務行政上あまりにも難しすぎるから現実には存在しない。しかし，余暇を犠牲にして労働することにより稼得するのが勤労所得であるから，経済学の理論上は，人びとに効用を与える余暇と所得とは同率で課税されるべきである。同じ**潜在能力**を与えられながら，よく働きしたがって高い所得を稼得する納税者と，所得よりは余暇を選択する納税者との間で，所得税は勤労し勤労所得を稼得する納税者に不当に重い課税をするものである。余暇と所得との選択において，所得税は余暇を選択する納税者を優遇する部分税であり，生活必需品には満ち足りて，追加的所得よりむしろ余暇を選好する人が増加する豊かな社会において，所得税のもつ部分税の性格とその歪曲効果が深刻な問題となる。

4-4 現在消費と将来消費：貯蓄に対する効果

課税前の現在消費と将来消費の選択

図4-2には縦軸に現在消費をとり，横軸に将来消費をとって，それぞれ消費税と所得税のもとで，将来消費と現在消費のいかなる最適組合せが選択されるかを分析してある。現在と将来の2期のみに単純化するとともに，勤労年齢にあたる現在においてのみ勤労所得を稼得すると仮定するが，その額は縦軸の OA で表される。利子率を r とすると，現在の稼得所得全額を**貯蓄**するならば，横軸の $OB = (1+r)OA$ で表される額の将来消費が可能となる。現在消費と**将来消費**の組合せは AB の機会曲線上の点により表されるが，無差別曲線と接する均衡点 E において，現在消費 Q_a と将来消費 Q_b との最適な組合せが選択される。課税前の経済厚生は，無差別曲線 i_1 で表される。

消費税のもとでの現在消費と将来消費の選択

消費税は現在消費と将来消費に対して同じ**消費税率** T_c で課税されるから，現在消費と将来消費の選択において中立的であり，消費税課税後の機会曲線は AB の機会曲線に平行な $A'B'$ の機会曲線で表される。税引後の**現在消費**

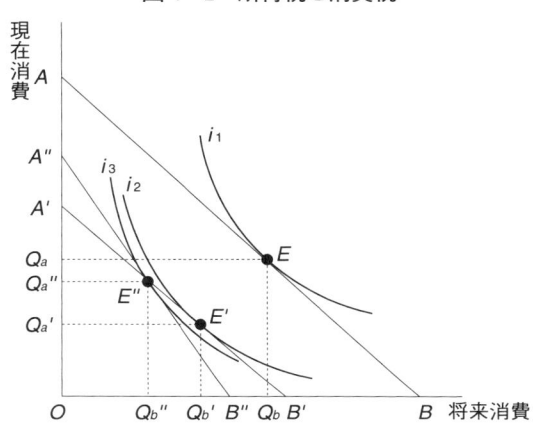

図4-2 所得税と消費税

（図：縦軸「現在消費」、横軸「将来消費」。予算線 AB、$A''B''$、$A'B'$ とそれに対応する無差別曲線 i_1、i_3、i_2。均衡点 E、E''、E'。現在消費の値 Q_a、Q_a''、Q_a'、将来消費の値 Q_b''、Q_b'、Q_b。）

OA' は $(1-T_c)OA$ であり，税引後の**将来消費** OB' は $(1-T_c)(1+r)OA$ であるから，現在消費に対する将来消費の比率は $(1+r)$ であり，課税前の現在消費に対する将来消費の比率と等しい。消費税課税後の均衡点は $A'B'$ と無差別曲線 i_2 が接する E' であり，消費税課税後の最適な現在消費と将来消費の組合せは Q_a' と Q_b' となる。課税により所得額が変化し**所得効果**が生じるから，課税後の現在消費も将来消費も課税前より減少する。しかし，消費税の場合には，現在消費と将来消費の相対価格は変わらないから代替効果は生じない。

所得税のもとでの現在消費と将来消費の選択

所得税は貯蓄に対して生じる利子所得にも課税されるから，現在消費と将来消費の選択において中立的ではなく，現在消費を奨励し，将来消費の資金となる貯蓄を抑制する歪曲効果を与える。稼得所得に対する所得税は稼得された現在時点において課税されるから，所得税率を T_y とすると $T_y \times OA$ の所得税を，現在時点において支払わねばならない。貯蓄しないで可処分所得をすべて消費する個人の税支払額は $T_y \times OA$ のみであり，現在消費は $(1-T_y)OA$ となる。

他方，現在における可処分所得を将来消費のためにすべて**貯蓄**するならば，

貯蓄額 $(1-T_y)OA$ に対しては $r(1-T_y)OA$ の利子がつくから、所得税のもとにおいては、**利子所得** に対して所得税 $T_y \times r(1-T_y)OA$ が、将来時点において課税される。したがって、将来時点において消費可能な額は、現在時点での貯蓄額 $(1-T_y)OA$ の将来時点における元利合計額 $(1+r)(1-T_y)OA$ から、将来時点で支払う利子に対する所得税利子所得 $T_y \times r(1-T_y)OA$ を差し引いた $(1+r)(1-T_y)OA - T_y \times r(1-T_y)OA = \{(1+r(1-T_y))\}(1-T_y)OA$ となる。この消費額は将来時点における額であるから、**現在価値** に還元するにはこの値を $(1+r)$ で除する必要がある。消費税のもとでは将来消費額 $(1+r)(1-T_y)OA$ を現在価値に還元すると $(1-T_y)OA$ となり、現在時点ですべて消費する個人と同じ値となり、現在消費と将来消費に対して中立的であるが、所得税の場合にはそのようにはならない。将来時点における消費額を現在価値に還元すると $\{1+r(1-T_y)\}/(1+r) \times (1-T_y)OA$ となり、現在時点での消費額 $(1-T_y)OA$ とは一致しない。所得税は現在消費を奨励し、将来消費を抑制する効果を与える。別の表現をすると、現在時点においては、将来消費にあてる貯蓄を抑制し、現在消費を奨励するような**歪曲効果**を与える。

同じ税収を上げる2税を比較するという差別税の手法を採用するから、消費税と同額の所得税を徴収するためには、所得税のもとでの現在消費と将来消費の最適組合せ点を表す均衡点 E'' は、消費税税引後の機会線 $A'B'$ 上になければならない。図4-2では所得税の税引後の機会線を $A''B''$ で表しているが、中立性を喪失した所得税は現在消費と将来消費との選択において歪曲効果をもたらし、同額の税を支払うと税引後の納税者の**経済厚生**は、消費税の税引後の経済厚生 i_2 よりも低い無差別曲線 i_3 で表される。均衡点は現在消費が Q_a'' で将来消費が Q_b'' となり、現在消費が Q_a' から増加し、将来消費が Q_b' よりも減少する。すなわち現在消費を促進し、将来消費にあてる**貯蓄を抑制**する。

第10章「所得課税から消費課税へ」や第11章「個人消費税」で詳しく論じるが、現在消費と将来消費との選択において消費税は中立的なのに、所得税は中立的ではなく、現在消費を奨励し将来消費を抑制する点が1つの深刻な問題点であると考えられている。将来消費の抑制とは、現在における消費

を奨励し貯蓄を抑制することであり，とりわけ貯蓄の不足するアメリカにおいては深刻視されている。わが国の**貯蓄率**も近年急速に低下してきており，経済成長を維持するのに必要な貯蓄や投資を今後いかに確保するかが，重要な経済的課題となるであろう。

$4-5$　租税の歪曲効果と超過負担

超過負担の概念

　個別消費税の歪曲効果は，租税が楔(くさび)となって，消費者の支払う価格と生産者が受け取る単位当たり収入との間に割り込むことから生じる。税収は公共財・サービスの供給のための政府の財源となるのだが，この租税の歪曲効果のゆえに，**超過負担**または**死重的損失**とよばれる負担または損失が経済に生じる。

　超過負担の概念は，**従量税**と呼ばれる特定の財・サービス1単位当たりの税の例を用いて示すことができる。図 $4-3$ では，課税前には需要曲線と供給曲線との交点 E で均衡価格 P と均衡量 Q が決まっている。1単位当たり T 円の従量税を課税すると，生産者は政府に従量税を支払った後で生産費を回収するために，供給曲線で表される価格を受け取らねばならないから，消費者からは供給曲線に T 円の従量税だけ上方にシフトした課税後の供給曲線 S' に沿った**税込価格**を徴収しなければならない。課税後の供給曲線 S' と需要曲線 D の交点で課税後の消費者に対する均衡価格 P_c と均衡量 Q' が決定される。消費者の支払う価格は税を含む P_c であるが，生産者の受け取る税引後の均衡価格は $P_p(=P_c-T)$ である。

　租税の効果により，均衡量は課税前の Q から Q' まで減少する。政府が徴収する従量税の額は $Q'\times T$ であるが，T は課税後の消費者に対する均衡価格 P_c と生産者に対する均衡価格 P_p の差額である。消費者は課税前の均衡価格 P より上昇した P_c を支払わねばならないから，政府の徴収する**従量税額**の一部である $Q'\times(P_c-P)$ を負担する。他方，生産者は課税前には1単位当たり P の額を受け取ることができたのに，新しい生産者に対する税引後の均衡価格 P_p しか受け取ることができないから，政府の徴収する従量

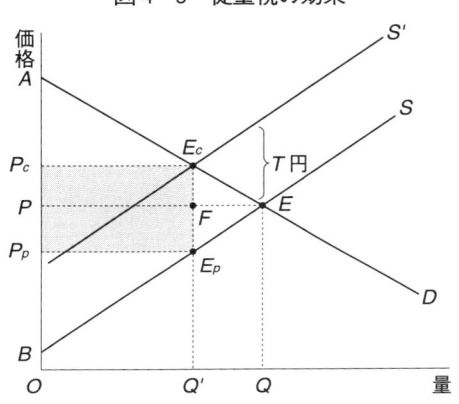

図 4-3 従量税の効果

税額の一部である $Q' \times (P - P_c)$ を負担する。消費者と生産者が分担する政府の徴収する税額 $Q' \times (P_c - P_p)$ は政府の歳入となり，それを財源として公共財・サービスが提供されるから，政府と消費者と生産者から成る社会全体に対しては，租税負担と公共財・サービスの便益が対応し相殺され，社会全体では純損失にはならない。

問題は三角形 EE_pE_c で表される領域であるが，**超過負担**とか死重的損失と呼ばれる。この超過負担の概念を理解するためには，消費者余剰と生産者余剰の概念を理解する必要がある。需要曲線は通常は価格が独立変数で需要量が従属変数であり，価格を与えられればそれに対応する需要量が決まる。需要曲線の形状は右下がりであるが，価格が高ければ需要量は少なく，価格が低くなると需要量は増大する。

消費者余剰と生産者余剰

私的財に対する需要関数は，消費者は価格 P を変えることができないから価格は与件で独立変数であり，各価格水準に対する需要量 Q が従属変数として対応し，$Q = f(P)$ の関数の形で表される。この需要曲線は数学的には単調減少関数であり，価格と需要量は1対1で対応するから，需要量を独立変数として価格を従属変数とするように関数を変換して，$P = g(Q)$ とい

う形で表現できる。この関数は，各消費量 Q に対応した限界評価 P を表す **限界評価曲線** として読み替えることができる。**限界効用逓減の法則** は，他の条件にして等しい限り，同じ財・サービスの消費量を増やすと，追加的１単位のもたらす効用が逓減するという，現実の経験を表す法則である。最初の１単位目の効用はきわめて大きくその貨幣的表現である限界評価が高いから，消費者は高い価格を支払っても消費する。消費量を増やすに伴い限界効用は逓減するが，最初の１単位目には 1,000 円払ってもよいだけの価値があるのに，市場価格が 100 円ならば，その１単位目も 100 円で入手できるから，900 円分はいわば儲けものであり消費者余剰と呼ばれる。価格がゼロならば，需要曲線の下の三角形の面積が **消費者余剰** である。図 4–3 では課税前の均衡価格は P 円であるから，需要曲線の消費者余剰は三角形 AEP で表され，消費者は支払った金額 $P \times Q$ に対応する効用に加えて，消費者余剰の部分の便益も享受することになる。

　しかし，課税により消費者の支払う価格は P_c に上昇するから，価格 P において享受していた消費者余剰は，台型 EPP_cE_c で表される量だけ減少する。このうち三角形 EFE_c の部分は政府の収入として相殺されるわけではなく，経済全体にとっての純損失である。租税として支払う額に加えて社会全体で負担する部分であるから，超過負担または死重的損失と呼ばれる。同じことは **生産者余剰** についても言える。課税前の均衡価格 P においては，生産者余剰は三角形 EBP で表される量であるが，課税後の生産者にとっての均衡価格 P_p においては，E_pBP_p で表される量に縮小し，課税による生産者余剰の減少分は台型 EE_pP_pP であり，超過負担分は三角形 EE_pF で表される。

税率および需要と供給の価格弾力性

　詳しい分析は第 6 章「中立性の原則」に譲るが，超過負担の大きさは税率の高さと密接な関係があり，税率に比例するのではなく，**税率の二乗** に比例することが示される。税率 t に比例するのではなく，その二乗に比例するということは重要であり，税率が上昇すると加速度的に超過負担の規模は増大することを意味する。

　また，**需要の価格弾力性** は $\alpha = (\Delta Q/Q)/(\Delta P/P)$ と定義され，価格が 1

％低下したときに需要量が何パーセント変化するかを表すが，超過負担の規模は需要の価格弾力性 α に比例する。もし α がゼロであれば，超過負担の規模もゼロとなる。超過負担は，消費者や生産者が課税に対応して量的調整をすることから生じる。もし需要曲線が垂直で価格弾力性がゼロならば，第 8 章の図 8-3 が示すように，超過負担の生じる余地はない。同じことは供給曲線についても言えて，第 14 章の図 14-2 が示すように，供給曲線の価格弾力性がゼロで供給曲線が垂直な場合にも超過負担は生じない

負の価値財の消費抑制

　租税のこの歪曲効果は，特定の政策目的達成のための手段として利用できる。自由市場経済においては基本的に**消費者主権**が尊重されており，各消費者の主観的価値判断である選好に基づいて，財・サービスが選択される。しかし**社会的観点**からみてその消費が望ましくなく，全面禁止するほどではないが，その消費量を抑制した方がよい財・サービスが存在する。このような財・サービスは**負の価値財**と呼ばれるが，たばこや酒のような財・サービスに課税することにより相対価格が上昇し，消費者による消費抑制が期待される。

　第 14 章「個別消費税」でわが国の各種個別消費税について論じるが，図 4-4 では価格の一定比率の税率で課税される従価税による消費量抑制の例を示している。酒税が課税されなければ市場では均衡点 E が選択され，均衡量は Q となる。酒は全面禁止するほどの有害な財ではないが，社会的観点からその消費の抑制が望ましいと判断されるならば，課税により消費者主権に干渉して消費抑制を達成できる。50％の**従価税**が課税されるならば，消費者は需要曲線 D に従って支払っても，生産者の収入となるのは税引後需要曲線 D_p になるから，均衡量は Q' まで減少する。このように部分税の歪曲効果を利用して，社会的観点から望ましい消費量に調整できる。ただし，喫煙や飲酒が習慣化し，価格のいかんにかかわらず需要量を変更できないならば，需要の価格弾力性がゼロで需要曲線が垂直となり，租税のこの消費抑制効果は発揮されない。

図 4-4　酒税の効果

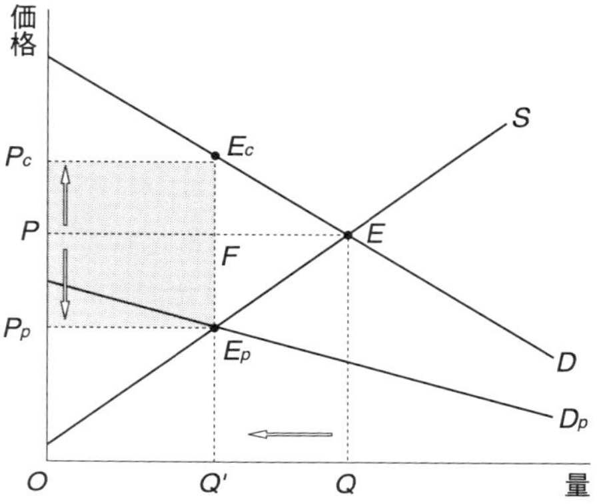

価値財の消費の奨励

　他方では消費者主権により消費者が評価する価値以上の価値を，社会的観点から付与すべき財・サービスも存在するが，このような財・サービスは**価値財**と呼ばれる。あるべき社会の理想像からみて，高尚な芸術や質の高い放送番組を奨励するためには，負の租税である**補助金**を交付することにより，それらの財・サービスの消費を拡大することができる。無償で提供される義務教育をはじめ，各種教育に対する補助金は，価値財の消費の奨励という観点からも説明できる。

外部費用と環境税

　自由市場が「見えざる手」として資源の最適配分を達成するには，いくつかの重要な前提条件が必要であるが，そのうちの1つは外部費用や外部便益のような**外部効果**の不在である。教育などには外部便益が伴うと一般的に考えられており，公共資金の投入の理論的根拠となっている。他方では公害で代表されるように，生産費である私的費用に加えて，第三者である社会の一般市民に対する**外部費用**の発生が大きな問題となっている。資源配分の最適条件は，社会的費用と社会的便益の一致であるが，外部費用や外部便益が存在すると市場では充足されない。外部費用がある場合には，社会的費用より

第4章　一般税と部分税　57

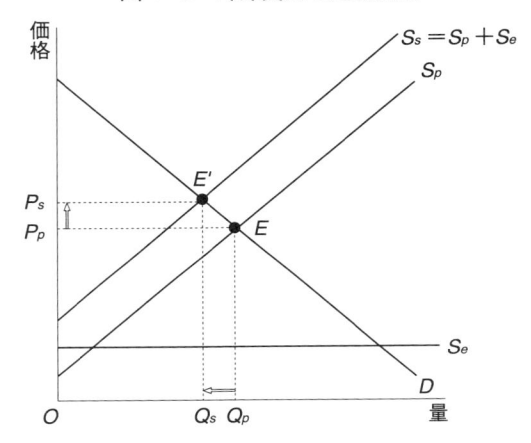

図4-5　外部費用と過剰供給

も低い私的費用と社会的便益が等しくなるように市場では決定されるから，社会的最適量よりは過大な供給がなされる。また，外部便益が存在する場合には，市場に委ねておくと，社会的便益よりも低い私的便益が，社会的費用と等しくなるように供給量が決定されるから**過小供給**となる。

　地球温暖化が深刻化する中で，環境税に注目が集まっている。地球温暖化の原因とみられる石油や石炭などの化石燃料の消費に対する課税により，消費量を抑制することが目的である。租税政策による消費量の全面禁止は，禁止的に高い税率を採用することにより不可能ではないが，ある程度の消費は容認したうえで，租税の歪曲効果を利用して**社会的最適量**からの乖離を調整することにより，資源最適配分を達成しようとするものである。外部費用の有害度がきわめて高く**全面禁止**を必要とする場合には，法律などにより禁止措置を取った方が有効である。麻薬や銃砲などは全面禁止されているし，オゾン層破壊効果を持つフロン，ハロンガスの使用は，2000年までに全面的に廃止することが国際的に決まった。

　図4-5には水平線S_eで描かれる外部費用を伴う財の市場における決定と，外部費用に対応する額を，**環境税**のような形で政府が課税することにより，資源配分の不効率性を是正する方法を例示してある。市場では民間の生産者

は私的費用のみを考慮し供給を決定し，自発的に外部費用を反映しようとはしない。図 4-5 の供給曲線 S_p は私的費用のみを反映する私的供給曲線であり，需要曲線 D との相互作用により均衡点 E が決定され，市場における均衡価格 P_p と均衡量 Q_p が決定される。しかし市場均衡量の Q_p は社会的観点からみると**過剰供給**であり，社会的最適量は，私的費用のみならず外部費用も含めた社会的費用を反映した**社会的供給曲線** S_s と，需要曲線 D との交点 E' に対応する Q_s であるべきである。社会的供給曲線 S_s は私的供給曲線 S_p に外部費用に対応する供給曲線 S_e を垂直に加えて導出することができる。社会的最適量は，外部費用に対応する部分を，環境税などの形で課税することにより達成可能である。

第 5 章　公平性の原則

5-1　租税原則

　租税は納税者から強制的に徴収されるから，納税者の**租税への抵抗**はつよく，納得できる一定の基準を満たすことが要請される。租税原則とは，望ましい租税体系の構築にあたって準拠すべき基準であり，アダム・スミスの4原則，ワグナーの4大原則9小原則などが有名である。
　現代において，たとえば J. F. デューは，以下の**3つの租税原則**を掲げた。
　(1)　中立性　　租税体系は，資源の最適配分に干渉しないように，また可能な場合には最適達成を助けるように構築されなければならない。
　(2)　公平性　　租税負担の配分は，現代社会の世論により最適とみなされる所得分配のパターンと一致しなければならない。
　(3)　簡素性　　税務執行上の徴税および納税者の遵法に伴う実質費用を最小にするように，税制を制定しなければならない。
　本章では，時代ごとの社会背景にある価値観に依存し，租税原則の中でも最も多くの議論がなされてきた公平性の原則を考察する。

5-2　租税負担配分における公平性の原則

応益原則と応能原則
　資源配分，所得・富の再分配，経済の安定化という多様な機能を果たす現

代の福祉国家の財政需要は巨大であるが，現代の租税国家においては，財政需要は基本的に租税収入により満たされる。簡略化して**公平性の原則**と呼ばれる原則は，租税負担配分における公平性の原則を意味するが，公平な租税負担の配分とはどのようなものであろうか。

租税体系の公正に関する系譜は，「応益原則」と「応能原則」の2つに分かれる。**応益原則**では，真に公正な租税構造は，政府の支出構造に依存し，個人は公共財から享受する便益に応じて，その費用を負担する。他方，**応能原則**では，租税構造を支出部分とは独立なものとして捉え，一定の税収確保を前提に，納税者には個々の担税力に応じた租税の負担を求める。応能原則は，水平的公平と垂直的公平の2つの基準からなる。

まず，**水平的公平**とは，本質的に同じ状況にある個人は，等しい租税額を支払わなければならないことを意味する。また，**垂直的公平**は，能力の高い人は低い人より多くの負担が可能な状況にあり，異なる能力の人びとが公平な租税負担を行うには，異なる額の租税を支払わなければならないことを意味する。2つの基準のいずれを達成するにも，担税力の把握が必要となるが，現在消費，将来消費，余暇，および資産の保有について，個人の正確な厚生水準が反映される包括的な担税力の測定はきわめて難しい。

アダム・スミスの公平性の原則

アダム・スミスの第1租税原則は公平性の原則であるが，応能原則と応益原則の要素を含んでおり，両原則の折衷であるといわれる。各納税者は個人の支払能力（担税力）に比例的に税負担をすべきであるが，その**支払能力**は，納税者が国家の保護のもとで稼得する所得額で表される。**国家の保護**というのは公共財・サービスの便益であるから，応益原則の要素を有する。現実の税務行政においては，納税者の支払能力も，国家の保護という政府の財・サービスから享受する利益も，測定は不可能に近く，観察可能な客観的数量として，個人の所得額が用いられる。したがって，応能原則と応益原則を概念上は区別できるにもかかわらず，いずれの原則に準拠しても，公平な現実の税制度として**比例所得税**が提案される。

ワグナーの公正の大原則

ワグナーは第3大原則として公正の大原則を定め，その下の小原則として**課税の普遍性の原則**と**課税の公平性の原則**を謳(うた)っている。ワグナーは明示的に応能原則の立場をとり，課税の普遍性の原則により，特権階級の免税を廃止し，税負担が普遍的に配分されるべきことを主張する。また，納税者の租税負担能力は，所得の増大に伴い累進的に増大すると想定し，公平性の原則にかなう税制として，累進税制の導入を提唱した。

さらに，所得の種類が異なると，同じ金額でも担税力が異なることを主張したが，すべての所得を合計して所得税を課税する総合所得税制度よりも，所得種類ごとに別の所得税制度を制定する**分類所得税制度**の方が合理的であることになる。

租税法律主義と租税公平主義

租税は民間の所得や資産を強制的に政府へ移転させるため，**民主主義社会**においては，租税負担の賦課は，納税者の代表である議会が制定する法律に基づかなければならない。日本国憲法では第84条において「あらたに租税を課し，又は現行の租税を変更するには，法律又は法律の定める条件によることを必要とする」として，「租税法律主義」を定めている。また，「租税公平主義」は，租税に関してすべての個人を平等に扱うことを要請する。日本国憲法の第14条第1項には，法の下での平等原則が定められているが，この原則は課税にも適用される。租税法律主義と租税公平主義は，公平な租税体系の構築における指導原理であり，直接的に租税負担配分の公平な基準を規定するものではないが，その実現のための**制度的前提条件**を提供するものである。

5-3 応益原則による租税負担の配分

個別利益と料金

応益原則に基づき課税される税は**応益税**と呼ばれるが，納税者が政府の供給する公共財・サービスから享受する便益に従って負担をする租税である。

応益原則に基づく現実の歳入調達の形態として，まず**公共料金制度**がある。公共部門が供給する財・サービスの中でも，消費が競合的で，排除原理の適用が実現可能であるという民間財の性質を持つ財・サービスに対しては，市場機構を模倣することにより，直接料金を徴収することが望ましく，この方式により適正な供給水準に近づくことも可能となる。高速道路の利用料金はその一例である。公共料金は税とは区別されるが，公共財・サービスの便益に対してもっとも明確に応益原則にかなう負担形態である。

補完的財・サービスに対する税

他方，消費は競合的だが，排除原理を適用する費用が禁止的に高くつく財・サービスについては，補完的な財・サービスに課税することで，間接的ながら応益原則に基づいた課税が実現可能となる。一般道路の使用料の徴収はほとんど実施不可能であるが，補完財に対する税として自動車税や自動車取得税，ガソリン税などを課税することにより，一般道路から享受する便益に応じて費用を徴収することができる。一般道路の主な**受益者**が自動車利用者であり，自動車の利用には自動車の取得や保有および燃料としてのガソリン消費が伴うから，これらの財は一般道路利用の**補完財**の性格を有する。

応益原則と目的税

費用と便益の比較考量は，合理的選択のために不可欠である。それゆえ公共部門においても，一方では，利益と負担との対応関係を明確にするために，**目的税**として税収の使途を特定することが望ましい。他方，予算原則論においては，使途特定財源を設定することは資金の効率的配分を妨げるという「**ノンアフェクタシオンの原則**」が主張されてきた。税収の使途が特定された目的税は，応益原則に基づく税の一形態であるが，予算の硬直化を招き，利権の温床にもなりかねない。わが国では，ガソリン税や自動車取得税で徴収された特定財源の，一般財源化の是非が問われている。

一般公共財・サービスに対する租税負担の配分

図5-1には，応益原則に基づく租税負担の配分がどのようになされるか

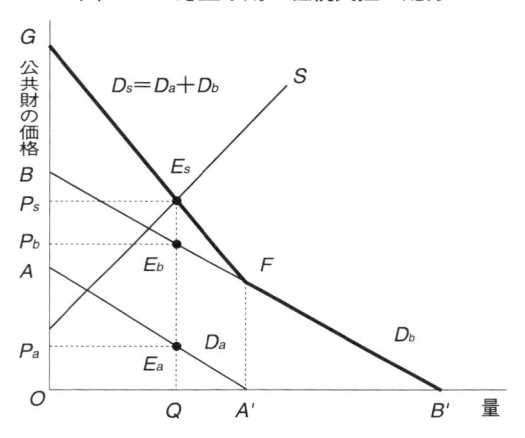

図 5-1　応益原則と租税負担の配分

が例証されている。単純化して納税者は A と B の 2 人のみであると仮定し，公共財・サービスに対するそれぞれの需要曲線を D_a と D_b とする。**私的財**の場合には，消費における競合性という性格を有し，排除原理が適用可能であるから，2 人の需要曲線 D_a と D_b を水平に加えて社会的需要曲線が導出される。消費における競合性の性格のゆえに，任意の価格における A と B の需要量を満足するには，社会全体では 2 人の需要量の合計量が供給されなければならない。

公共財・サービスの性格は**消費における非競合性**であり，公共財・サービスは社会全体で集合的に供給され消費されるから，A も B も同じ量を消費しなければならず量的な選択の余地はない。私的財に対する需要関数が，価格 P を独立変数として需要量 Q を従属変数とする $Q=f(P)$ と表現されるのに対して，公共財・サービスに対する需要曲線は $P=g(Q)$ と表現される。納税者 A と B との所得額と選好は一般的に異なるから，公共財・サービスに対する限界評価 P は異なり，納税者 A と納税者 B の需要曲線は D_a と D_b で表される。供給量が Q ならば A の**限界評価額**は P_a であり B の限界評価額は P_b である。

公共財・サービスの場合には，その消費における非競合性の性格のゆえに，社会的需要曲線 D_s は，納税者 A と B の需要曲線（限界評価曲線）の D_a

と D_b を垂直に加えて導出する。任意の量の公共財・サービスの社会的限界評価は、社会を構成する A と B による限界評価の合計額となる。この**社会的需要曲線**は図5-1では納税者 A の需要曲線 D_a（直線 AA'）を納税者 B の需要曲線 D_b（直線 BB'）に垂直に加えて導出した $D_s=D_a+D_b$ となり、F 点で屈折する GFB' 曲線で表される。公共財・サービスにも生産費用がかかるから、社会的供給曲線を S で表すと、社会的需要曲線 D_s と社会的供給曲線 S との交点 E_s が均衡点であり、**公共財・サービスの社会的最適量** Q が決まる。

公共財・サービスの最適量の決定と同時に、応益課税においてはその費用負担にあたる**租税負担の配分**が決定される。均衡量 Q に対応する社会的限界評価は P_s であるが、この限界評価は同時に均衡量 Q の供給における**社会的限界費用**にあたり、納税者 A と納税者 B とにより分担されねばならない。Q の公共財・サービスを供給するために必要な費用総額は P_sE_sQO の面積で表される。応益原則に基づく租税負担は、納税者 A が P_aE_aQO、納税者 B が P_bE_bQO の面積で表される税額をそれぞれ負担することを要請する。社会的需要曲線が D_a と D_b を垂直に加えて導出されたことから明らかなように、面積 P_aE_aQO＝面積 $P_sE_sE_bP_b$ となり、納税者 A と B の支払う税により、公共財・サービス Q の供給費用は完全に賄われる。

このように**応益原則の長所**は、公共財・サービスの最適供給量の決定と同時に、租税負担配分を決定できる点にある。しかし、応益原則を適用するならば、それぞれの納税者の租税負担額は、与えられた所得と選好のもとでの公共財・サービスに対する限界評価額 P_a と P_b に均衡量 Q を乗じた額であるから、租税による再分配は不可能である。

また、現実の税務行政において応益原則を適用する際は、個別納税者の公共財・サービスから享受する便益の大きさが測定されなければならない。消費者がどれだけの便益を特定財・サービスから得るかに関して、市場において消費者の**選好**が顕示される私的財と異なり、消費における非競合性と排除原理適用の不可能性を特徴とする公共財・サービスの場合には、納税者の公共財・サービスに対する評価が**顕示**されない。税務当局は観察可能な課税標準の情報を与えられないから、応益原則の現実の制度への適用はきわめて困

難である。

応益原則と税率構造

　応益原則に基づく公平な税においては，**再分配**は政策目的とはならないが，一定条件の下で累進税率構造を要請する。図5‐1との関係で述べたように，公共財・サービスに対する需要曲線は，量を与件にして，それぞれの水準の量に対応する限界評価を表すから，限界評価曲線の性格を有する。応益原則では，公共財・サービスから享受する便益の指標となるこの限界評価に等しい租税負担を求める。この単位当たり租税負担は，対価として支払う公共財・サービスの単価であるから，私的財に対する価格にちなんで**租税価格**と呼ばれる。

　公共財・サービスに対する需要曲線は右下がりであり，私的財の価格と同じく，公共財・サービスに対する租税価格が上昇すれば，公共財・サービスに対する需要量は減少し，租税価格が低下すれば，公共財・サービスに対する需要量は増大する。または，公共財・サービスの量が増大すれば，限界効用逓減の法則により，納税者の公共財・サービスに対する限界評価は低下する。納税者 A の需要曲線 D_a も納税者 B の需要曲線 D_b も，それらから導出される社会的需要曲線 D_s も，右下がりの形状を示す。図5‐1には納税者の所得水準は明示的に示されていないが，納税者 A と納税者 B の需要曲線は，それぞれの所得と選好に対応して描かれている。

　しかし，一般公共財・サービスからの便益に対応する応益原則に基づく一般税を構築するには，税務行政上も個々の納税者の異なる選好を考慮に入れることは不可能であり，公共財・サービスに対する代表的納税者の選好を想定する必要がある。この**代表的納税者**の選好がどのような性格かにより，応益原則のもとで公平性の原則を満たす税が，累進税か比例税か逆進税かが示唆される。

　応益原則のもとで一般税のあるべき税率構造は，公共財・サービスに対する価格弾力性と所得弾力性の大小関係で規定される。租税価格を P，公共財・サービスの需要量を Q，所得を Y とすると，**価格弾力性** E_p は $(\varDelta Q/Q)/(\varDelta P/P)$，**所得弾力性** E_y は $(\varDelta Q/Q)/(\varDelta Y/Y)$ と定義される。価格弾

力性は，租税価格が1％上昇したときに，公共財・サービスの需要が何パーセント減少するかを示す。所得弾力性は，所得が1％上昇したときに，公共財・サービスの需要が何パーセント増大するかを示す。これらの定義式から$(\Delta P/P)/(\Delta Y/Y)=E_y/E_p$と書き換えることができるが，左辺の意味は所得が1％増加したときに，租税価格が何パーセント上昇するかを表し，所得が1％上昇したときに租税価格が1％超（例えば1.5％）上昇すれば**累進税**，租税価格の上昇率も同じく1％ならば**比例税**，租税価格の上昇率が1％未満ならば**逆進税**が公平な税となる。

　所得の変化率に対する租税価格の変化率の比率を表すこの値は，右辺が示すように，公共財・サービスの価格弾力性に対する所得弾力性の比率に等しい。したがって，公共財・サービスの所得弾力性＞価格弾力性ならば累進税，所得弾力性＝価格弾力性ならば比例税，所得弾力性＜価格弾力性ならば逆進税の税率構造が，応益原則に基づく公平な税である。応益原則にもとづく公平な税は，納税者の選好の性格により結果的に累進税となるのであり，政策的に再分配を意図するものではない。

5－4　応能原則による租税負担の配分

支払能力の意味

　応能原則，あるいは支払能力説と呼ばれる公平性の原則において，支払能力（担税力）をどのように規定するかがまず問題である。図5-2にはアダム・スミスと同様に，一般的な課税標準として所得を横軸にとってある。第3章「経済循環と各種租税」で示したように，究極的な税源は経済の年々の純生産であり，所得はこの税源にもっとも包括的に対応する。問題は所得額という要素に加えて，**所得の限界効用**という要素を考慮しなければならないことである。昔から「貧者の一灯」という格言が人口に膾炙されているように，所得の限界効用が，高所得者と低所得者とで異なることは，広く認識されている。図5-2には所得の限界効用曲線が描かれているが，一般的に右下がりであると想定できる。

　犠牲説においては，所得額の大小という要素に，所得の限界効用という要

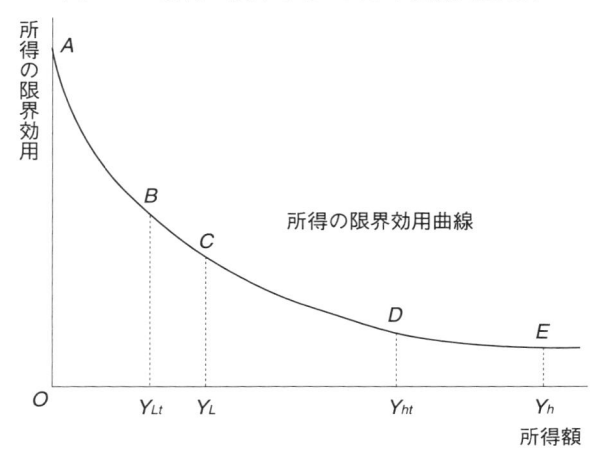

図5-2 所得の限界効用と公平な租税負担配分

[図：縦軸「所得の限界効用」、横軸「所得額」。右下がりの所得の限界効用曲線上に点A, B, C, D, Eがあり、横軸にそれぞれ Y_{Lt}, Y_L, Y_{ht}, Y_h が対応する。]

素を加えて、支払能力を租税支払いに伴う犠牲に耐える能力と規定する。現実の社会には清貧に甘んじる人と守銭奴とが存在し、所得の限界効用曲線は個人間に異なるのが一般的である。現実の税制において、限界効用曲線の個人間の差異まで考慮することは不可能であり、代表的納税者を想定して、限界効用曲線の形状を社会的に定めるから、すべての納税者が、図5-2に描かれた同一形状の所得の限界効用曲線を有するものとする。

所得の限界効用は、所得の大小に対応して異なるだけであり、低所得者も高所得者も同じ所得を得た場合には、同じ限界効用が対応する。低所得者 L も高所得者となり Y_h の所得を得れば、所得の限界効用は $Y_h E$ まで低下する。高所得者 H の課税前所得は Y_h であり、低所得者 L の課税前所得は Y_L で示される。また、課税前の高所得者 H の所得の限界効用は $Y_h E$ で、低所得者 L の所得の限界効用は $Y_L C$ で示される。課税により失われる犠牲の大きさは、税額とその税額にかかわる所得の限界効用の2要素により規定される。例えば、高所得者の H が税額を $(Y_h - Y_{ht})$ 支払ったときの犠牲の大きさは $Y_h Y_{ht} D E$ の面積で表される。担税力、支払能力をこのように課税による**犠牲に耐える能力**と規定しても、公平な税負担の基準についてはいくつかの選択の余地がある。

均等限界犠牲説

課税に伴う限界犠牲は，限界効用曲線の高さにより測定される。例えば，高所得者から（$Y_h - Y_{ht}$）の税額を徴収するならば，税引後所得 Y_{ht} の限界効用である $Y_{ht}D$ の大きさで，限界犠牲は表される。**功利主義者** の見解は，税引後所得の限界犠牲が，納税者間で等しくなるような租税負担配分を要請する。この基準は「均等限界犠牲説」と呼ばれる。この均等限界犠牲説の基準に従えば，高所得者の税引後所得が低所得者の税引前所得水準に達するまで（図 5-2 においては必要な税収額が $Y_h - Y_L$ に達するまで），すべての税を高所得者が負担することになる。それ以上の税収が必要とされた場合には，高所得者と低所得者は，税引後所得の限界効用が等しくなるように課税される。したがって，均等限界犠牲説は，高所得者にはきわめて高い犠牲を求めるものであり，高度の**累進税**となり，もっとも再分配効果が大きい。また，均等限界犠牲説により課税するならば，課税により納税者が被る犠牲の合計額は最小となり，社会全体の「**最小総犠牲**」という結果をもたらす。「**最大多数の最大幸福**」を説く功利主義者が支持するゆえんである。

均等絶対犠牲説

もう1つの均等犠牲説である均等絶対犠牲説の基準に準拠すれば，課税による犠牲の大きさが等しくなるように納税者間に租税負担を配分する。図 5-2 では，絶対犠牲の大きさは，高所得者に対しては $Y_h Y_{ht} DE$ で，低所得者に対しては $Y_L Y_{Lt} BC$ で表される。納税者 H と納税者 L との絶対犠牲の大きさを等しくするように税負担を配分すると，高所得者 H は（$Y_h - Y_{ht}$）の税額を，低所得者 L は（$Y_L - Y_{Lt}$）の税額を負担することとなる。所得の限界効用は逓減するから，絶対犠牲の大きさを均等にするためには，高所得者の方が多額の税を支払わねばならない。均等絶対犠牲説に基づく税負担の配分が累進税になるか比例税になるか，または逆進税になるかは**所得の限界効用曲線の形状**に依存する。

均等比例犠牲説

もう1つの基準は均等比例犠牲説と呼ばれるが，租税に対応する犠牲の課

税前所得に対応する総効用に対する比率が，すべての納税者間に等しくなるように，租税負担を配分する基準である。高所得者にとっては（$Y_h Y_{ht} DE \div Y_h OAE$）の比率が，低所得者にとっての（$Y_L Y_{Lt} BC \div Y_L OAC$）の比率と等しくなるように，納税者 H と L の税負担額を配分しようとする。

現実に納税者の所得の限界効用曲線は，観察可能でも測定可能でもないから，いずれの基準もその適用には困難がある。しかし納税者の所得の限界効用曲線は，客観的に観察される対象というよりは，**社会の価値判断** に基づいて想定されるものであり，これらの基準は税制の税率構造をいかに設定すべきかについて，大まかな指針を与えてくれる。

5-5 応能原則と制度選択

不確実性のベールに基づく租税制度の選択

租税制度は制定されると，長期にわたり人びとの生活に影響を及ぼす。そのような租税制度の制定において，将来においてどのような消費をするかの予想は容易であるが，どのような所得を稼得できるかについての予測は困難であると想定する。すなわち，将来の所得の稼得については，**不確実性のベール** に包まれている。そのような状況におかれた個人は，長期的な税制度として，定額税，比例税，および第 11 章「個人消費税」で論じる「フラット・タックス」のような単一税率と所得控除の組合せにより実効税率が累進的となる税の間で，いずれの税を選択するであろうか。

個人が定額税を選択すれば，稼得した所得額とは無関係に定額税を支払わなければならず，比例税を選択すれば，所得に比例した租税額の支払義務が生じる。他方，税率は単一でも所得控除が適用されるフラット・タックスのような税を選択すれば，稼得所得が所得控除限度額に達しない場合，税の支払いを免除される。低所得を稼得した場合に借入れに依存する確率が一番少なくてすむのは，第 3 番目の税制であり，合理的個人はこの種の税を選好するであろう。ブレナンとブキャナンは，経済が不安定で稼得所得額も変動し，長期における自分の所得水準について不確実な「不確実性のベール」のもとでは，個人は **合理的選択** をし，その選択結果が，倫理的価値観から導出され

た累進課税の採択という結論に一致する可能性を指摘している。

課税標準の選択と生涯の税負担における公平性

　これまで所得を課税標準とし，一定期間内の個人の租税負担に関する公平性を考察してきた。しかし，第 11 章「個人消費税」において論じるように，消費は（所得－貯蓄）であるから，消費を課税標準として，人的控除の算定において世帯規模の相違等を勘案し，累進税率を適用するならば，個人消費税は，課税標準から貯蓄を除外する所得税と**等価関係**にある。

　いま，遺産や相続の機会がなく，同一所得を稼得し，同じ消費機会を持つ 2 人の個人が，1 人は所得をすべて消費し，もう 1 人はすべて貯蓄すると仮定する。まず，1 年という一定期間を想定し比較する場合，所得すべてを貯蓄した個人に消費課税を行えば，税額はゼロとなるから，消費税は明らかに不公平である。次に，納税者の生涯を現役期間と退職後の 2 期間に分け，現役期間にすべて貯蓄した個人は，それを退職後すべて消費に用いると仮定する。所得課税の場合，貯蓄した個人は利子所得に対する税負担をより多く支払わなければならない。一方，消費課税における 2 人の**生涯負担**は同一となる。課税標準に消費を選択することは，個人の生涯における税負担の公平性を実現する方法の 1 つであり，個人消費税と勤労所得税が等価であることを意味する。

5‐6　世代間の公平性

世代会計

　1990 年代に入り，公債，各種保険，年金，そして公的金融など，租税以外の財政方式が，政府の資金調達において重要な地位を占めるようになると，個人の財政負担を生涯にわたって把握した場合，世代間で不公平が生じていることが指摘された。

　コトリコフが分析手法として提案した「**世代会計**」は，政府からの受益と負担を世代別に分け，生涯を通じた純受益または純負担の割引現在価値の合計を世代別に推計する手法である。世界 17 カ国を対象とし世代会計の推計

を実施した結果，**世代間の不公平性**が最大であるのは日本であり，将来世代，若年齢層世代，中年齢層世代の財政負担は大きく，他方，高年齢層世代の政府から受け取る利益は大きいことが示された。またその理由として，第1に少子高齢化の急速な進展，第2に賦課方式である公的年金や医療保険のシステム，第3に公債の大量発行，が挙げられている。

世代間の公平性と国家財政の持続可能性

　世代間の公平性は，異なる世代間の負担の公平性と，各世代の受益と負担のバランスの確保という2つの観点からの検討が必要である。コトリコフらによる分析結果で示された異世代間の不公平性は，少子高齢化が進む中，現在の財政諸制度が維持されるならば，人口比率が低下する勤労世代に財政負担が集中し，最終的には必要税収の確保が困難となるという現象を取る。必要な一定の税収を確保するために，担税力に見合った財政負担を求める**応能原則**に従うならば，支払能力に見合った負担配分を，高年齢層世代の人びとにも求める税法改正が必要となる。そこで，消費を課税標準とした税制に移行し，さらに税率を引き上げる選択肢を検討せざるをえない。

　公債依存度が高く，急速な少子高齢化の進展が見込まれるわが国では，応益原則の観点から公的年金や医療保険制度などの受益と負担を見直すだけでなく，応能原則の観点から世代間の公平性を確保すべく，現在世代が将来世代の負担に配慮することが求められる。具体的には，租税構造を勤労所得税中心から，ゼロ税率や軽減税率を備えた**消費税中心**に移すことが合理的な選択肢の1つである。

5－7　税制改革における政治過程と公平性

税制改革の政治的性格

　租税制度も含めすべての制度は，目的が果たせなくなったとき改革を迫られる。公平性の原則を含む租税原則には，それぞれ**時代の社会的要請**が盛り込まれ，租税制度改革のための指導原理となってきた。応益・応能原則から公平な租税負担配分に関する客観的基準が導出されない以上，租税負担配分

の決定は，代議制民主主義社会では，租税法律主義に従い，政治過程に求められる。

　税収一定を前提とする限り，租税負担配分基準の変更は，誰かが得をすれば他の誰かが損をするという**ゼロサム・ゲーム**にならざるをえない。その結果，社会集団間に**利害の衝突**が発生するから，中立的な立場から提案される公平性の原則を，そのまま適用することはきわめて困難となる。アメリカにおける所得税導入の経緯に示されるように，税制の変更には，社会のさまざまな集団の利害関係が密接にかかわっている。

税制改革の立案過程

　民主主義社会において税制改革が立案される過程は，通常大きく2段階に分かれる。第1段階における提案は，マクロ経済のファンダメンタルズに関する過去のデータや将来の予測を踏まえながら，エコノミストを中心に，将来の租税制度のあるべき姿を展望し，社会の利益集団の利害関係にあまりとらわれず，**規範的な理論**に基づいて行われる。

　第2段階は，政権担当与党が中心となる政府により，改正法案を現実に提出するための作業と位置づけられる。税制改革は社会構成単位の厚生分布に影響を及ぼすため，納税者の政権支持率に影響を与える。これは，**公共選択論**が指摘するように，改革の当事者である政府について，「万能で慈悲深い専制君主」を想定することが不可能であることを意味する。第2段階では，社会構成単位の側から，税法変更の具体的な内容に対して，さまざまな要求が加えられていくことになる。通常，アメリカでは，第1段階の提案は財務省から，第2段階の提案は大統領からなされる。日本では，政府税制調査会の提案が第1段階に，政権与党における税制調査会による提案が第2段階に類似すると考えられる。

　アメリカは1990年代以降，金融工学の発展やIT産業を中心として息の長い経済成長を続けた。その基盤の1つとなったと言われているのが，1980年代後半に，アメリカに所得税が導入されて以来70年ぶりに行われた**レーガン税制改革**である。1986年税制改革法は，歪曲効果をもたらす多くの租税優遇措置を廃止するとともに課税標準を拡大し，所得税や法人税の税率を

大幅に引き下げ，アメリカ国民の圧倒的支持を得たとされる。

　だが，当時，第1段階として提案された財務省案と，後に第2段階として示された大統領案を比較するならば，大統領案では，資産所得，企業所得，特定産業に関する財務省案の大幅な譲歩が見うけられた。また，大統領案には上下両院の審議過程でもさまざまな**政治的圧力**が加えられ，さらに，法律施行後も，各種政策達成手段として租税優遇措置の導入を求める租税改正が間断なく繰り返された。

規範としての公平性と中位投票者の選好

　冒頭で取り上げたデューの公平性の原則に述べられた「現代社会の『世論』により最適とみなされる所得分配状態」とは，本来は，「社会集団の利害関係にあまりとらわれず，規範的な理論に基づいて行われる所得分配状態」と符合することが望まれる。しかし，民主主義社会における「世論」は，多数決原理により形成される。多数決による公共選択においては，**中位投票者**と呼ばれる中間的な選好を持った人が，公共選択の決定投票を握っている。議会制民主主義においては，税法の公平性の基準も，中位投票者の選好に委ねられることになる。だが，中位投票者の選好は，規範的な意味での公平性の原則と一致するとは限らない。

　レーガン税制改革が世論全般に支持された理由は，**税制改革の便益**の分布が大多数の納税者に有利に働くと考えられたためである。税法制定過程で行われた修正も含め，税制改革が経済的にどのような効果を及ぼし，社会の各構成単位にいかなる厚生の変化をもたらすかを検討し，社会の規範に合致したものとして，納税者が賛意を表したわけではない。まず，十分な情報が納税者に提示されたわけではない。また，納税者も広範囲に行われる税制改革のすべての改正点について総合的に評価したわけではなく，断片的に自分自身の利害に関わる点についてのみ考慮したにすぎない。

　2大政党制が実現している議会制民主主義においては，各政党が中位投票者の支持を得るために，両党が主張する政策提案に大差がなくなることが指摘されている。民主主義的意思決定過程においては，中位投票者を中心とする納税者集団も，社会を構成する一利益集団にすぎない。社会を構成する各

集団のいきすぎた利益追求を抑制しうる**合意形成**の方法が求められるとともに，政策課題については多面的分析に基づいた十分な情報が提示され，国民的議論が可能となる政治制度の整備のもと，透明性のある議論がなされることが重要である。

* 本章の執筆に際しては，前田尚子氏の協力を得た。

第 6 章　中立性の原則

6-1　中立性の原則と超過負担

中立性の原則の重要性

　政府は，政策策定過程で決定された目標を実現するために，必要とする費用を賄わなければならない。他方，資本主義社会において，さまざまな用途に対する資源配分は，基本的には市場機構により達成される。個人や生産者の選択の自由と効率的資源配分の両方を実現する市場の**価格機能**は，公共経済にはない市場経済の長所である。経済的中立性の原則とは，一旦市場において達成された効率的資源配分に対して，政府の活動やその資金調達が，中立的であることが望ましいことを意味する。しかし，租税は，第3章「経済循環と各種租税」の中で論じたように，国民経済の循環過程に介入することにより，政府の活動に必要となる資金を，民間部門から徴収する役割を担う。課税は一般的に，民間経済の活動に対し非中立的な効果を与える。

　古典的租税原則では，資金調達が租税の本来機能であるがゆえに，租税が持つ市場機構に対するこのような阻害的経済効果について，十分に顧みられることはなかった。現代の租税原則において中立性の原則は，公平性の原則と簡素性の原則とならんで重要視されており，できるだけ租税が資源の最適配分に干渉せず，歪曲効果を最小化することを要請する。しかし，中立性の原則は，第5章で考察した公平性の原則とは，トレードオフの関係にある。

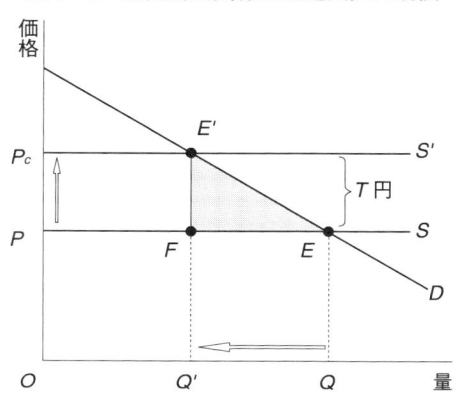

図 6-1　補償需要曲線と超過負担の規模

超過負担の大きさと税率

　特定の形態のものを除いて租税には歪曲効果が伴い，税収額を超過した超過負担と呼ばれる効率性の犠牲を生み出す。中立性の原則に関する議論は，第4章「一般税と部分税」の議論と密接な関係を有している。

　財の価格が低下すると，価格の高い財から価格の低い財への代替が生じ，**代替効果**と呼ばれる。他方，名目所得額が一定であれば，価格の低下は実質所得の上昇を意味し，それに伴い当該財に対する需要も増加するが，この効果を**所得効果**と呼ぶ。需要曲線は代替効果と所得効果の2つの効果の結果として，右下がりの形状を示す。超過負担は代替効果により生じるから，所得効果を除去し代替効果のみを分析するために，**補償需要曲線**と呼ばれる需要曲線が用いられる。所得効果は除かれているから，通常の需要曲線よりは傾きが大きい形状を示す。

　図6-1には，単純化して供給曲線 S が水平な場合を描いてある。D は所得効果を除いた補償需要曲線である。1単位当たり T 円の従量税が課税されると，供給曲線は T だけ上方に移動し，課税後の供給曲線は S' となる。均衡価格は P から P_c に上昇し，均衡生産量は Q から Q' に減少する。課税前と比べて Q' に対する消費者による支払額は増加するが，この増加部分である四角形 $PP_cE'F$ は政府の税収となる。

また，均衡点は E から E' に移動し，**超過負担の規模**は，三角形 EFE' の面積 $(T \times FE)/2$ で表される。補償需要曲線の価格弾力性を α とすると $\alpha = (\Delta Q/Q) \div (\Delta P/P)$ と定義されるが，この定義式は $\Delta Q = \alpha Q(\Delta P/P)$ と書き換えることができる。ΔQ は図では FE であり，ΔP は従量税 T であるから，代入すると $FE = \alpha Q(T/P)$ となる。超過負担の大きさは三角形の面積 $(T \times FE)/2$ により計算されるから，FE に $\alpha Q(T/P)$ を代入すると次の式が得られる。

$$\frac{T \cdot FE}{2} = \frac{1}{2}\frac{T^2}{P}\alpha Q = \frac{1}{2}\left(\frac{T}{P}\right)\left(\frac{T}{P}\right)\alpha PQ \qquad (6-1)$$

ここで (T/P) は，課税前の価格 P に対する従量税額 T の比率で表される税率 t である。超過負担の大きさが，税率 t に比例するのではなく，その二乗に比例するということは重要であり，税率が上昇すると加速度的に超過負担の規模が増大することを意味する。税率が2倍に上昇すれば超過負担は4倍に，税率が3倍に上昇すれば超過負担は9倍に増大するのである。

第2次世界大戦後の福祉国家における租税負担率は高く，租税の歪曲効果が深刻化した。アメリカのレーガン政権における税制改革をはじめとして，1980年代以降の各国の税制改革において中立性の原則が指導原理とされてきたゆえんである。

需要曲線および供給曲線の価格弾力性と超過負担

超過負担を表す (6-1) 式が明らかにするもう1つの重要な点は，超過負担の規模が，**需要曲線の価格弾力性 α** に比例することである。もし α がゼロであれば，超過負担の規模もゼロとなる。超過負担は，消費者や生産者が課税に対応して量的調整をすることから生じる。もし需要曲線が垂直で価格弾力性がゼロならば，第8章の図8-3が示すように，超過負担の生じる余地はない。同じことは供給曲線についても言えて，第14章の図14-2が示すように，供給曲線の価格弾力性がゼロで供給曲線が垂直な場合にも超過負担は生じない

また，**税の効率性**に関する評価は，超過負担の税収に対する比率の指標でなされる。図6-1において，それは EFE'/FPP_cE' に等しく，税収は $T \times$

$Q' = T \times (Q - \Delta Q)$ と表されるので，先と同様に ΔQ に定義式を代入すると，$\alpha t/2(1-\alpha t)$ と表すことができる。この式を α で微分すると税率がプラスであるならば常にプラスの値となるので，需要の価格弾力性 α が大きいほどこの比率は高くなり，税の効率性は低くなる。別の表現をすると，一般的に中立性の観点からは，需要の価格弾力性 α が小さいものほど超過負担の税収に対する比率は低くなり，効率的な税として評価される。需要の価格弾力性が小さな需要曲線とは，必需品に対する需要曲線である。

6－2　最適差別課税論

部分税と超過負担

　第４章「一般税と部分税」の分析から明らかなように，２財間，現在消費と将来消費，そして余暇と所得，それぞれの選択において，部分税を課すならば歪曲効果を及ぼし，一般税と比較して**納税者の厚生**を悪化させる。どの税が部分税となり，どの税が一般税になるかは，選択対象により異なる。消費財間の選択では，一般税となる所得税および一般消費税は超過負担を伴わないが，差別的な税率を適用する個別消費税は部分税となり，超過負担を引き起こす。現在消費と将来消費間の選択においては，一般消費税および個別消費税は超過負担を伴わないが，貯蓄の利子所得に課税する所得税は部分税となり，超過負担を引き起こす。しかし，余暇と所得の選択においては，所得税，一般消費税および個別消費税いずれも部分税となり，**超過負担**を引き起こす。すべての場合に超過負担を引き起こさない税は，人頭税のみである。

ラムゼー基準と差別的課税

　定額税とは所得の大小にかかわらず支払う一定額の税であり，納税者の行動に影響を与えないから，余暇と所得の選択を行う場合も，効率的な税と考えられている。人頭税は典型的な**定額税**であるが，中立性の基準のみに重点を置くのであれば，誰もが均一の金額を負担する**人頭税**がもっとも望ましい税となる。納税者の潜在的能力を判定できるならば，能力格差に対応した異なる額の人頭税を課税することができるが，個人の能力を測定する観察可能

な客観的基準は存在しないから、税務行政上実施不可能である。また、納税者による自発的支払いも期待できない。そこで、ラムゼーは、政府が定額税を課すことができないという現実を前提として、代わりに個別消費税からの一定の税収の徴収方法を検討した。

納税者間の差異を捨象し、代表的納税者を想定し分析を行ったため、再分配は検討の対象からはずれ、中立性の基準のみが考慮されることになった。個別消費税により税収を調達するときに、最も歪曲効果の少ない課税方法はどのようなものかをラムゼーは分析した。単純化の仮定のもとでは、次のような基準が導出される。

$$t = \frac{T}{P} = k\left(\frac{1}{\alpha} + \frac{1}{\beta}\right) \qquad (6‐2)$$

T は単位当たり従量税、P は価格、k は定数、α は補償需要曲線の価格弾力性、β は供給の価格弾力性である。左辺は、価格に対する税額の比率で表される税率 t である。

(6‐2) 式から明らかなように、図6‐1に描かれた水平で供給の弾力性が無限大である供給曲線の場合には、カッコ内の第2項はゼロになるから、税率は補償需要曲線の価格弾力性に反比例するように設定されねばならない。この基準は「逆弾力性の命題」と呼ばれる。補償需要曲線の弾力性の大きな水平に近いような需要曲線を有する財・サービスには低い税率で、逆に補償需要曲線の弾力性が小さくて垂直線に近いような財・サービスには、高い税率で課税すべきである。このことは奢侈品には低い税率で、生活必需品には高い税率で課税することを意味する。

また、補償需要曲線の価格弾力性が等しい財に対しては、同一の税率を適用することが望ましい。第4章「一般税と部分税」の所得と余暇の選択で考察したように、「余暇」の価格は賃金率とみなすことができる。その賃金率の変化が、各財の需要量に同様の変化をもたらす場合、余暇を除く各消費財に対し均一税率を適用することが、超過負担を最小にすることになる。この要請は「均一税率の命題」と呼ばれる。また、これは中立性の観点から、消費財に課税しないならば、労働供給、すなわち貯蓄の利子等の資本所得を含まない勤労所得のみに課税することが望ましいことを意味する。

他方，補償需要曲線の価格弾力性が無限に大きな場合には，第 1 項の値はゼロとなり，税率は供給の弾力性に反比例するから，供給曲線が垂直に近い弾力性の小さな財・サービスには高い税率で，弾力性の大きい財・サービスには低い税率で課税すべきである。

このラムゼー税はあくまで効率性を重視し，課税により生じる超過負担を最小化するような課税のあり方を提唱するものであり，公平性の原則には一切考慮を払っていないことを銘記しなければならない。

ラムゼー型の最適差別課税の政策含意

ラムゼー基準は，租税の中立性を検討する上で重要な政策含意を有する。

第 1 に，個別消費税体系に対するラムゼー基準の適用は，**効率性と公平性のトレードオフ** の問題を提起する。日常生活上の必需品は一般的に価格弾力性が小さいため適用される税率は高くなり，逆に奢侈品は価格弾力性が大きいため適用される税率が低くなる。しかしながら，現実の社会は，選好および資産や所得の分布状況が異なる経済主体からなる。特に，所得の捕捉が困難であるため個別消費税が用いられる多くの社会では，むしろ **生活必需品** の税率を低くし，**奢侈品** の税率は高く設定されており，それは税の中立性の基準より公平性の基準に，租税政策における優先順位が置かれているためである。

第 2 に，ラムゼー基準の適用範囲を，生産要素に対する租税体系に拡張すると，**生産効率性** の問題に発展する。ラムゼー基準は，相対的に価格に非弾力的な課税標準への税率を高く設定することを要請するので，資本蓄積が弾力的であり，労働供給が非弾力的であれば，**資本所得** 税率を低く，**勤労所得** 税率を高く設定することが要請されるが，グローバル化の進展する中での資本所得課税のあり方に対する政策含意を有する。第 9 章で論じる資本所得に対する税率を勤労所得に対する一番低い限界税率に等しく設定する二元的所得税や，第 10 章で論じる所得課税から消費課税への移行の傾向は，生産要素課税へのラムゼー基準の適用とも一致する。

ラムゼー基準の適用は，個別消費税についても生産要素に対する税についても，選択の自由度の低い経済主体に重い租税負担をもたらす。

6−3　最適所得課税論

累進税と比例税：最適所得税率

　比例的所得税は，すべての個人の所得に対し単一税率を適用し，所得の大小に比例して負担を求める税であり，所得が上昇しても平均税率は一定である。他方，同じ単一税率の所得税でも，所得控除により課税所得に最低限度を設け，一定の所得水準までの所得には租税負担を求めない形態の税は，第11章「個人消費税」の図11−1「フラット・タックスの税率構造」に描かれているように，課税最低限度額までは税率はゼロであり，それを超えると所得の上昇とともに平均税率（実効税率）が上昇する**累進的所得税**である。

　これらの所得税の限界税率は一定であり，**単一税率税**（flat rate tax）である。課税最低限度額の所得控除が与えられる累進的単一税率税の限界税率は，同額の財源を確保するためには，比例的単一税率税の限界税率より高く設定されなければならない。超過負担は代替効果に，代替効果は限界税率に関連するため，限界税率の高い税ほど超過負担は大きくなり，大きな歪曲効果をもたらす。**効率性と公平性の間のトレードオフ関係**は社会厚生関数により規定されるが，最適所得課税問題や最適累進度の問題は，一定の税収を確保するという前提で，社会厚生関数を極大化するような，課税最低限度額と限界税率の組合せを決定する問題となる。

　現実の税制は，所得の増大とともに，階段状に限界税率自体が上昇する**超過累進税**である。最高所得者に対する限界税率を引き下げることにより，より多くの良質な労働や資本が供給され，政府の税収を低下させずに，社会全体の厚生水準を高める可能性が生じる。課税標準を拡大し，高所得者に適用される限界税率を引き下げる最適所得課税理論の展開は，1980年代以降の税制改革に大きな影響を及ぼすことになった。

6‑4　アメリカの税制改革における中立性

サプライサイド・エコノミックスに関する合意形成

　サプライサイド・エコノミックスについての合意形成過程において，当時の生産性や技術革新の停滞の原因が，福祉政策と累進度の高い所得税などの税制による **供給能力阻害効果** にあると診断された。その結果，競争的社会やある程度の所得格差を是認する議論が，さまざまな分野で展開された。とりわけ税制は，経済成長に影響を及ぼす最も重要な要因と位置づけられ，1980年代初頭のアメリカにおいて，**高い税負担の罠**（high tax trap）という用語が，サプライサイド・エコノミックスの概念を象徴するものとなった。

　長期的な経済成長には資本蓄積が不可欠であり，労働生産性を規定する重要な要因は，労働 L に対する資本量 K の比率で表される **資本装備率**(K/L) である。同じ労働者でもより多くの資本で装備した方が，労働の生産性は上昇する。当時のアメリカでは，きわめて低水準の貯蓄率が，資本形成を阻害する要因であることが指摘され，税制改正による税引後資本収益率の上昇が，貯蓄に対する誘因を高め，貯蓄を拡大することが期待された。経済主体に対する誘因を重視する政策理念は，税制がもたらす貯蓄，投資，労働等への歪曲効果を極力排除し，民間部門中心の活力ある経済社会を構築しようとする。経済主体の行動変化を考慮せず，有効需要増大により経済拡大を図ったケインズ政策とは，根本的に異なるものであった。

課税の限界とラッファー曲線

　アーサー・ラッファーは，図6‑2が示すような，税率と税収の間の単純な関係を主張した。最大税収 T_a に対応する税率 t_a までは税率の引上げに税収の増大が伴うが，ひとたび t_a を超えると，それ以上の税率の引上げは，逆に税収の減少をもたらす。t_2 という高い税率でも，t_1 という低い税率でも，同じ税収額 T を調達できることを示している。ラッファーは，アメリカの租税構造が **臨界点** を超えた部分に位置することを主張し，政治的な脚光を浴びた。

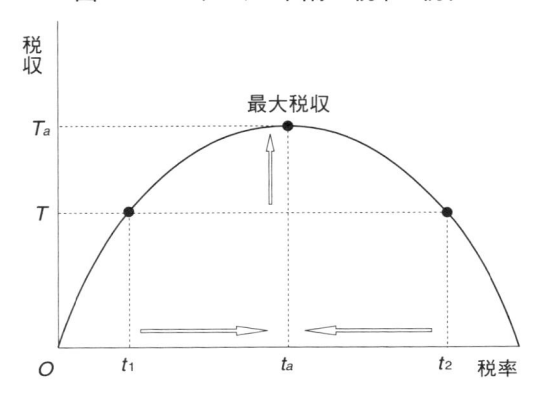

図6-2 ラッファー曲線：税率と税収

6-1「中立性の原則と超過負担」で明らかにしたように，超過負担の規模は税率の二乗に比例するから，税率引上げが大きな超過負担を生み出し，より低い税率の場合よりもかえって税収が低下するという可能性がある。後に述べるレーガン大統領の減税政策には，アメリカの税率がすでに税収極大化に対応する税率よりも高くなっており，税率を引き下げることにより経済が活性化し，かえって税収も増えるというラッファー曲線の基本的認識が前提にあった。

アメリカにおける1980年代の税制改革の短期的評価

レーガン政権下では，「**1981年経済再建租税法**」および「**1986年税制改革法**」という，2つの大きな税制改革が行われた。1981年経済再建租税法は，1954年内国歳入法を改正し，個人所得税率の引下げ，加速度減価償却の導入，中小企業や貯蓄に対する誘因の改善により，経済成長を高めることを目的とした。所得税の限界税率を，最高限界税率は70％から50％に，最低限界税率を14％から11％にまで引き下げた。また，個人の資本利得（キャピタル・ゲイン）に対する税率は20％まで引き下げられたが，これはベンチャー・キャピタルの制度支援とともに，民間部門の技術革新に必要な経済的な危険負担行動を促し，それらに対する適切な資金供給を目的とした。

1986年税制改革法は，個人所得税の課税標準を拡大する一方で，最高税率

を引き下げるとともに，税率構造を平坦化した。**最高限界税率**が50％から28％まで引き下げられるとともに，所得税の創設された1862年以来のアメリカの所得税の歴史において初めて，**最低限界税率**が11％から15％まで引き上げられた。また，包括的所得課税論における課税標準拡大の観点から，1981年法で一旦20％まで引き下げられた資本利得に対する税率は28％に引き上げられ，他の所得に対する税率と等しくなった。レーガン税制改革の基本方針は，**法人税**においても，多くの租税優遇措置を廃止して課税標準を拡大し，税率を引き下げることであった。1981年法とは逆に，減価償却の計算に適用される耐用年数を長期化し償却の加速度性を緩和して，いわゆる経済的減価償却と呼ばれる減価償却額に近付けようとした。この税制改革により，ハイテク関連のベンチャー企業や中小のサービス業は，相対的に有利になったと考えられている。

1980年代のアメリカ経済のみに着目すれば，税制改革の政策上の中間目標であった**貯蓄率の上昇**は達成されなかった。また，税率の引下げは税収を減少させ，冷戦外交を展開したレーガン政権下では，政府支出の削減はされないまま財政赤字が増大した。継続した生産性の上昇は，一部には一連の税制改革に起因するとの主張もあったが，一般的には，当時生じた景気拡大も，減税による可処分所得の上昇が消費の増加をもたらしたケインズ的な政策効果とみなされた。

国内の貯蓄率が低水準にもかかわらず，貯蓄と投資の不均衡を補完したのは海外部門である。民間部門の投資活動と政府による公債発行はアメリカの金利を引き上げ，開放経済と米ドルが基軸通貨であったことを背景に，**海外資本**を惹きつけた。

内生的成長論によるサプライサイド・エコノミックスの長期的評価

アメリカの1991年3月を底とする景気拡大の因果関係に関する理論は，1997年頃から**ニュー・エコノミー論**として主張され始めた。1987年当初，労働生産性上昇に対するITの貢献については疑問が持たれていた。だが，1999年のGDP統計改訂により，外注ソフトウェアが設備投資として加算された結果，**労働生産性**が1990年代後半には上昇していることが確認された。

IT 革命による生産性の上昇とグローバル化による企業の国際的競争の激化は，低失業率・低インフレ率・高成長をアメリカにもたらした。

さらに，この期間のアメリカにおける経済拡大は，1986 年のローマーや 88 年のルーカスの**内生的成長理論**に，その理論的根拠が求められた。新古典派のラムゼー成長モデルやソロー＝スワン・モデルでは，長期的成長率は技術進歩率により外生的に決定され，政府は長期の成長率に影響を与えることはできなかった。成長率が内生的に決定される内生的成長モデルは，経済成長は租税政策により影響を受け，経済成長を促進する生産要素に課税すれば成長率は低下することを主張する。ニュー・エコノミーは偶発的に現れた技術進歩のみならず，1970 年代後半以降 90 年代の前半を通じて，アメリカにおける労働生産性の停滞に対処する経済政策にも起因すると考えられ，サプライサイド・エコノミックスが見直される契機となった。

現在では，租税政策も含め，経済政策の影響は，短期的効果と長期的効果に分かれることが認識されている。税制改正が行われるとき，納税者は，課税標準が非課税な代案や税率が低い代案を選択する。所得源泉に課税される場合も，所得の用途に課税される場合も変わりはないが，個人に選択に伴う対応を求める場合，個人が直面する障害の程度に応じて，**行動の調整時間**の差異が生じる。税率の引下げは，短期的な財の需要増大をもたらす。他方，職業の選択などは，納税者が制度変更に対応して長期的な視点から行動を変えるには，時間やタイミングを要する。選択に危険を伴う場合には，個人は意思決定に慎重にならざるをえないので，納税者の私的選択の調整が完了しその効果が現れるには，相応の時間を要する。

内生的成長モデルの基本となったモデルは，国民所得 Y を広義の資本ストック K の関数とみなす $Y = A \cdot K$ で表される **AK モデル**である。A は資本の生産性・技術水準である。広義の資本ストックとは，単なる物理的な民間設備投資などの量ではなく，人的資本，金融資本，研究開発や治安維持などの広い意味での公共資本，社会全体で共有する知識などが含まれる。このモデルの特徴は，広義の資本概念については収穫逓減性が成立しないという考え方に基づいている点にあり，1990 年代以降のアメリカの経済現象を説明する経済成長モデルとして注目されることとなった。**資本に関する収穫逓**

増が成長の源泉であることは，たとえば，ソフトウェア開発には大きな初期投資を必要とするものの，追加的生産はオリジナルのコピーの作成という，限界費用がほとんどゼロの作業にすぎない事実と符合する。

　このモデルでは，1人当たりの成長率は，資本の生産性 A と貯蓄率 s の積から労働人口増加率 n を差し引いた値（$As-n$）で示されるが，新古典派モデルと異なり，貯蓄率の上昇により，長期的な1人当たり成長率の上昇がもたらされる。また，**資本の深化**と呼ばれる資本・労働比率の増加は，1人当たりの成長率（$As-n$）が正である限り続く。成長率は資本所得税率の減少関数となり，長期的には資本所得に対する最適税率がゼロであることを示唆する。ルーカスは，AK モデルに明示的に**人的資本**の概念を導入し，政府は長期的には，人的資本を含む資本からの所得に課税すべきではないという結論を得ている。資本所得も含めて課税する所得税よりも，消費税の方が好ましいことになるが，第10章「所得課税から消費課税へ」で取り上げる，所得税から消費税への移行の傾向と一致する。

6‐5　課税平準化政策

　本章では，租税の中立性の観点から，租税の歪曲効果が民間部門の誘因に影響を与え，長期的な経済成長に対しても，租税政策が重要であることを考察した。高い税率のもとでは，さまざまな租税の歪曲効果により，人びとの勤労や投資，危険負担に対する誘因が阻害され，税率の引上げを相殺して余りある生産量や雇用量等の低下が，税収の減少をもたらす可能性が生じる。すでに租税負担率が高い水準に達したわが国も含めた先進諸国においては，経済に与えるもろもろの租税の歪曲効果を十分に考慮して，租税制度を制定しなければならない。

　さらに，わが国の長期債務は GDP を上回る規模にある。公債は租税負担を将来世代に繰り延べる効果を持つから，償還は，最終的には増税で賄うことを考えなければならない。だが，発行される公債額は，発行年度の支出計画と税収状況によるため，償還に必要となる資金も年度ごとに異なる。増税は，マクロ経済の観点からデフレ効果をもたらすことは周知のことであるが，

年度間の**課税規模の変動**は，中立性の原則から分析する場合，いかなる影響を及ぼすのであろうか。

現実の世界では定額税による財源調達は困難であり，課税による歪曲効果を回避することはできない。課税による超過負担は，近似的に税率の二乗に比例するから，長期的に歪曲効果を最小化するには，**異時点間の税率**を一定に保つことが最適となる。その結果，景気等の経済状況により税収は異なるため，この立場において予算制度を考える場合，均衡予算は望ましくなく，税収の不足部分は公債発行により調達されることになる。バローは，ケインズ的かつマクロ経済的な立場から，財政の経済安定化機能としての公債発行効果を否定し「**等価定理（公債の中立命題）**」が成立することを前提とし，一方で，ミクロ経済的かつ長期的な立場から，上記のような一時的な公債発行を正当化した。これが，**課税平準化**（tax smoothing）**理論**である。この課税平準化理論からは，次のような政策的含意が示唆される。課税平準化理論を前提とするならば，まず，税収が景気変動を受けないことが望ましく，累進所得税と比較すれば税収が平準化される消費全般に課税し，限界税率を短期間で変化させないことが望ましい。

また，公債管理政策では，ある一定の時期に国債償還に伴う増税が集中的に行われることを回避するために，公債の満期構成を多様化するとともに，償還金額を平準化させる政策を行う必要がある。わが国においては，借換債は個人向け国債として商品化され，また，1998年に大量発行された国債の大量償還を迎える2008年を目処に，異例の国による**公債買切り**が実施されている。

* 本章の執筆に際しては，前田尚子氏の協力を得た。

第 7 章　簡素性の原則

7‑1　租税原則としての簡素性の原則

アダム・スミスの租税原則

　租税の本質は国家権力に基づく強制獲得にあり，納税者はできる限り租税負担を回避したいと願うから，租税の徴収は容易なことではない。アダム・スミスの有名な租税原則は次の 4 原則であるが，最初の公平性の原則を除くとすべて**税務行政上の原則**であり，アダム・スミスの実践的性格がうかがえる。第 2 原則の明確性の原則，第 3 原則の便宜性の原則，第 4 原則の最小徴税費の原則は，現代の租税原則では簡素性の原則として一本化され，他の 2 つの租税原則である公平性の原則と中立性の原則とともに，税制構築や税制改正における指導原理となっている。

(1) 租税は国民の能力にできるだけ比例し支払われるべきこと（公平性の原則）。
(2) 租税の支払方法および支払うべき金額は明確であること（明確性の原則）。
(3) 租税は納税者にとって最も便利な時期・方法で課税されること（便宜性の原則）。
(4) 徴税費を最小にすること（最小徴税費の原則）。

徴税費と遵法費用

　徴税のためには巨大な徴税機構が必要であり，**徴税費**は膨大な額に上る。わが国では，2004（平成16）年度における国税の徴税費は税収の1.58％，道府県税が1.82％，市町村税が2.53％である。しかし，これは徴税に伴う費用全体のほんの一部にしかすぎず，徴税機構の税務行政費用である徴税費用に加えて，税法に従って正確な納税義務額を支払うために，納税者の側にはその数倍の巨大な費用がかかる。この**遵法費用**と呼ばれる納税者の負担は，税制の複雑化に伴い加速度的に上昇する。

　アメリカの税制はきわめて発達しており，しかも個人所得税が税収の大宗を占めている。個人所得税は典型的な**人税**であり，納税者の置かれたさまざまな状況に対応して適切な税額を徴収しようとするから，税法はきわめて複雑となる。簡素性の原則は，わが国においても税制改革の重要な指導原理であるが，税制の簡素化を要請する典型的かつ複雑な税制の例として，アメリカの個人所得税の例をとり，簡素性の原則の重要性を考察しよう。

7-2　レーガン税制改革

1954年内国歳入法

　アメリカの1954年内国歳入法は1939年内国歳入法に代替する歳入法であり，レーガン政権による1986年内国歳入法以前における基本的歳入法であった。表7-1には，1954年内国歳入法の所得税の限界税率表が示されている。24の所得帯に細分化され，それぞれの所得帯に適用される限界税率も＄2,000以下の所得に適用される20％から最高所得帯の＄20万超の所得に適用される91％まできめ細かく規定され，垂直的公平を達成するために，急速に上昇する**累進税率構造**が設定されていた。

レーガン政権による1986年内国歳入法

　レーガン大統領は1985年の2度目の大統領就任演説において，税制の簡素化や公平化と，すべての納税者に対する税率引下げを公約していた。第1次レーガン税制改革とも呼ばれる**1981年経済再建租税法**においては，個人

表7-1 1954年所得税法の税率構造

所得水準	限界税率(%)	所得水準	限界税率(%)
$2,000まで	20	$26,000超$32,000	62
$2,000超$4,000	22	$32,000超$38,000	65
$4,000超$6,000	26	$38,000超$44,000	69
$6,000超$8,000	30	$44,000超$50,000	72
$8,000超$10,000	34	$50,000超$60,000	75
$10,000超$12,000	38	$60,000超$70,000	78
$12,000超$14,000	43	$70,000超$80,000	81
$14,000超$16,000	47	$80,000超$90,000	84
$16,000超$18,000	50	$90,000超$100,000	87
$18,000超$20,000	53	$100,000超$150,000	89
$20,000超$22,000	56	$150,000超$200,000	90
$22,000超$26,000	59	$200,000超	91

資料：*Internal Revenue Code of 1954* より作成。

　所得税率の引下げ，償却資産の経費処理，小企業や貯蓄に対する誘因の改善による経済成長促進を意図していた。この税制改正により，限界所得税率は最高税率が70％から50％まで，最低限界税率は14％から11％まで引き下げられた。

　レーガン大統領は1986年の年頭教書において，公平性と成長を目指した租税の簡素化という歴史的改革の断行を約束していた。すでに1981年における内国歳入法改正により，税率は4分の1ほど引き下げられたが，依然として税制は不公平であり成長への障壁となっていた。1954年から頻繁に内国歳入法は改正されたが，大きな税制改革は1986年のレーガン政権による税制改革である。基本方針は，多数の租税の減免措置や優遇措置を廃止し課税標準の拡大を図るとともに，税率を引き下げることであった。最高限界税率は1954年以来の数次にわたる税制改革で50％まで低下していたが，**1986年税制改革法**においては28％まで引き下げられた。他方，最低限界税率は1981年以来11％まで引き下げられていたが，1986年税制改革法においては15％まで引き上げられた。1862年の歳入法により所得税がアメリカに導入されて以来歴史上初めて，最高限界税率が引き下げられると同時に，最低限

界税率が引き上げられ，税率構造の累進性は大幅に緩和した。また基本税率の限界税率は，15％と28％の2本にまで簡素化された。きわめて高い所得の納税者に対しては，基本税率に5％（ポイント）の税率が付加されたから，付加税も含めた最高限界税率は33％となった。1954年内国歳入法に規定された20％から91％までの24本の限界税率が，**基本税率**では2本，**付加税税率**も含めて3本にまで簡素化された。

7-3　現行連邦税制の複雑性と納税者の混乱

巨大な遵法費用

　現行連邦税制についてすべての論者が異口同音に指摘する点は，それがあまりにも複雑であることである。納税者は，自分の納税義務額がいくらであるか理解できない。3分の1のアメリカ人は，多額の税を支払うよりも，納税申告書に記入する方が負担であると感じている。納税者が税法に従って納税義務額を納税するのに要する遵法費用が，内国歳入庁の税務行政費よりもはるかに膨大である。

　直接的徴税費である**税務行政費用**は税収の0.5％であるのに，納税者が税法に従って納税するのに伴う**遵法費用**は10％にも上ると推定されている。内国歳入庁の推計によれば，納税申告書の記入に，1枚当たり平均25.5時間が費やされている。1時間当たり＄15から＄25という時間の機会費用を仮定して計算し，税理士や弁護士などの専門家に支払う費用やコンピュータのソフト等購入経費＄190億を加えると，＄670億から＄990億にも上る遵法費用がかかっている。このような膨大な遵法費用がかかるのは，税法がきわめて複雑だからであり，簡素化が税制改正の主眼点を形成する。

未納税問題

　とりわけ支払能力の低い低所得者や中小企業にとり，納税申告書の提出が大きな負担となっている。低所得者に対しては，大規模な所得保障制度の役割を果たしている勤労所得税額控除（EITC, Earned Income Tax Credit）が，高い遵法費用の大きな原因である。また，中小企業にとっての遵法費用はき

わめて高く，企業規模が小さいほど，税収＄1当たりの遵法費用は高い。また納税者の多くは納税義務額がいくらであるか正確に認識できないから，未納税額問題を悪化させている。**未納税額**は，税法で定められた納税義務額と納税者が期限以内に実際に支払った税額との差額であるが，2001年度におけるこの額は，正直に納税している納税者に，1人当たり＄2,000の余分の税負担を押し付けている。納税者間の，税法は不公平であり税額を容易に操作できるという意識の一般化が，納税者の**自発的遵法**というアメリカ連邦税制の根底を損なっている。

7–4 アメリカの現行個人所得税の複雑性

複雑な制度

個人所得税を複雑化する要因は多いが，多くの納税者に対して次の制度要因が深刻である。およそ30もの異なる種類の特別**退職勘定**や**貯蓄勘定**が存在し，個人所得税法においてそれぞれ独自の扱いを受けている。また，社会保障給付金に対する課税のように多数の漸減条項が存在し，納税者に追加的税額計算を強要している。低所得者に適用される稼得所得税額控除制度はきわめて複雑であり，税制の複雑さに苦しめられる納税者は，高所得者に限定されない。

税率は租税制度の一面にしかすぎず，厳密に**納税者の置かれた異なる状況**に対応しようとすると，いずれの国でも制度は加速度的に複雑化する。類似の例はわが国の地方財政の地方交付税の算定法に見られるが，それぞれの地方公共団体の状況を，より正確に反映して地方交付税を配分しようとすればするほど制度は複雑化する。

代替最小税（AMT）

アメリカの税制を複雑化する要因にはさまざまあるが，典型的な例として個人所得税の一環として制度化されている代替最小税制度の例を見よう。次の勤労所得税額控除制度にも，第18章「社会保障税」で取り上げる社会保険料である給与税にも当てはまるが，最初は小規模で例外的な状況に対応す

るために創設された制度が，急速に膨張し巨大化した例である。

　アメリカには国家納税者代弁人という制度があり，議会に対して毎年度アメリカの連邦税制に関する報告書を提出しているが，2003年度報告書においては，代替最小税制度をもっとも深刻な連邦税制度の問題として指摘している。現行 AMT（Alternative Minimum Tax）制度の前身は**追加最小税制度**であり，1966年度において＄20万超の調整済み総所得（AGI, Adjusted Gross Income）を稼得した155名の高額所得者が，個人所得税をまったく納税していないという証言に基づいて，内国歳入法の一部として制定された。当初の追加最小税の意図は，高所得納税者による納税義務回避行為を阻止することであった。

　この追加最小税制度は，多数の納税者に複雑な税額計算を強要する代替最小税制度へと変貌した。**代替最小税制度** は，正規の個人所得税と代替最小税という，2つの税の納税義務額を計算する負担を納税者に押し付けている。納税者は代替最小税制度において規定された課税所得を計算し，代替最小税税率や税額控除を適用して，代替最小税暫定額を算出する。この額を正規の個人所得税算出額と比較し，この暫定額が正規の個人所得税算出額を超過した場合には，その超過額を代替最小税として，**正規の個人所得税** に追加して支払うことになる。したがって，納税者は，正規の個人所得税と代替最小税の両税の額を計算しなくてはならない。

　代替最小税制度は正規の個人所得税とは別の制度であり所得の認定，所得控除と税額控除の適用時期について独自の規定がなされているから，しばしば正規の個人所得税用と代替最小税用との，**2種類の記録** の保管が要請される。代替最小税の納税義務額の決定は複雑であるとともに，納税者はまず正規の個人所得税の納税義務額を計算しなくてはならない。代替最小税制度制定当初には，AMT納税者はきわめて少数の高所得者に限定されていたが，最近では納税者数も税額も上昇している。2010年までには，5人に1人の納税者が代替最小税の計算と支払義務を負うようになる。

勤労所得税額控除（EITC）の問題

　連邦個人所得税のもっとも深刻なもう1つの問題は，勤労所得税額控除で

ある。勤労所得税額控除は，低所得納税者と勤労家族に対して **還付税付税額控除** を提供する。還付税付税額控除とは，税額控除される税額が十分でない場合には，差額を移転支出として政府が納税者に支払う制度であり，その部分は負の所得税の性格を有している。2003年度においては，2,100万人以上の納税者が，総額＄360億以上の税額控除を請求した。その重要性にもかかわらず，EITCは内国歳入庁にとってもっとも深刻な問題であり，会計検査院はEITCを，誤った請求が多いリスクの高い政府の事業とみなしている。EITC適格性のある多くの低所得納税者は，**複雑な手続き** が要求されているので請求を放棄するか，EITC額の減少や消滅をまねく不注意な過ちを犯すか，内国歳入庁の面接調査に出頭しないでこの税額控除請求権を喪失する。

　1975年に創設された当時は，620万人の納税者が＄12.5億，平均額＄202.4のEITC税額控除を請求した。EITCは最大額＄400であり，修正調整済み総所得が＄8,000に達すると消失した。EITCの額と適用を受ける納税者数は，1993年以降に顕著に増大した。本来は，貧困勤労者に課される社会保障拠出金である給与税の負担を相殺し，勤労意欲を高めるために意図された少額の還付税付税額控除であったが，この期間中にEITCは，**資力テスト付最大貧困対策プログラム**へと変貌した。

　EITCを請求する手続きは，個人所得税納税申告書に記入する簡単な1行にすぎなかったのに，53頁の刊行物，独自の表，2つの作業用紙，13頁にわたる説明書に基づく膨大な計算を必要とする制度に変貌した。内国歳入庁は，この複雑な作業のほとんどを，2,000万人の納税者と，民間の納税申告書作成業者に押し付けているが，納税者はこれらの専門業者に対して報酬を支払わねばならないから**遵法費用**は増大する。

7‐5　抜本的税制改革諮問委員会の勧告

税制改革の基本方針

　レーガン大統領の後継者ともいえるブッシュ（子）共和党大統領は，大統領就任早々に大幅な減税政策を実施した。ブッシュ大統領は両党共同の「抜本的税制改革諮問委員会」を設置し，税法改正の選択肢を提出するように要請

したが，その最終報告書が2005年に提出された*。この報告書は連邦税制全体に関する改革案であり，簡素化された所得税案と成長・投資促進型租税制度という，大統領の要請に沿った2つの代案を提案する。いまだ勧告にすぎず実施されたわけではないが，アメリカの複雑すぎる連邦税制度の改革の適切な方向を示すものとして興味深い。

　ブッシュ政権の税制改革政策の**基本方針**は，大統領経済報告の第3章「税制改革の選択肢」に展開されている。現行連邦税制は不必要に複雑で，勤労意欲，貯蓄，投資等に関する決定を歪曲し，アメリカ経済全体に巨大な損失を与えており，複雑性の結果として，納税者は高い遵法費用を負担しているが，簡素，公平，成長促進的な税制に改革できる，と指摘している。

2つの税制改革案の提案と両案の共通点

　現行制度の診断に基づいて，簡素化した所得税案と成長・投資促進型税制案との2つの選択肢を，委員会は提示した。両税制改革案は，次のような共通した特徴を有する。税制全体の簡素化と，家計および企業に対する納税手続きの合理化を図る。現行税制の累進性を維持した上で，家計および企業に対して税率を引き下げる。持ち家や慈善的寄付に対する税制上の優遇措置を，項目別所得控除の適用を受ける一部納税者から，全納税者に拡大する。また，現行制度の下では雇用者から健康保険を給付される納税者に限定されているが，健康保険に対する非課税措置の対象を，すべての納税者に拡大する。貯蓄と投資に対する阻害要因を除去する。また，代替最小税制度を廃止する。

税率構造の簡素化

　現行税制の個人所得税は，所帯および家族に対しては，10％，15％，25％，28％，33％，35％の6つの限界税率から成る超過累進税率構造を採用している。簡素化した所得税案においては，15％，25％，30％，33％の4つに，成長・投資促進型税制案においては，15％，25％，30％の3つに税

＊　The President's Advisory Panel on Federal Tax Reform, *Simple, Fair, & Pro-Growth : Proposals to Fix America's Tax System*, 2005.

率構造を簡素化するとともに，**貯蓄や投資**の提供者は高所得者に多いから，高所得に適用される限界税率を引き下げる。同じ限界税率が適用される結婚した夫婦の所得帯の額を，未婚者のそれのちょうど2倍に設定することにより，**結婚税**（marriage tax）と呼ばれる結婚することにより納税義務額が増加する要素は消滅し，結婚した夫婦と独身者は平等に扱われることになる。例えば，15％の限界税率の適用される所得帯を，独身者に対してはゼロから＄4万まで，結婚した夫婦に対してはゼロから＄8万に設定する。

3つの貯蓄勘定への整理・統合

委員会の勧告は，現行制度を改革して退職，医療，教育および住宅のための，非課税の貯蓄機会を拡大することである。複雑で重複する**貯蓄誘因**を与える現行諸制度は，簡素で効率的な①職場貯蓄計画，②退職貯蓄勘定，③家族貯蓄勘定，の3つに統合される。このことにより，特定の納税者のみでなく，すべての納税者に平等に，制限額のない非課税の貯蓄機会が提供される。

雇用者の提供する**職場貯蓄計画**は，既存の多数の貯蓄計画を統合し簡素合理化した新制度である。雇用者が容易に従業員に提供できるように，規則や基準を簡素化し一本化する。さらに自動貯蓄制度を導入し，強制的ではないが従業員が自動的に，給与の一部を職場貯蓄退職勘定に貯蓄できるようにする。

数百万人のアメリカ国民に対して，雇用者の提供する**退職勘定**が，退職後の安心を提供してきた。9,000万人以上の労働者は，職場におけるさまざまな形態の租税優遇措置付退職勘定に加入している。しかし雇用者の提供する退職勘定の便益は，国民の間に均等に分配されず，退職勘定が雇用者により提供される納税者の納税額は，退職勘定が雇用者により提供されない納税者よりも軽減されている。租税優遇措置を受ける退職勘定は，税法の中でももっとも複雑な部分であり，労働者の退職勘定加入を妨げている。この複雑性に伴う事務費や遵法費用の高さのゆえに，民間雇用主の53％しか従業員に対して確定拠出金退職勘定を提供していない。とりわけ中小企業にとっては事務費が高くつくという理由により，この割合は25％以下である。また，手続きが複雑なために，転職のときに，前雇用者から受け取る定額退職金を

従業員が消費してしまい，次の雇用者のもとでの退職勘定に継続することが少ない。

現行制度にはさまざまの教育貯蓄計画，医療貯蓄計画，弾力的支出取決制度が利用可能である。簡素化した所得税案でも，成長・投資促進型税制案でも，これらを**家族貯蓄勘定**に統合する。すべての納税者は年齢，所得額，家族構成，結婚の有無にかかわらず，年間＄1万まで非課税で貯蓄でき，退職勘定を補完する目的で利用することもできる。医療，教育，訓練，第一住宅購入頭金支払いなどの適格目的のためには，いつでもこの貯蓄を引き出して使用することができる。また，59歳以上の納税者は，支出目的にかかわらず，いつでも引き出してこの非課税貯蓄を利用できる。

中小企業課税の簡素化

中小企業には，個人と同じ税率が適用されるのが一般的であり，簡素化した所得税案では個人と同じ税率で課税されるが，最高限界税率は33％まで引き下げられる。成長・投資促進型税制案では，個人事業主には個人納税者と同じ税率を適用するとともに，最高限界税率は30％に引き下げられる。他の中小企業は，30％の一定税率で課税される。

所得や所得控除に関して，さまざまの特殊な税務会計規則が存在する。成長・投資促進型税制案においては，**企業キャッシュフロー税**を導入する。企業は，すべての収入からすべての支出を差し引いた差額に課税される。この簡素化により，納税のための第2，第3の帳簿を付け保存する必要がなくなり，事業のために必要ですでに保存されている帳簿のみにより納税できる。

現行制度の下では，資本投資には減価償却制度が適用されるが，不完全な資産価値低下の尺度である。簡素化した所得税案のもとでも，成長・投資促進型税制案のもとでも，**キャッシュフロー課税**が採用される。成長・投資促進型税制案においては，土地や建物も含めた，あらゆる企業資産に対する**投資を全額経費扱い**することにより，制度を簡素化し，投資に対する誘因を高め，資産間の差別扱いを解消する。簡素化した所得税案においては，従来どおり土地は経費控除できず，建物は減価償却対象とされるが，それ以外の投資は全額経費控除される。

表 7-2 アメリカの連邦法人所得税率

課税所得	法人所得税率(％)
＄0 超 ＄50,000 以下	15
＄50,000 超 ＄75,000 以下	25
＄75,000 超 ＄100,000 以下	34
＄100,000 超 ＄335,000 以下	39
＄335,000 超 ＄10,000,000 以下	34
＄10,000,000 超 ＄15,000,000 以下	35
＄15,000,000 超 ＄18,333,333 以下	38
＄18,333,333 超	35

大企業に対する課税の簡素化と合理化

　現行制度においては，表 7-2 に示したように，大企業に適用される税率は，15％，25％，34％，39％，34％，35％，38％，35％の8つである。限界税率は15％から＄10万超＄33.5万ドルの所得帯に適用される39％まで上昇した後，さらに課税所得が増加すると低下するが，再び上昇して38％に達した後，また35％まで低下する。

　これらの複雑な税率構造は，成長・投資促進型税制案では30％に，簡素化した所得税案では31.5％に**一本化**される。成長・投資促進型税制案のもとでは，新規投資はすべて経費扱いされるが，簡素化した所得税案では大幅に簡素化された加速度償却制度が採用される。

　支払利子と支払配当の異なる税制上の扱いは，企業の資金調達に歪曲効果を与えると批判されてきた。**支払利子**は現行制度の下で経費控除されるが，成長・投資促進型税制案では，金融機関を除いては経費控除できない。投資の全額経費扱いと支払利子の経費扱いは二重の投資優遇であり，補助金の交付に等しく，資源配分の不効率性を招くからである。また，現行制度は借入資本と自己資本との間の選択において，資本の借入れを奨励し自己資本の充実を阻害する効果を与えるが，支払利子の経費扱いを廃止することにより，両資金調達方法は平等の扱いを受けることになる。簡素化した所得税案では，現行制度と同じく，支払利子は経費控除でき，受取利子は課税される。

　個人に対する代替最小税と同じく，簡素化した所得税案でも，成長・投資

促進型税制案でも，法人に対する代替最小税は廃止される。

不公平な税制と変則的実効限界税率構造

　財政学でよく知られる**水平的公平の原則**によれば，同じ経済状態にある納税者は同額の税を支払うべきである。しかし，同じ経済状態の納税者が，租税優遇措置のゆえに同額の税負担をしないから，不公平感が醸成される。例えば，項目別所得控除を選択する納税者のみが，州や地方の所得税と財産税を所得控除できるが，標準所得控除を選択する多くの一般納税者には，この所得控除は認められていない。また，社会保障給付金は，結婚した夫婦の方が，独身者よりも高い税率で課税され，いわゆる結婚税を形成している。

　アメリカの連邦個人所得税は累進税であり，垂直的公平を達成しようとしている。しかし，税率表に示される**法定限界税率**を見ると累進性は明らかであるが，**実効限界税率**はこれとは大幅に異なる。さまざまの非課税所得，所得控除，税額控除に加えて，それらの優遇措置の多くには段階的導入（phase-in）や段階的消滅（phase-out）が組み込まれている。実効限界税率はこれらの効果により，所得の上昇に伴って上昇したり下落したりして，きわめて複雑怪奇な累進税率構造を示す。政策目的は必要度の高い低所得納税者に租税優遇措置の適用を限定することにあるのだが，この変則的な実効限界税率構造のゆえに，低所得労働者の勤労意欲が損なわれている。

7-6　わが国税制改革における簡素性の原則

　わが国の**政府税制調査会**における毎年度の諮問，答申，報告書等においても税制改革の指針として，公平性，中立性とならんで簡素性の原則が強調される。簡素性の原則とは，税制の仕組みをできるだけ簡素なものとし，納税者が理解しやすいものとするということである。個人や企業が経済活動を行うに当たって，その前提条件として，税制は常に考慮されるが，税制が簡素でわかりやすいこと，自己の税負担の計算が容易であること，さらに納税者にとっての納税コストが安価であることは，国民が自由な経済活動を行う上で重要である。また，納税者側のみならず，執行側のコストが安価であるこ

とも税制を検討する上で重要な要請である。さらに，そもそも**税制の仕組み**を国民にわかりやすいものとしていくことは，国民が税制論議に参加し，望ましい税制や公的サービスのあり方，国のあり方を選択していく上でも，きわめて重要であるとされる。

第8章　租税の転嫁と帰着

8-1　誰が租税を負担するか

納税義務者と真の負担者

　法定納税義務者とは，税法において納税義務を負う者をさす。わが国の税法における納税義務者は，例えば，酒税は製造者または引取者であり，たばこ税は製造たばこの製造業者や引取業者，消費税は取引の各段階における事業者である。しかし，多くの税の場合に，法定納税義務者と実際に税負担を負うものとは異なる。租税原則の中でもっとも重要なものは，租税負担配分における公平性の原則であるが，公共財・サービスから得る便益に対応した租税負担の配分を要請する利益説を採用しようと，納税者の支払能力に対応した租税負担の配分を要請する能力説を採用しようと，考慮されるべき租税負担は，税法上の納税義務者が支払う税額ではなく，最終的租税負担者に帰着する租税負担額である。租税分類の1つに直接税と間接税という分類があるが，**直接税**は最終的に租税を負担すると想定される納税者を最初から税法上の納税義務者として課税する税であり，**間接税**は税法上の納税義務者以外の者に，最終的に租税負担が帰着すると想定される税である。

　真の租税負担者は税法には書かれておらず，経済分析により明らかにするしかなく，租税論において租税の転嫁と帰着は，きわめて重要な研究分野である。

転嫁と帰着

　租税の負担が移転する過程を**転嫁**と呼び，最終的に租税負担が定着することを**帰着**と呼ぶ。**短期経済帰着**とは，課税される製品や生産要素に対する市場の需要と供給の相互作用により，租税負担が消費者や生産者のような経済主体間にいかに配分されるかをさす。現実には租税は，課税される製品や生産要素以外の他の製品や生産要素にも広範な影響を与えるが，この短期経済帰着は，課税された製品や生産要素にのみ着目し，当該市場における経済効果を部分均衡分析という経済分析手法により明らかにされる。

　究極的経済負担は，課税に対するすべての経済的調整が，影響を受けたすべての市場において完了したときの，人びとの税引後所得に生じる変化により測定される。このような広範な経済効果は，すべての変数のすべての変数への依存関係を明示的に導入する一般均衡分析と呼ばれる分析手法により分析される。

前転・後転・更転

　図8-1には，租税負担が経済の取引過程を通じていかに転嫁され，各取引段階に帰着するかを図示してある。取引過程は生産要素である土地，資本，労働からはじまり製造段階，卸売段階，小売段階へと前進する。図8-1では製造段階を税の衝撃点として，10の税額が課税されると想定している。10の税負担のうち1は**衝撃点**である製造業に帰着するが，3は取引の後方である土地，資本，労働等の生産要素に，要素価格の低下という形で**後方転嫁**される。6は製造価格に上乗せして，取引の前方である卸売段階に**前方転嫁**される。卸売業者に転嫁された6のうち1は卸売業者に帰着し，5はさらに前方に小売段階へと転嫁される。小売業者には租税負担の2が帰着し，3は消費者に転嫁される。前転でも後転でも，転嫁された租税負担がさらにその方向の次の取引段階に転嫁されたときに**更転**（further shifting）と呼ぶ。製造業者に課された10の租税負担のうち6が卸売業者に前転されるが，卸売業者はそのうちの5を小売業者に前転する。卸売業者に転嫁された租税負担はさらに小売業者に転嫁されたので，更転と呼ばれる。小売業者は，卸売業者から転嫁された租税負担5のうち3を，さらに消費者に更転する。

図 8-1 租税の転嫁と帰着

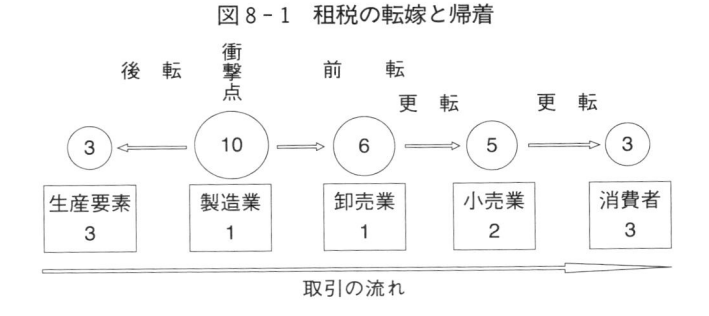

```
        後 転   衝撃点   前 転
                        更 転       更 転
         ③  ←   10  →    6    →    5    →    3
        生産要素   製造業   卸売業   小売業   消費者
          3       1       1       2       3
                   取引の流れ →
```

　第13章で取り上げる付加価値税は，多段階の取引段階で課税される消費税で売上税であるが，それぞれの取引段階で支払った租税額は次つぎと取引段階を前転し，更転し，最終的に消費者に帰着するものとして制度化されている。わが国の消費税は，租税分類上は消費型の付加価値税であり，前転し，更転し，最終消費者に帰着するというのが制度の建前である。

8-2　従量税の短期経済帰着

　租税論において転嫁論・帰着論は重要な研究分野であるが，最も単純でわかりやすい例として，製品1単位当たりいくらという形で課税される**従量税**の転嫁と帰着を分析しよう。わが国の税では，酒税，揮発油税，たばこ税などがこの種の従量税である。酒税は種類とアルコール分に対応して1リットル当たりいくらという形で税率が定められている。例えばアルコール分20度未満のビールの1リットル当たりの税率は220円である。たばこ税は国と道府県と市町村が課税するが，旧3級品を除く製造たばこ1,000本当たり，それぞれ3,552円，1,074円，3,298円，たばこ特別税820円で合計8,744円の税率で課税される。揮発油税は，揮発油1キロリットル当たり2万4,300円である。

　図8-2においては，一般的な右下がりの需要曲線と右上がりの供給曲線が描かれている。特定の製品市場では，課税前の均衡点は需要曲線 D と供給曲線 S との交点 E となり，それに対応する均衡量 Q と均衡価格 P が決

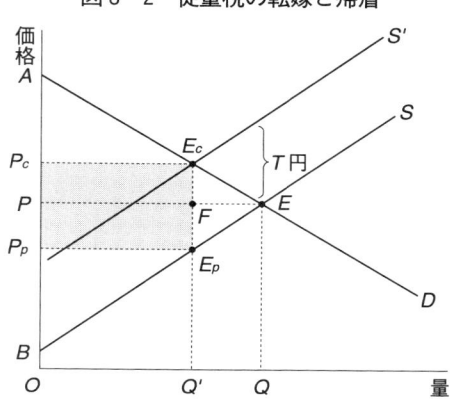

図8-2 従量税の転嫁と帰着

まる。ここで製品1単位当たり T 円の従量税が課税されると，**課税後の供給曲線**は，生産者が租税を政府に支払った後に生産費を回収できるように，T 円分だけ上方にシフトして S' となる。生産者にとっては，課税前の供給曲線 S は生産費用にもとづいて導出されるものであり，生産費を回収して営業を続けるのに必要な価格と生産量との組合せを表している。生産者を納税義務者として従量税が課税されると，生産者は従量税と生産費を合計した単位当たり収入を得ないと，政府に従量税を支払い，同時に生産費を回収することはできない。

この課税後の供給曲線 S' と需要曲線 D との市場における相互作用により，課税後の均衡点は E_c となり，均衡量は Q から Q' へと減少する。消費者の支払う価格は P から P_c へ上昇し，生産者の回収する単位当たり収入額である価格は P から P_p まで低下する。消費者の支払う P_c と生産者の回収する単位当たり収入額 P_p との差額は，単位当たり従量税 T に一致する。納税義務者が生産者ならば，図8-2では網掛けの長方形により表される $(P_c - P_p) \times Q'$ の額の従量税を政府に支払うが，この **租税負担額** の一部である $(P_c - P) \times Q'$ は消費者に，他の一部である $(P - P_p) \times Q'$ は生産者に配分される。このように **税法上の納税義務者** は生産者であっても，市場における需要と供給との相互作用により，負担の一部は税法上の納税義務者ではない消

費者に**転嫁**し，租税額は消費者には $(P_c-P)\times Q'$ が，生産者には $(P-P_p)\times Q'$ が**帰着**する。税法上の納税義務者とは，酒税は酒類の製造者や酒類の保税地区からの引取者，たばこ税は製造たばこの製造者または保税地区からの引取者，揮発油に対しては揮発油の製造業者や保税地区からの引取者である。

8-3　消費者余剰・生産者余剰・超過負担

消費者余剰，生産者余剰，超過負担の概念についてはすでに第4章の4-5「租税の歪曲効果と超過負担」で説明した。図8-2の課税前の均衡点 E においては，AEP の面積で**消費者余剰**は表されるが，当該財の消費から生じる消費者の経済厚生の一部を構成する。課税前の均衡点 E に対応する**生産者余剰**は，三角形 PEB で示される。

課税により五角形 $P_cE_cEE_pP_p$ の面積で表される消費者余剰と生産者余剰の合計が喪失されるが，そのうち網掛けの長方形で表された納税額 $(P_c-P_p)\times Q'$ は政府の収入となり，それを財源として人びとの必要とする公共財・サービスが供給されるから，公共財・サービスから得られる便益により相殺される。しかし，三角形 E_cEE_p で表される損失は，誰の利益によっても相殺されることのない，**超過負担**とか死重的損失と呼ばれる経済全体の損失を表す。このような超過負担が生じるのは，租税が経済に歪曲効果を及ぼすからであり，第6章で論じたように，中立性の原則が重要視されるゆえんである。

8-4　需要量と供給量の価格弾力性

図8-2を観察すると，誰にどれだけの租税負担が帰着するかは，需要曲線と供給曲線の形状に依存することがわかる。**需要の価格弾力性** α は，価格の変化率 $(\Delta P/P)$ で需要の変化率 $(\Delta Q/Q)$ を除した値であり，例えば価格が1％変化したときに需要量が何パーセント変化するかで表される。価格が変化しても需要量がまったく変わらない弾力性ゼロの極端な場合は，垂直な需

要曲線が対応する。麻薬中毒者の麻薬に対する需要曲線や，喫煙や飲酒の常習者のたばこや酒に対する需要曲線は垂直線に近いであろう。価格が変化しても需要量を大幅に変更できない，塩などの**生活必需品**に対する需要の価格弾力性は低い。

　他方の極端な例として無限の弾力性の場合があるが，水平線で表される需要曲線が対応し，価格がわずかでも低下すれば需要量は無限に拡大し，価格がわずかでも上昇すれば需要量はゼロまで減少する。きわめて多数の生産者が同質的な財を生産して市場に供給する農産物などの市場は完全競争市場の性格を有するが，個々の生産者に対する需要曲線は，水平な需要曲線で近似できる。少しでも市場の価格よりも高い価格を設定したら誰も買ってくれなくなるし，少しでも市場価格より低い価格を設定したら完売となる。生活にそれほど不可欠ではない**奢侈品**に対しては，消費者は価格変化に敏感に反応し，需要の価格弾力性は高くなるから，需要曲線は水平線に近くなる。

　価格弾力性は供給量についても定義でき，供給の弾力性がゼロならば供給曲線は垂直線で表され，価格が変化しても供給量は変化しない。供給曲線の形状はそれぞれの製品の生産条件の特徴に依存するとともに，同じ製品についても**調整時間の長さ**に左右される。いかに価格が高くなっても瞬間的な短い時間では，せいぜい在庫品を吐き出すような調整しかできないから，供給量の調整は困難であり，供給の価格弾力性はきわめて低く垂直線に近くなる。**短期**と呼ばれる時間となると，プラント建設や生産設備の新規架設により資本ストックの量を調整するには時間が足りなくても，勤労時間や労働強度を変えることにより，可変的な生産要素である労働の投入量を調整できるので供給量を増加できるから，供給の価格弾力性はもう少し大きくなる。さらに，**長期**の時間においては，資本ストックも調整して対応できるから，供給の価格弾力性はさらに大きくなり水平に近い形状となる。供給の価格弾力性が無限大という極端な場合は水平な供給曲線で表されるが，わずかの価格下落で供給量はゼロまで減少し，わずかの価格上昇で供給量は無限大に増大する。

需要の価格弾力性がゼロの場合

　さまざまな異なる状況についての図を示す余地はないが，極端な場合とし

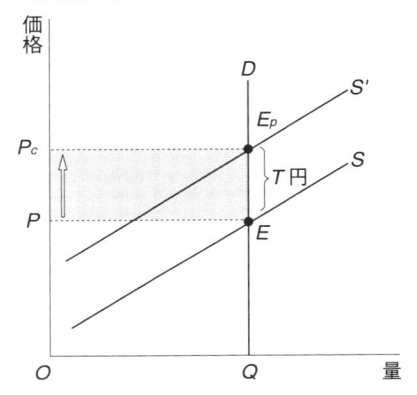

図8-3 従量税の転嫁と帰着：需要の価格弾力性がゼロ

て図 8-3 には**需要の価格弾力性がゼロ**で，需要曲線が垂直な場合を描いてある。課税後の均衡量は課税前の均衡量 Q と変わらないし，消費者価格 P_c が課税前の均衡価格 P よりちょうど単位当たり T 円の従量税の分だけ高くなるから，租税の全額は消費者が負担することになる。またこの場合には，課税に反応した量的な調整は不可能であるから，超過負担は生じない。

図は省略するが，**供給の価格弾力性がゼロ**で供給曲線が垂直な場合には，均衡量は課税前と課税後と変わらず，租税は生産者が全額負担し，超過負担は生じない。

需要の価格弾力性が無限大の場合

他の極端な例は，図 8-4 に描かれるような**需要の価格弾力性が無限大**で需要曲線が水平な場合であり，供給曲線が通常の右上がり形状の場合でも，生産者がすべての租税負担をすることになる。課税前の均衡点は E でありそのときの均衡価格は P，均衡量は Q である。単位当たり T 円の従量税が課税されると，均衡点は E_c となり，均衡量は Q から Q' に減少する。この新しい均衡量においては，生産者にとっての均衡点は E_p となり，この均衡点においては生産者の受け取る税引後の単位当たり収入は，消費者の払う P_c からちょうど単位当たり従量税 T 円だけ引いた P_p となる。消費者にと

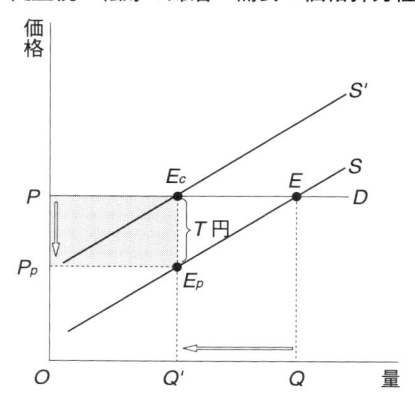

図8-4 従量税の転嫁と帰着:需要の価格弾力性が無限大

っての価格は課税前と同じ P にとどまるから、租税負担額総額は生産者に帰着し、消費者はまったく負担しない。均衡量は Q から Q' に減少するから、台形 PEE_pP_p で表される生産者余剰が喪失されるが、うち長方形 $PE_cE_pP_p$ の部分は政府に支払われる税額を表す。この部分は政府の歳入となり、公共財・サービスの供給により人びとは便益を受ける。しかし、三角形 E_cEE_p の部分は、このような便益により相殺されることのない**超過負担**を形成する。

また、供給曲線が水平ならば、需要曲線は垂直でなく通常の右下がり形状でも消費者がすべての税負担をする。このように、消費者であろうと、生産者であろうと、経済的調整が不可能または困難な経済主体に、租税負担の全額またはより多くが帰着する。

8-5 生産要素に対する課税

第3章で経済循環との関係でさまざまな税の種類を示したように、製品市場における課税とともに、要素市場においても、さまざまの税が課される。現代税制の中心的地位を占めているのは所得税であるが、所得のうちでも労働に対する報酬である賃金所得に対する課税も同じように分析できる。図

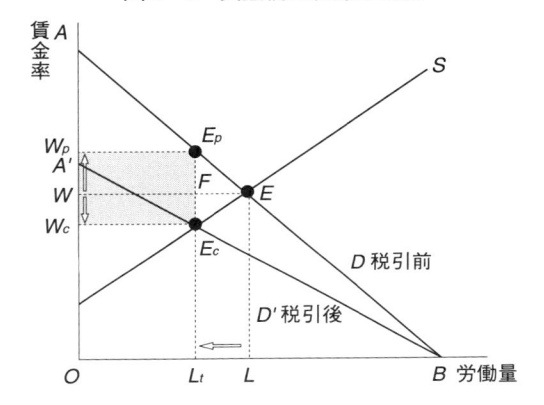

図8-5 賃金税の転嫁と帰着

8-5には，**賃金所得に対する比例税**の例を分析してある。

図8-5において縦軸には労働の価格である賃金率がとられ，横軸には労働量がとられる。労働のような生産要素の需要者は生産者であり，他の条件にして等しい限り，限界生産力逓減の法則に従い，雇用する労働量が増加すると**労働の限界生産力**が低下するから，生産者は低い賃金率しか支払おうとしない。したがって，労働の需要曲線は右下がりとなり，課税前の労働の需要曲線は AB で示される。

他方，労働の供給者は製品市場では消費者である個人であり，労働は負の効用をもたらすのに，それを相殺する所得を稼得できるから，人びとは労働を提供すると考えられている。労働時間は余暇時間の犠牲により提供されるものであり，犠牲になる**余暇の価値**と余暇の犠牲により稼得できる所得の価値とを比較考量して，労働時間が選択される。現実には，多くの労働者にとってこのような労働時間調整の自由は存在しないが，もしそのような自由が与えられたらどのような合理的な選択をするか，またそのような状況において租税がどのような効果を与え，租税負担がどのように配分されるかを分析するのは有益なことである。

ここでは一般的に賃金率の上昇に伴って労働供給量も増大するという想定のもとで，右上がりの供給曲線を描いてあるが，代替効果と所得効果は逆向

きの効果を及ぼすから，現実にはかならずしも労働の供給曲線が右上がりとはいえない。単位労働当たりの価格である賃金率が上昇すれば，代替効果と所得効果という異なる2つの効果が生じる。賃金率の上昇は，より多くの余暇を犠牲にして労働時間に転じて所得を稼得しようという**代替効果**を与えるから，労働供給を増大させる。他方，賃金率が上昇すると同じ労働時間でも所得額が増大するから，所得の限界効用は低下して，余暇の価値の方が高くなり，労働時間を減らして余暇の時間を増やした方が，労働者の経済厚生は高まる。このような所得の変化の与える労働供給に対する効果は**所得効果**と呼ばれるが，賃金率上昇の所得効果は労働供給を減少させる。代替効果と所得効果は労働供給に対して逆の効果を与えるから，2つの効果の**相対的大きさ**で決まる労働供給への純効果により，労働供給は増加するかもしれないし減少するかもしれない。

　図8-5で示される状況においては，課税後に生産者の支払う賃金率は W から W_p に上昇し，労働者の受け取る税引後賃金率は W_c に低下するから，政府の徴収する税額 $(W_p - W_c) \times L_t$ のうち，消費者には $(W - W_c) \times L_t$ が，生産者には $(W_p - W) \times L_t$ が帰着する。また，経済全体の超過負担の大きさは EE_cE_p の三角形により表されるが，消費者は EE_cF の三角形，生産者は EFE_p の三角形で表される大きさの超過負担をする。

8-6 非課税部門への租税の転嫁と帰着：一般均衡分析

　前節においては，課税された製品または生産要素の市場の需要条件と供給条件いかんにより，税法上では納税義務者でない経済主体に，いかに租税負担が転嫁するかを分析した。同様にある特定部門に課された税が，市場メカニズムにより，**非課税部門**に転嫁し帰着する可能性がある。一般的に経済システムにおいては，すべての変数がすべての変数との相互依存関係を有しており，このようなすべての変数の相互依存関係を明示的に取り入れた分析手法は**一般均衡分析**と呼ばれる。しかし，連立方程式の体系を必要とし，きわめて複雑になるので，簡単な例として法人所得税の非法人部門への転嫁と帰着を分析する。法人所得税とは法人所得を課税標準とする税であり，わが国

第8章 租税の転嫁と帰着 111

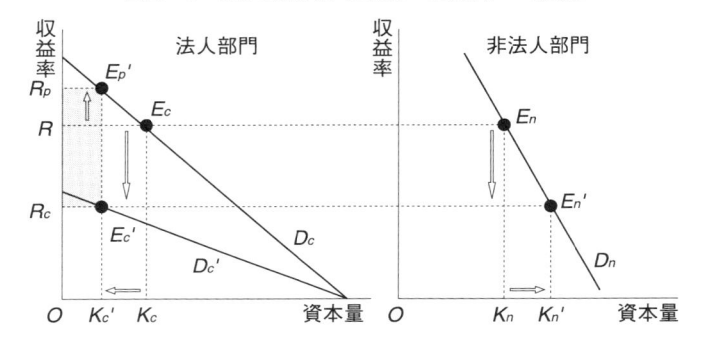

図8-6 法人所得税の効果：他部門への波及

では国税の法人税に加えて，その法人税額を課税標準とする道府県および市町村の課する法人住民税法人税割が含まれる。さらに，道府県税のなかでも最大の税収をあげている法人事業税も，一部の外形課税化が実現したが，依然として法人所得が主な課税標準であるから，広義の法人所得税といってもよい。

図8-6には法人部門と非法人部門について，横軸に資本量，縦軸に収益率をとって，法人部門は D_c，非法人部門は D_n で表される資本に対する需要曲線を描いてある。資本量の増大とともに**収益率**は一般的に低下するから，需要曲線は右下がりである。法人所得課税前においては，資本は2部門間を自由に移動するから，両部門の収益率は均等化し，図では R で表される。課税前の法人部門への資本投入量は K_c，非法人部門への資本投入量は K_n である。長期的には経済全体の資本量 K_s も変化するが，ここではそれほどの長期ではない時間をとり，単純化のために K_s は課税により影響を受けず一定量にとどまるものとするから，経済全体の資本量 $K_s = K_c + K_n$ である。

ここで，税率 $t=50$％の法人所得税が課税されたとすると，**法人部門の税引後収益率**は，すべての資本量に対して課税前収益率の半分である $R(1-0.5)$ に低下する。この法人部門の収益率の半減化に直面して，法人部門の投資家は，同じ経済の一部である非法人部門で成立している R という高い収益率をみて，法人部門から資本を引き上げ非法人部門に投入する。法人部門から非法人部門への資本の移動は，投資家の受けとる資本収益率（税引後

収益率）が両部門で均等化するまで続き，図8-6では R_c の水準で均衡する。法人部門から $(K_c - K_c')$ の資本が流出し，非法人部門の資本量は K_n から K_n' へと増大するが，経済全体の資本量は一定と仮定するから，この非法人部門の資本量の増加分 $(K_n' - K_n)$ は法人部門の資本量の減少分 $(K_c - K_c')$ に一致する。

　重要な点は，課税された部門は法人部門であるのに，**資本の部門間移動**という市場における調整を通じて，法人所得税の負担が非法人部門にも帰着することである。課税前に法人部門に投入されていた資本量 K_c のうち K_c' は法人部門に残ったが，税引後の収益率は R から R_c へと低下したから，$(R - R_c) \times K_c'$ の負担をしている。また，法人部門から非法人部門へ逃避した $(K_c - K_c')$ の量の資本も非法人部門における収益率は R から R_c に低下したから，同じく $(R - R_c) \times (K_c - K_c')$ の負担をする。それのみか，課税前から非法人部門に投入されていた K_n の量の資本も，課税後の均衡においては収益率が R から R_c まで低下したから $(R - R_c) \times K_n$ の負担をすることになる。

　政府の徴収する**法人税額**は，図において網掛けの長方形の部分で表されるが，法人部門における K_c' に対応する税引前収益率を R_p とすると，その大きさは $(R_p - R_c) \times K_c'$ である。租税の歪曲効果のゆえに超過負担が生じ，法人税収入額よりもはるかに大きな負担が経済に生じている。第20章「国際課税」において論じるように，グローバル化の傾向の中で，外国への大規模な資本や労働の移動が起こっている。とりわけ資本は国家間をかなり自由に移動するが，国内における生産要素の移動はさらに容易であって，地方税の課税を回避するために，個人も法人も他の地方公共団体に逃避することができる。短期的には逃げようのない固定資産への課税が，地方税として望ましいといわれるゆえんであるが，地方分権の推進とともに地方公共団体の課税自主権が高まり，地方公共団体による独自の税目の導入や税率の自由決定が一般化すると，課税に対する民間部門のさまざまな反応がますます重要な考慮事項となる。

　個別消費税の**究極的経済負担**は，分析をさらに一歩進めることにより発見できる。租税により影響を受けるのは，課税された製品の消費者と生産者の

みではない。課税された物件の生産から排除された資源は，代わりの使途を探さねばならず，**次善の使途**における収益率は低下する。それらは他の使途における資源と競合し，それらに影響を与える。経済全体にわたり長期的な効果を分析するには，一般均衡分析を必要とする。

第9章　包括的所得税の原理と制度

9-1　包括的所得税の理論

包括的所得税の特徴

　包括的所得税は，19世紀後半にドイツの**シャンツ**により提唱され，1920年代以降，アメリカにおいて発展した。第5章「公平性の原則」で論じた水平的公平や垂直的公平のいずれの基準も，現実の税制に適用するためには，納税者の担税力を測定しなければならない。包括的所得税では，担税力を表す経済量を，包括的所得と呼ばれる一定期間の経済主体の経済力の増加分に求める。

　包括的所得税制度は，資本所得や勤労所得などすべての所得を課税標準に合算し，累進税率を適用する**総合所得課税**が望ましいとする考え方に基づいており，わが国を始めとする多くの先進諸国で採用されてきた。包括的に捉えた所得という課税標準は，担税力を表す指標として望ましいだけではない。第6章「中立性の原則」の議論から明らかなように，包括的所得という大きな課税標準を採用することにより，低い税率でも一定の税収を確保できる。しかし，所得源泉の差異を無視しすべての種類の所得を合算して課税する包括的所得税は，ラムゼー基準とは相反するため，経済的効率性を低下させ，長期的経済成長を阻害する可能性がある。

ヘイグ゠サイモンズの包括的所得概念

シャンツの考え方を受け継いだ包括的所得の概念は、現在では、アメリカの経済学者の名前にちなみヘイグ゠サイモンズの**純資産増加説**と呼ばれ、次のように定義される。Y は課税所得、C は消費額、ΔK は純資産増加額である。

$$Y = C + \Delta K \qquad (9-1)$$

さらに、**グード**は、このヘイグ゠サイモンズの理論概念を、より具体的に次のように再定義した。

$$Y = (G-E) + (S-J) + A \qquad (9-2)$$

Y は課税所得、(9-1) 式の C は $(G-E)$ に、また、ΔK は $(S-J)+A$ に対応する。G は資産売却以外の粗収入であり、現物給付等も含まれる。E は G を得るために必要な経費であり、借入利子、減価償却費、維持費、財産税および持ち家住宅に関連する他の費用が含まれる。S は資産売却収入と遺産や贈与による資産価値の増加分であり、J は資産売却・移転に伴い発生した費用と資産の取得原価である。A は保有している資産の一定期間の価値変化分であり、未実現の資本利得である。この所得概念がいかに包括的な概念であり、さまざまな種類の所得を包含するかは後に例証する。

包括的所得税の基本性格

まず、包括的所得税は、次のような基本的性格を有する。第1に、勤労所得も含めたすべての所得は、その稼得に必要な経費を控除した後の**純所得**である。必要経費も含めた総所得に対する課税は、生産基盤を損なう課税でありタブー視される。第2に、損失は所得から全額控除される。これは、損失の税制上の取扱いが、経済における投資活動に大きな効果を与えるという理由による。第3に、所得の源泉を問わず、すべての種類の所得は同質なものとして扱われ合算される。第4に、名目表示ではなく**実質表示**の所得である。インフレで上昇した名目所得は、真の担税力を反映した課税標準ではない。

さらに、第5に、資産売却により実現した資本利得と、保有中の資産の価値上昇により発生した資本利得とを区別しない。資本利得を実現させるか否かは、資産選択の問題にすぎない。第6に、納税者が**自家消費**する財・サー

ビスの価値や，保有する耐久消費財から享受するサービスの価値も所得とみなす。第7に，年金や軍人恩給等の政府からの**公的移転**も，消費 C か純資産増加 ΔK となるから所得である。同様に，遺産や贈与による資産の**私的移転**も所得である。宝くじの賞金等の予期せぬ**偶発的所得**も，包括的所得に含まれる。

包括的所得税は公平性の観点から優れているが，現実の制度化と税務行政においてさまざまの困難な問題も提起する。

9-2 現実の所得税制度における所得と包括的所得概念の乖離

現物給付・独立経済主体間以外の取引・付加給付

現物給付は，現金給付と同様に受領者の経済力（担税力）を増加させるので，課税標準に算入されなければならない。また，個人間売買や親子間売買のように市場を通さないため，独立経済主体間取引とみなされないものも，適正な市場価値に再評価して課税することが求められる。しかし，いずれも客観的な市場価値を評価するには困難が伴うから，現実の所得税の課税標準に含まれない場合が多い。

法人を含む雇用主が，従業員に提供する社宅・社員食堂・保険等，給与形態を採らない給付を**付加給付**（フリンジ・ベネフィット）と呼ぶ。付加給付も包括的所得の一部であるが，通常，これらの給付は個人所得税の課税標準には含まれず，雇用主側では，付加給付金額相当分は費用として控除可能なため，租税回避の手段として利用されてきた。

帰属所得

納税者が市場を通さずに**自家消費**する財・サービスや保有資産からのサービスなども消費 C の一端を形成し，純資産増加説によると包括的所得税の課税対象となる。典型的な例は，個人が**持ち家**から享受するサービスの価値であり，**帰属家賃**と呼ばれる。住宅が借家である間は，消費支出として家賃が支払われる。この個人が同じ住宅の持ち家に住む場合，家賃を支払わない

が，同じ住宅のサービスを享受する点では同じ経済状況にありながら，持ち家の帰属家賃に課税しないことは，持ち家と借家に住む納税者間の水平的公平性を欠く。持ち家の帰属家賃は，所有者が自分自身に家を貸し，それに対して家賃を支払うという想定で推定される。また，農業を営む経済主体の農産物の自家消費や，主婦の家事サービスも，消費 C の一部であり帰属所得に含まれる。しかし，市場から購入せず自家消費した財・サービスの価値の評価には困難が伴う。概念としては所得の一部を形成するが，この種の帰属所得の**捕捉と評価**は，税務行政上きわめて困難である。持ち家の帰属家賃の課税は現実に実施している国があるが，主婦の家庭内サービスや，農産物の自家消費などの評価と課税は実施されていない。

政府移転支出・雑収入・債務免除

　政府移転支出は，受領者の課税標準に算入される。包括的所得税の課税標準算出の考え方を厳密に適用すれば，**公共財の便益**もすべて市場価値に換算して帰属所得として算入する必要があるが，税務行政上の評価は不可能に近い。また，賭博による利得は，所得に算入すべきであり，賭博の損失は，他の所得からは控除できないが，賭博の利得からは控除できるものと考えられる。**債務免除**は，本来，債務の解除日，裁判所が破産法の適用を認めた日，あるいは制限期間の満了日等において，債務者の所得として取り扱われるべきである。しかし，債務免除では，納税者に貨幣所得が伴わないので，納税資金の問題が生じる。

租税特別措置・課税繰延・分離課税

　租税特別措置は，一般的には課税標準を侵食するだけでなく，税の**抜け穴**を生み出す。したがって，包括的所得税の下では租税特別措置を廃止し，奨励的政策措置が必要ならば，予算に具体的に計上される補助金が望ましい。しかし，低所得者の最低生活を保障する医療費や教育費，勤労所得者の持ち家取得にかかわる借入れ，寄付に関する特別租税措置は，多くの国の所得税制において設けられている。

　所得の発生時に課税されない場合，租税債務の支払繰延が生じる。老後の

資金のための退職金準備金や年金基金への拠出金を課税標準から除外すると，**繰延効果**が生じることになり，包括的所得税の原則からは認められない。また，基金から受領する資本所得部分も，本来は期間ごとに課税されるべきであり，資本所得の分離課税も認められない。

人的資本の減価償却

労働者の健康，知識，技能に対する投資に減価償却が認められるべきか否かについては，見解が異なる。その理由として，人的資本蓄積の費用は，両親や社会が負担しているものが多く，個人的消費支出から分離することは困難であること，また，状況によっては，減価償却の金額が，勤労所得を超過する大きな金額になりうる等があげられる。さらに，天賦や幸運により得られた**稼得能力**は，減価償却に値しないとの考え方もある。

インフレ調整と景気自動安定化機能

インフレーションは，給与のような固定的な貨幣所得を受け取る納税者の実質購買力を減少させ，株式や土地などの名目価値を増加させる。いずれの場合も，実質表示の所得金額を課税の対象とするならば，課税標準に対する**インフレ調整**が必要となる。インフレ調整を実施しない租税制度では，物価上昇に伴い名目所得が増大することによって，より高い累進税率が適用されるため，**実質額**において租税負担が増加することになる。

物価上昇に起因して変動した資産価格の部分の把握と比較し，貨幣所得の実質購買力の減少の把握はより困難である。また，累進所得税に備わっている**景気自動安定化機能**（ビルトイン・スタビライザー）と，包括的所得税におけるインフレ調整は，トレードオフの関係にある。好景気を背景としたインフレ時に，名目表示の所得税額を削減することは，累進課税制度に備わっている「税収が景気好転時に自動的に増加する効果」を損ない，インフレを加速させる可能性が生じる。

実現段階・発生段階の資本利得

資本所得は，家賃・配当・利子，あるいは特許権使用料等の所得増（イン

カム・ゲイン）と，資産の市場価値増加から得られる資本利得（キャピタル・ゲイン）に二分される。所得概念の系譜は，源泉説と経済力増加説とに分かれる。**源泉説**では，給与や利子等の経常的収入のみを所得と定義する。他方，包括的所得税が依拠する**経済力増加説**は，経済力増加に貢献するすべての種類の収入を所得と定義するため，資本利得のような非経常的収入も所得に含められる。

さらに，資本利得は，資産を売却し現金化した「**実現段階の資本利得**」と，利得が発生しても資産を売却しないため未実現のままの「**発生段階の資本利得**」に分類される。包括的所得税の理論では，一定期間の資産の純資本利得は，それが実現したか否かにかかわらず，課税標準に加える。資本利得を実現段階まで課税しない場合，課税債務繰延を誘因とする資産凍結（ロックイン）効果が生じる。他方，未実現所得に課税を行えば，貨幣所得が伴わないため，納税のための資金が不足する。

また，公平性の観点から未実現所得に対する課税が正当化されるとしても，金融資産や商業不動産等以外の農地や美術品，あるいはワイン等に対する完全な課税は，技術的にきわめて困難である。さらに，実現段階の資本利得に課税する場合にも，高額の一括資産売却益に，過度に**高い限界税率**が適用される問題が生じる。累進税率構造を採用した場合，個人の生涯所得額が同一でも，課税標準が大きく変動した納税者の租税負担の方が重くなり不公平となる。分離課税を認めない以上，所得をなんらかの形で平均化する措置が必要となる。

余　　暇

第4章「一般税と部分税」の所得と余暇の選択で考察したように，個人が余暇を選択するとき，それは，労働を選択しないことで失われた所得と同等の価値を余暇に認めていると解釈される。だが，余暇を未実現の所得として，金銭的に捉えるのは現実的にはきわめて難しい。

9-3　法人所得税と個人所得税の二重課税

法人課税に対する考え方

　第12章「企業課税：法人所得税と企業消費税」で論じるように，法人課税に対する立場には，法人擬制説と法人実在説がある。**法人擬制説** は，租税の最終負担者は自然人のみであるという立場をとり，法人を個人投資家の集合体とみなし，法人所得はすべて株主の所得であると考える。所有と経営が分離していない法人形態を想定しており，法人それ自体は担税力を持たない。他方，**法人実在説** は，法人も自然人も最終的な租税負担者とみなす。所有と経営の分離した法人形態を想定しており，法人を株主とは別個の経済主体と捉え，法人は個人の株主とは独立した担税力を有すると考える。

法人所得税との二重課税

　法人擬制説の場合，理論上，法人所得税を課税する根拠は存在しない。だが，現在，法人所得税は各国において主要な税目である。法人所得の株主への配当や株式の価格上昇から生じる資本利得に対する株主段階での課税は，法人所得課税との二重課税とみなされ，資本蓄積の阻害要因の1つと考えられる。法人所得は，**配当**と企業内留保に大別される。まず，法人所得課税後の所得から支払われる配当は，個人株主が受領する際に再び課税されるため，二重課税となる。

　また，法人所得課税後の留保部分は，次のように解釈される。株式の資本利得は，インフレーションに起因する部分を除き，発生段階から，企業内留保による利得と，「**営業権**」（goodwill）による利得とに分けて考えることができる。「営業権」には企業の収益力，市場の支配力，知名度などが含まれ，市場において評価される場合には，**留保所得**による評価以上の水準にまで株価を押し上げる。法人所得に課税した後に，個人段階において株式の資本利得全額に対し課税することは，留保部分に対する**二重課税**となる。しかも，この方式では資本利得は現金化されていないため，納税原資の不足問題も引き起こす。配当および留保部分は，法人所得課税と個人所得課税の間で，な

んらかの調整が必要となる。

　法人所得税の転嫁と帰着は，法人所得税と個人所得税との二重課税問題を考える際に重要な要因となる。法人が法人税を製品価格の引上げ（前転）や，従業員の給与をはじめとする生産要素への支払いの抑制の形で転嫁する（後転）誘因を持つことは否めない。法人所得税の**転嫁**が起こらない場合にのみ二重課税問題が生じるのであり，法人所得税が100％消費者または労働者に転嫁するのであれば，二重課税問題は生じない。法人実在説の場合は，個人段階における株式の資本所得に対する課税は，二重課税にはならないと考えられている。

9–4　『カーター報告』にみる包括的所得概念の実現可能性

市場価値の評価

　包括的所得税の理論は，各国の税制改革に大きな影響を及ぼした。中でも，1966年カナダで公表された『カーター報告』は，ヘイグ＝サイモンズの包括的所得概念に基づく**包括的所得税**を勧告する代表的な報告書であり，その実現可能性を検討している。税務行政上の技術的な問題を回避するために，次のような所得項目が課税標準から排除された。

　第1に，帰属家賃を含むすべての帰属所得を，公正な市場価値に基づく賃貸料の評価が困難であるという理由により，課税標準から除外した。イギリスでは，1962年まで帰属家賃に対する課税が実施されていたが，賃貸料の評価の問題からその後廃止された経緯がある。他方，2007年現在，スウェーデンをはじめとする北欧諸国では，**帰属家賃**に対する課税が行われている。第2に，資本利得課税は，課税の時期を発生段階ではなく実現段階とし，**未実現資本利得**を課税標準から除外した。第3に，完全実施の困難性に加え，累進所得税の景気自動安定化機能を阻害するとの理由から，インフレ調整を行わないことが勧告された。その背景には，当時のカナダの物価上昇率が低水準であったこともあげられる。

　しかし，1970年代後半から1980年にかけて，多くの先進諸国では景気後退と同時に物価水準が上昇する**スタグフレーション**が蔓延し，雇用環境の悪

化に加え，インフレによる名目所得の上昇と，それに伴う高い限界税率の適用に，納税者は直面することとなった。増税は議会の税法改正に基づき行われるべきであるという政治的責任の視点も加わり，税制におけるインフレ調整が，あらためて議論の対象となった。たとえば，アメリカでは，その後の税制改正により，インフレーションを相殺するように税率等級を物価スライド調整する**インデックス化**が採用された。

個人所得税と法人所得税の完全統合と限界

『カーター報告』は，法人所得税負担を自然人に求める**法人擬制説**を採用した上で，個人所得税と法人所得税を完全に統合することを勧告した。その際には，**留保所得の二重課税**を回避するために，次のような独自の工夫がなされた。まず，法人・信託等を経由する所得に対し，個人所得課税の最高限界税率と同水準の税率で法人課税を行う。法人段階で徴収された資本所得に対する税額は，個人株主に対する源泉徴収と考える。個人に分配された配当，または理論上割り当てられた留保は，課税前金額に戻して，個人所得の課税標準に算入して個人所得税を算出した後，法人段階で徴収された源泉徴収税額を完全に個人所得税から税額控除する。

包括的所得税においては，純資産の増加額 $\mathit{\Delta}K$ となる株式の資本利得にも課税される。株式の資本利得が，留保による資本利得と「**営業権**」による資本利得とに分割できるならば，株式売却時において資本利得全額に課税すると，すでに法人所得税と個人所得税の統合により留保部分も課税済みであるから，留保部分に起因する株式の資本利得に課税することは，留保部分に対する二重課税となる。そこで，残余部分の「営業権」に対応する資本利得のみに課税するために，株主へ留保の割当てを行なう際，割り当てた金額を株式の取得原価に加算し，株式売却時にはそれらを売却金額から控除可能とした。

しかし，「営業権」に対応する資本利得を，将来にわたる法人収益の現在割引価値とみなすならば，その部分に課税することは，将来の法人所得（留保と配当）に対する二重課税となるという問題が提起された。

9-5 包括的所得税の問題点と制度の崩壊

包括的所得税の問題点の本質

　当初から包括的所得税の実施に伴うさまざまな問題点は指摘されてはいたが，各国の実情に応じて対処され，総合所得課税制度として幅広く採用されてきた。しかし，制度として定着するにつれて，本質的な問題が顕在化することとなった。

　第1に，資本形成に対する中立性の問題がある。包括的所得税の下では，勤労所得と資本所得が合算され総合所得に対して累進課税されるため，まず理論上，ラムゼー基準に抵触する。**ラムゼー基準**によれば，**供給の価格弾力性**の低い勤労所得には高い税率で，価格弾力性の高い資本所得には低い税率で課税した方が効率的である。また，どの限界税率が適用されるかは，勤労所得などの他の所得額との合計所得額に依存するから，投資に対する税引後収益をあらかじめ確定できない。貯蓄や投資は所得税を課税された後の税引後所得からなされるのに，再び貯蓄に対する利子や投資に対する収益などの資本所得に課税されるので，貯蓄や投資に対する誘因が損なわれる。さらに，居住地課税原則の下では，高い限界税率の国から低い限界税率の国に，資本が移動するから，高い限界税率を資本所得に適用する国の経済成長が抑制される。

　第2に，個人の**生涯にわたる租税負担**の公平性の問題がある。第5章で論じたように所得税のもとでは，現役時代に老後資金として貯蓄を行い，退職後にそれを消費する個人は，現役時代にすべて消費してしまう個人と比較して，生涯に支払う租税金額は大きくなる。また，これを回避しようとした個人が現役時代にすべて消費し，老後の生活資金を国からの生活扶助に依存するならば，不効率で大きな政府を生み出す要因の1つになる。

　第3に，各国において，社会政策・経済政策上の観点から導入された，資本（退職金，年金，住宅購入，株式投資など）に関する租税特別措置の問題がある。**租税特別措置**のほとんどが，分離課税，課税除外，課税繰延，所得控除，税額控除など，一定の所得を課税対象から除外するか軽減課税する効

果を持ち，水平的公平性を損なう。これらの租税特別措置を利用した租税裁定・租税回避行動は高額所得者層により多用されるから，垂直的公平性の観点からみても問題である。また，租税特別措置は税制を過度に複雑化し，税務当局にかかる徴税費用や納税者の負担する遵法費用を増大させる。

北欧諸国に見る包括的所得税制度の崩壊

1990年代初頭まで，スウェーデン等の北欧諸国では，帰属家賃も含めた包括的所得に対するきわめて高い累進税率での包括的所得税を課税していた。同時に，資本所得に対しては各種優遇措置を施しており，とりわけ住宅ローン等の支払利子控除制度は，高額所得者層を中心として多くの**租税回避行動**を招いた。また，高い限界税率を回避した資金逃避も生じ，その結果，税収が大きな打撃を受けるに至ったので，包括的所得税を中心とする税制度は見直しを迫られることになった。

9–6 包括的所得税とその他の租税との比較

個人消費税との比較

包括的所得税の問題に関する解決策として提示された代案の1つに，消費支出を課税標準とする考え方がある。第11章「個人消費税」で論じるように，1955年**カルドア**により提唱された個人消費税（支出税）は，毎年変動する所得ではなく，生涯を通じて平均化された担税力を表す消費支出を課税標準とし，**直接税**として**累進税率**の適用を想定した。

帰属所得も含め，市場価値評価が困難な所得や資産の価値の増加が生じた場合でも，個人の総合的な消費支出の増加に反映されるため，消費に対する課税で解決される。また，資本所得は発生段階では課税されないため，資本蓄積の中立性と個人の生涯における税負担の公平性も確保され，二重課税の問題も生じない。さらに，投資と貯蓄に対し非課税であるため，各種優遇措置は廃止可能である。しかし，税務執行上，総合所得に対応する総合消費の計算の困難さや，源泉徴収が不可能となることや，耐久消費財の購入のような消費と貯蓄の区別の困難さ等が指摘され，個人消費税は先進諸国おいてそ

の実現には至らなかった。

　他方，消費を課税標準として採用するという考え方は，EU諸国の付加価値税やわが国の消費税など，いずれも間接税タイプの消費税ではあるが，1970年代以降の各国の税制改革に大きな影響を与えた。

最適課税論

　最適課税論とは，公平性と効率性の程度のさまざまな組合せが多数存在する租税構造の中で，その社会が選択した**社会厚生関数**を最大化するように課税を行うという考え方である。公平性と効率性はトレードオフの関係にあるから，不平等を減少させる目的で，どの程度の効率性の犠牲を容認するかは，社会の価値観を反映した社会厚生関数に依存する。

　第5章「公平性の原則」では，生涯における個人の税負担の公平を考えた場合，課税標準に消費支出を選択することが望ましく，また，個人消費税と勤労所得税が等価であることを論じた。したがって，個人消費税の採用は，所得を源泉の異なる**勤労所得**と資本所得に大別し，資本供給の価格弾力性を無限大とみなして，租税の歪曲効果を最小化するように，**資本所得**には課税しない選択を行ったことを意味する。第6章「中立性の原則」で論じたように，ラムゼー基準を適用すれば，効率性は重視されるが，公平性の観点から納税者には受け入れがたい。他方，包括的所得税を採用し，勤労所得と資本所得を合計し累進課税を行う場合，超過負担が効率性を阻害する可能性がある。

　そこで，社会が求める社会厚生関数を最大化する課税方法として，大きく2つの代案が考えられる。1つは，課税標準となる所得をより包括的に捉えると同時に，累進税率を引き下げ，また税率構造を平坦化しつつ，公平性を重視する租税構造から，効率性を重視する租税構造に移行する方法である。もう1つは，所得を源泉の種類別に分類して，課税が資源配分に及ぼす影響を重視しながら税率を差別化し，所得種類ごとに公平性の要素を取り入れた**分類所得税制度**に移行する方法である。1990年代北欧諸国で導入された「二元的所得税」は，金融資産から生じる金融所得と実物資産から生じる所得を合わせた「資本所得」を，「勤労所得」から分離して低率の比例税率で課税

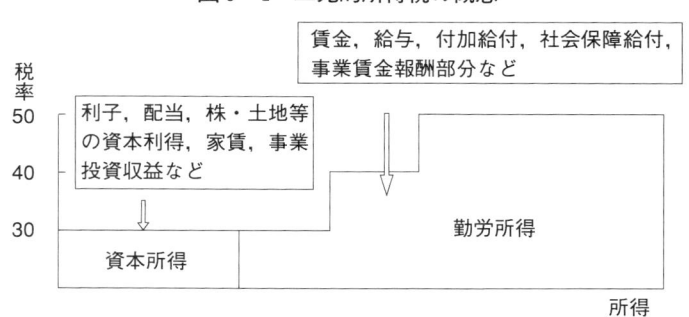

図9-1 二元的所得税の概念

（税率の軸、所得の軸を持つ概念図。利子，配当，株・土地等の資本利得，家賃，事業投資収益などの「資本所得」は30%の比例税率。賃金，給与，付加給付，社会保障給付，事業賃金報酬部分などの「勤労所得」には30%から50%への累進税率が適用される。）

する所得税制度であり，税率を差別化した分類所得税により社会厚生関数を最大化しようとする後者の一形態と考えられる。

9-7 二元的所得課税

二元的所得税の仕組みと概念図

　二元的所得税は，デンマークの**ソレンセン**により提唱された。納税者の租税回避行動が深刻化した北欧諸国では，包括的所得税を中心とする従来制度を反省し，貯蓄等の資本所得の割合が比較的低い事情を踏まえ，1990年代の税制改革により，二元的所得税を採用した。この租税体系は，資本所得に対する分離比例課税と，勤労所得を主とする他の源泉の所得全体に対する累進課税とを組み合わせる。

　図9-1には，二元的所得税の概念図が描かれている。スウェーデンで導入された二元的所得税の具体的な概要は，次の通りである。①**資本所得**（利子，配当，株・土地等の資本利得，家賃，事業収益のうち投資収益）と勤労所得（賃金，給与，付加給付，社会保障給付費，事業収益のうち賃金報酬）を分離し，異なる税率で課税する。②**勤労所得**には累進税率で課税し所得再分配機能を持たせ，すべての資本所得は合算して，勤労所得に対する累進税率の最低税率や法人税率と同一の税率で比例課税する。③資本所得は，原則として，損益通算（相殺）される。相殺されない純損失は，後年度への繰越

が認められる。④利子所得や配当所得は源泉徴収課税され，譲渡益（キャピタル・ゲイン）は課税技術的な観点から申告課税される。⑤各種の資本所得優遇措置は，原則として整理する。

　資本所得を非課税ではなく，勤労所得の**最低税率**（法人税率と同一）で課税することは，供給の価格弾力性の観点から，資本より労働に対し重課することが効率的であるとする**ラムゼー基準**を，公平性とのバランスを配慮しつつ適用したことを意味する。また，資本に対する優遇税制の整理は，課税標準の拡大と租税回避の誘因の除去につながり，公平性と効率性の改善が，税収の回復に奏功したと考えられている。

勤労所得には累進税，資本所得には低率の比例税

　二元的所得税には，いくつかの長所がある。効率性の点からは望ましい資本所得の優遇措置を与えている。現行総合所得税制度においては，さまざまな異なる優遇措置を受けている資本所得を勤労所得から切り離し，低い税率ですべての資本所得に対して平等に課税しようとするものである。表9–1には，最初に二元的所得税を導入した北欧4国について，税率をはじめとする関連事項について比較してある。表9–1に示されているように，2004年における**資本所得税率**はノルウェーでは28％，スウェーデンでは30％であるが，**勤労所得税率**は最低税率でそれぞれ28％と31.5％であり，最高税率は47.5％と56.5％である。第12章「企業課税：法人所得税と企業消費税」で論じる法人所得税と個人所得税の統合問題や法人所得税率など，関連する情報も表9–1に与えてある。

　小規模事業者のような勤労・資本両所得を稼得する者による**裁定（鞘取り）**が働かないように，資本所得に対する税率は勤労所得の最低税率や法人税率に等しく設定される。資本所得に対する税率が勤労所得に対する税率より高ければ，資本所得を勤労所得に振り替えるという裁定により，租税負担を軽減しようとする。このような配慮にもかかわらず，二元的所得税のアキレス腱は，高額の勤労所得稼得者が，勤労所得の一部を資本所得へ振り替えることにより，租税負担を回避しようという誘因を受ける点にある。

　1993年の税制改革後のフィンランドの例では，資本所得に対する税率は

表9-1 二元的所得税および関連税の税率:2004年度 (単位:%)

	ノルウェー	フィンランド	スウェーデン	デンマーク
実施年度	1992年	1993年	1991年	1987年
個人所得税率				
資本所得	28	29	30	28/43
勤労所得	28〜47.5	29.2〜52.2	31.5〜56.5	38.1〜59
法人所得税と 　個人所得税の統合	完全インピュテーション	完全インピュテーション	個人所得税の軽減税率適用	個人所得税の軽減税率適用
法人所得税率	28	29	28	30
個人所得税源泉徴収				
配当	0	0	30	28
利子	28	29	30	0
キャピタル・ゲイン源泉徴収	28	29	30	28
富裕税	0.9〜1.1	0.9	1.5	なし

資料:Bernd Genser, *The Dual Income Tax : Implementation and Experience in European Countries*, Andrew Young School of Policy Studies, Georgia State University, June 2006.

25%であり,勤労所得に対する最高限界税率は63%であるから,その差は38ポイントにもなる。その結果,課税所得総額に占める**資本所得の割合**が大幅に上昇し,とりわけ勤労所得稼得者の上位1%が得た資本所得の上昇は目覚ましかった*。今日,二元的所得税は,ノルウェー,フィンランド等の北欧諸国に加えてオーストリアでも採用されており,かつて包括的所得税に取って代わられた**分類所得税制度の再評価**につながっている。しかし,労働は失業や疾病等の危険に晒されており,資本所得を勤労所得よりも軽課することは,公平性の観点から看過できないとの批判も根強い。また,限界税率の格差のゆえに,勤労所得から資本所得への**所得形態の振替え**が有利となり,小規模法人株主による租税回避行動が生じる等の問題点も指摘されている。

　公平性と効率性との均衡は,その社会の要請に依存する。勤労所得と資本所得をどのように課税するかは,将来において変更可能であるため,両者を

---

* Jukka Pirttilä and Håkan Selin, *How Successful is the Dual Income Tax? Evidence from the Finnish Tax Reform of 1993*, Working Paper 2006 : 26, Uppsala Universitet.

分離して課税する制度の採用は、社会要請の変化に柔軟に対応する税制度を構築する観点からは評価できる。勤労所得よりも資本所得に低い税率を適用する二元的所得税は、公平性と効率性の両面において、包括的所得税と個人消費税の間の任意の点に位置づけられる。

総合所得税と分類所得税

　世界の多くの国において、すべての種類の所得を合計した所得総額に課税するという総合所得税が一般的であるが、所得の種類ごとに別の所得税制度を制定するという分類所得税制度という選択肢ある。わが国の現行制度は基本的には総合所得税制度を採用しながらも、**金融所得**については実質的な**分離課税**制度を採用してきた。また相続や贈与により得た所得には、相続税や贈与税などの総合所得税とは別の税を課税している。さらに、毎年度ではなく特定年度にのみ生じる所得である山林所得や退職金所得のような変動所得に対しては、累進税率の適用によりその年度に租税負担が不当に重くならないように、総合所得税の枠の中で工夫して対応してきた。

　税制調査会の勧告は、退職所得控除額は、就労期間にかかわらず勤続年数1年当たりの金額を一定額とすべきであること、また、現行の2分の1課税制度を廃止して勤続年数を N としたいわゆる「N 分 N 乗方式」を採用することが適当であるとする。また、土地等の譲渡所得についても保有期間にわたって生じたキャピタル・ゲインに対する**課税の平準化**を図る必要があることから、他の所得と分離して課税すべきであるが、さしあたり退職所得に対する課税方法に準じて、保有期間に応じた「N 分 N 乗方式」とし、総合課税と同様かまたはそれよりも緩やかな累進税率を適用する方法を勧告する。また、土地等および株式等を除くその他の資産に係る譲渡所得や「山林所得」についても、その所得の実現に長期間を要することを考慮し、「N 分 N 乗方式」とすることが望ましいとする。このように現行の総合所得税の枠組みの中で「N 分 N 乗方式」のような方式で対応できるが、さらに一歩進めれば**分類所得税方式**への移行となる。

　わが国の所得税制の歴史を振り返れば、1940（昭和15）年の税制改正において、分類所得税と総合所得税の2本立てとなり、前者において所得種類

別に異なった税率を適用するとともに勤労所得への源泉徴収制度が導入された。また，後者において所得合計が5,000円以上の者に10～65％の高度の累進税率を適用した。1947（昭和22）年に申告納税の導入によって，総合所得合算申告納税制度による所得税の一本化が図られたが，所得にはさまざまの種類があり，それぞれ性格が異なるから，所得の種類ごとに税率や控除等の異なった別の所得税制度を制定するのも，それなりの合理性を有している。二元的所得税は，勤労所得と資本所得の2種類の所得に対する分類所得税であるといえる。現在進められている勤労所得を主とし，資本所得を脇役にすえた「二元的所得税」への制度移行への摸索は，将来の税制を展望する上で有用な過程となる。

　＊　本章の執筆に際しては，前田尚子氏の協力を得た。

第10章　所得課税から消費課税へ

10-1　所得課税と消費課税との基本的差異

消費の方が所得より適切な課税標準
　所得税は現代税制の女王的存在であり，包括的所得税の原理と制度については，第9章「包括的所得税の原理と制度」で論じた。しかし，世界の多くの国において，税制改革の1つの大きな潮流は，所得課税から消費課税への移行である。第3章「経済循環と各種租税」でみたように，経済の年々の純生産は生産に貢献した生産要素に分配されて所得を形成するから，所得は社会の **純生産への貢献** に対応する。消費者はこの所得を消費するかまたは貯蓄するが，消費は生産活動の成果である財・サービスの **蓄えから取り出して使用** する行為である。そもそもホッブズの『リヴァイアサン』の頃から，社会の純生産への貢献に対応する所得に課税するよりは，それから取り出して使用する行為である消費に対して課税した方が，適切で公平であるという考え方が提唱されていた。
　貯蓄は投資され新たな資本形成となり，労働の生産性を高め経済成長を促進する。投資は経済の最終目的ではなく迂回生産にしかすぎず，経済の最終的目的は消費であり，消費こそ真の課税標準である。この見解はJ.S.ミル，マーシャル，ピグー，ケインズなどの偉大な経済学者により支持されたが，税務行政上不可能なユートピア的目標にすぎないという理由で，実践されなかった。カルドアの指導のもとでインドとスリランカで **個人消費税** （支出

税）が導入されたことがあるが，導入された制度はその原理の要請する内容とはほど遠く，しかも短期間後に廃止された。

　この章では，所得課税から消費課税への移行の論理を検討する。直接税である個人消費税のフラット・タックスやUSA税は第11章「個人消費税」，企業消費税については第12章「企業課税：法人所得税と企業消費税」，間接税の小売税と消費型の付加価値税については第13章「一般消費税：小売税と付加価値税」，さらに個別消費税については第14章「個別消費税」においてより詳しく論じる。

所得課税と消費課税との違い

　所得は消費と貯蓄に分割されるが，所得税と消費税の違いは貯蓄に対する課税の有無にあり，消費税は次の恒等式における消費 C に対してのみ課税するのに対して，所得税は消費 C と貯蓄 S の両方に対して課税する。この貯蓄は投資 I として支出されるが，消費税の場合には，支出のうち投資には課税されず消費のみが課税対象となる。

$$Y = C + S$$

　所得税は貯蓄・投資に対する収益である利子や配当等に課税するから，**二重課税**であるという批判を浴びてきた。第4章「一般税と部分税」の4-4「現在消費と将来消費：貯蓄に対する効果」の節でも論じたように，消費税が現在消費と将来消費との間の選択において中立的であるのに対して，所得税は現在消費を優遇し，将来消費（貯蓄）を抑制する。勤労世代においてする貯蓄は，多くの個人にとっては子孫に遺産として残すためではなく，自ら退職後に引き出して将来消費に充てるためである。**ライフサイクル**（生涯全体）にわたってみると，将来に備えて所得の一部を貯蓄する勤労世代に属する納税者にとっては，所得の方が消費より大きくなり，退職して過去の貯蓄を取り崩して消費にまわす高齢者の納税者にとっては，消費の方が所得より大きくなる。したがって，税収額を等しくする差別税の前提をおいて両税を比較するならば，**特定年度**においては，勤労世代の納税者にとっては所得税の方が消費税よりも負担が重く，高齢者の納税者にとっては消費税の方が所得税よりも負担が重くなる。しかし，生涯全体にわたってみるならば，平

均的な納税者は若い勤労世代に属するころに貯蓄し，その貯蓄を退職後に取り崩して消費するから，所得額と消費額は一致する。

このような基本的な**等価関係**があるにもかかわらず，いくつかの重要な点において所得税と消費税は異なる効果を及ぼすから，所得税を廃止して消費税で代替するという提案がなされるのである。

貯蓄と投資の重要性

税制改革論争の焦点は，現行所得課税制度が長期的経済繁栄に対して及ぼすマイナスの効果に当てられる。所得税は現在消費と将来消費との選択において，現在消費に優遇効果を与え，将来消費に当てられる貯蓄を阻害する。アメリカの場合には**貯蓄率の低さ**が深刻な経済問題であり，低すぎる貯蓄率と投資率を高めることにより，生産性を引き上げ，長期的経済繁栄を達成することが，USA 税をはじめとしてフラット・タックス，消費型の付加価値税，小売税などの消費課税の重要な政策目的の1つとなる。

わが国では過大な貯蓄と過小消費が原因で有効需要が不足し，経済停滞をもたらしたと言われていた。しかし，最近の貯蓄率の低下は目覚ましく，国民経済計算の家計貯蓄率は，1970年代半ば以降長期的に低下傾向にある。第1次石油危機の1973年度には家計貯蓄率は23.2％だったが，2004年度には2.7％にまで低下している。したがって，生産性の上昇や経済成長に不可欠な貯蓄と投資の確保は，わが国にとっても重要な課題となる。

急速な少子高齢化の進展にともない，貯蓄する勤労世代の人びとが大幅に減少し，貯蓄を引き出して消費に回す高齢者が増大する。社会保障基金の積立金は急速に縮小するとともに，高まる財政需要を充足するための財源負担を誰がするかについて，**負担の世代間配分問題**も深刻化する。第18章「社会保障税」で明らかにするように，少子高齢化の進展により人口に占める高齢者の比率はますます上昇するから，これらの高齢者にも相応の財政負担を求めることが不可欠になる。それには所得税よりは消費税の方が適当である。

$10\text{--}2$　所得税は現在消費を優遇し貯蓄を阻害する

所得税制度のもとでの租税負担

　消費税が現在消費と将来消費との間の選択で中立的であるのに対して，所得税は現在消費を奨励し将来消費（貯蓄）を抑制する効果を及ぼすことを第4章「一般税と部分税」における分析で明らかにしたが，ここでは表 $10\text{--}1$ を用いて，異なる方法で例証する。まず，**所得税**のもとでのアリとキリギリスの租税負担額を比較するが，勤労所得 10,000 を稼得する点ではアリとキリギリスは同じ経済状態にあるが，所得税率を 10％ とすると所得税 1,000 を支払った後，アリは可処分所得 9,000 全額を貯蓄にまわし，キリギリスは全額を消費すると仮定する。所得税のもとではキリギリスの税負担額は現在時点における 1,000 だけである。

　利子率を 10％ とすると，9,000 の可処分所得をすべて貯蓄にまわすアリには 900 の**利子所得**が生じて，所得税のもとではこの利子所得に課税される。したがって，アリは将来時点において利子所得に対して 90 の所得税を支払うが，支払いは将来時点であるから，利子率 10％ で割り引いて**現在価値**に換算すると $81.82\ \{=90\div(1+0.10)\}$ となる。すなわち，もともとは同じ額の勤労所得 10,000 を稼得したのに，現在価値に換算した所得税負担額がキリギリスは 1,000，アリは 1,081.82 であり不公平である。また，貯蓄をするアリに所得税が二重課税されるから，**貯蓄を抑制**する歪曲効果が生じる。

消費税制度のもとでの租税負担

　所得税と消費税を比較するのに，同額の税収を調達するという**差別税の手法**を採用する。所得税の場合には課税標準が勤労所得と利子所得という所得であり，10％ の税率により現在価値でそれぞれアリからは 1,081.82，キリギリスからは 1,000，合計 2,081.82 の税収を調達できる。消費税の課税標準は消費額であり所得額より小さいから，同じ税収を調達するには，所得税の 10％ より高い 11.618％ の税率を適用しなければならない。

　消費税負担についての結果は表 $10\text{--}1$ に計算してあるが，キリギリスは現

表 10-1 所得税と消費税の比較

所 得 税	ア リ	キリギリス
現　在		
勤労所得	10,000.00	10,000.00
所得税 $t_y=10\%$	1,000.00	1,000.00
可処分所得	9,000.00	9,000.00
消費額	0.00	9,000.00
貯蓄額	9,000.00	0.00
将　来		
利子所得 $r=10\%$	900.00	0.00
所得税額 $t_y=10\%$	90.00	0.00
所得税現在価値	81.82	0.00
合計現在価値所得税額	1,081.82	1,000.00

消 費 税	ア リ	キリギリス
現　在		
勤労所得	10,000.00	10,000.00
消費税 $t_c=11.618\%$	0.00	1,040.90
消費額	0.00	8,959.10
貯蓄額	10,000.00	0.00
将　来		
利子所得 $r=10\%$	1,000.00	
元利合計所得	11,000.00	
消費額	9,855.00	
消費税 $t_c=11.618\%$	1,145.00	
消費税現在価値	1,040.91	1,040.91

在すべて消費するから現在の消費額 8,959.10 に消費税率 11.618％ を適用した消費税額 1,040.90 を支払う。アリは勤労所得 10,000 全額を貯蓄するから利子所得が 1,000 生じて，将来時点において 11,000 を消費と消費税支払いに当てることができる。アリは将来時点では貯蓄することなく納税後の可処分所得全額を消費するから，消費額は 9,855.00 であり，この額に**消費税率 11.618％** を乗じた消費税額 1,145.00 を支払う (9,855.00＋1,145.00＝11,000)。この将来時点で支払った消費税額は**現在価値**に割り引くと 1,040.91｛＝1,145.00÷(1＋0.10)｝となり，すべての消費を現在時点でする

キリギリスと同じ負担額となる。すなわち消費税の場合には，現在消費と将来消費の間の選択において中立的である。

所得の概念と資本利得課税

すべての人が受け入れる唯一の所得定義は存在しないが，経済学者の間で広く受け入れられている概念はヘイグ゠サイモンズの提唱する**包括的所得**の概念であり，C（消費）$+\Delta K$（資産価値の変化額）として定義される。第9章「包括的所得税の原理と制度」で論じたように，この概念はきわめて包括的なものであり，現金稼得所得のみならず，持ち家の帰属家賃や自分の畑で収穫した野菜の自家消費の価値等や，移転所得，遺産や贈与とともに，**資本利得**（キャピタル・ゲイン）と呼ばれる資産価値の上昇から生じる所得も包含される。

しかし，この資本利得という所得は，所得税においてさまざまの困難な問題を提起し，所得税によっては十分に課税できないとされる。資本利得に対して理論的には**発生の段階**で課税すべきであるが，税務行政上の困難さのゆえに，実現時にのみ課税されるのが一般的である。また物価変動に伴う実質価値の変化の扱いには，難しい理論的および実践的問題が伴う。**消費課税**においては，**キャッシュ**の貯蓄と貯蓄からのキャッシュの引出しのみが課税消費額の計算に関係するのであり，資金ポートフォリオの市場価値の変動は関係ない。また，すべて現在のキャッシュ額で表現するから，インフレ調整のような，過去の額と現在の額を比較するような問題は起こらず，所得税の下では面倒な資本利得課税問題は解消する。

また，耐用年数の長い資本財への投資を各事業年度に割り振るために，さまざまな減価償却法が採用されているが，資本利得に関連した問題と類似の問題を有している。真の減価償却額を正確に表す**減価償却法**は存在せず，きわめて不完全な制度が採用されている。消費課税においては，耐用年数の長い資本財も初年度に全額経費控除されるから，面倒な減価償却額の推定は不必要となる。

社会保障拠出金や個人退職勘定と所得課税

年金制度は公的および私的を問わず，別の問題を提起している。包括的所得税の課税原理から言えば，**年金制度への拠出金**に使用されようと他の使途に向けられようと，所得を稼得した時点で課税されるべきである。将来の時点で拠出金とそれに対する利子の合計が財源となり給付金として支払われるが，拠出金に対する所得税はすでに支払い済みであるから，所得税の原理からいえば，利子の部分のみが新たな所得税課税対象となる。現実にはこの所得税の原理に基づいた制度とは異なる折衷的制度が実施されていて，社会保険や個人退職金勘定などに拠出された段階では，所得税の非課税措置が取られている場合が多い。現行所得税制度は，実質的に所得税と消費税の**折衷制度**であると言われるゆえんである。

10-3 所得課税から消費課税に近づくアメリカの税制

所得税中心のアメリカの税制

アメリカはさまざまな分野において，思い切った制度改革を断行する国であるが，租税制度の分野においてもいろいろと新しい試みをしている。第11章「個人消費税」で詳しく論じる個人所得税に代替するフラット・タックスやUSA税などはその典型的な例であり，完全に個人所得税を廃止してこれらの個人消費税に代替するまでいかなくても，貯蓄課税の廃止や軽減という形で現行所得税の改革を推進しているが，この傾向は所得課税から消費課税への中間段階といえる。

アメリカの税収総額に占める個人所得税の比率は，他のOECD諸国に比してきわめて高い。OECD諸国の単純平均が24.9％であり，わが国は17.5％であるのに比して，35.3％である。連邦税収総額に占める比率はもっと高く，**個人所得税**が48.6％，**法人所得税**が11.3％を占めている。EU加盟諸国を含め多くの国において付加価値税が採用されているが，付加価値税採用が一般化する前の1965年度の数値を見ると，個人所得税の比率はアメリカが31.7％に対して，イギリス33.1％，スウェーデン48.7％，ノルウェー39.6％など，アメリカよりも個人所得税の比率が高い国が多かった。EU

をはじめとして多くの諸国の共通間接税となっている付加価値税の導入が，アメリカにとっての1つの選択肢を形成する。

消費課税の選択肢

　アメリカにおいては，現実的な選択肢として，①小売売上税，②インボイス税額控除方式付加価値税，③控除方式付加価値税，④個人消費税，の4種類の消費税を考慮している。**小売売上税**は，小売企業により消費者による最終消費段階で徴収される。アメリカの45の州と多数の地方政府により課税されており，アメリカ人にはおなじみの税である。アメリカの消費者は現行水準の小売売上税を受け入れており，個人所得税に対するような不満を抱いていない。小売売上税は**外税方式**で課税されており，価格とは別に小売売上税額が表示されるから，小売売上税負担額が納税者に明確に意識される。負担と便益の比較考量は，公共財・サービスの最適量の決定に関する合理的選択に不可欠であるが，外税方式は，負担についての必要な情報を納税者に対して提供する。他方では，納税者の租税負担に関する意識を希釈化し，納税者の抵抗を緩和することにより必要な税収を調達しようという，納税者の財政錯覚（fiscal illusion）を利用する手法も一般的である。売上税に関して言えば，税額を外税方式のように明示せずに，価格の一部として税額をとりこみ，価格と税額の合計額のみを表示して売上税を徴収する内税方式が採用される。小売売上税については，第13章「一般消費税：小売税と付加価値税」でもっと詳しく論じる。

　ほとんどの先進国は**インボイス税額控除方式**の付加価値税を課しているが，アメリカではあまり支持されておらず，**控除方式付加価値税**の方が候補に挙がっている。インボイス税額控除方式の付加価値税は，売り手と買い手に対して詳細な取引記録を保管するように要請するから，新規の遵法費用を生み出す。また，逆進性の緩和のための軽減税率の導入や税率複数化や免税措置の数の増加に伴い，遵法費用は急増する。**前段階税額控除方式**においては，ある段階の業者はその販売額に税率を乗じて算出した額から前段階の仕入れにかかった税額を税額控除して，その段階の付加価値税額を納付するのであるが，このインボイスに記載された取引記録により，税額控除の相互照合が

容易に正確に行われるから遵法は改善する。付加価値税についても，第13章において詳しく論じる。

　フラット・タックスはアメリカ議会においては，1994年にディック・アーミー下院議員により，95年にアーミー下院議員とリチャード・シェルビー上院議員により提案されている。ロバート・ホールとアーヴィン・ラブシュカが，1983年に『低い税，簡素な税，フラット・タックス』(Low Tax, Simple Tax, Flat Tax) という題名の書物において提案したフラット・タックス構想が基本となっている。

　USA 税法案は，1995年にサム・ナンとピート・ドメニチの両上院議員により，アメリカ議会で提案された。USA 税は，個人所得税と同じく累進税率により個人の総合消費に課税する個人消費税と，控除方式付加価値税である企業消費税との組合せである。フラット・タックスと USA 税については，第11章「個人消費税」で詳しく論じる。ブッシュ(子)大統領の経済報告における税制改革検討委員会の設置の提案においても，その付託事項には，「簡素，公平，成長促進的な税制に改革すべきである。所得税と消費税は，政府歳入調達の主要な選択肢である。主要な消費税は小売売上税，付加価値税，フラット・タックス，および消費向け所得税である」と指示されている。

10-4　簡素・公平・成長促進的な税制

抜本的税制改革諮問委員会の設置

　前回の大規模なアメリカの連邦税制改革は，レーガン政権のもとで1986年に実施された。アメリカは貯蓄率のきわめて低い国であるから，投資の資金源としての貯蓄の増加が望ましく，レーガン税制改革においても，貯蓄・投資の促進が重要な政策目的であった。1986年税制改革法は，税率を引き下げ，課税標準を拡大し，歪曲効果をもたらす多くの**租税優遇措置**を廃止した。しかし，さまざまな政策目的の達成手段として，租税優遇措置の導入を求める各種利益集団からの**政治的圧力**の下で，租税制度の小さな改正は間断なく繰り返され，税法にはそれ以来1万5,000もの改正が加えられてきた。これは1日平均2回の改正に相当する。

ブッシュ（子）政権の税制改革政策の基本方針は，2005年の大統領経済報告の第3章「税制改革の選択肢」に展開されていた。現行連邦税制は不必要に複雑で，勤労意欲，貯蓄，投資等に関する決定を歪曲しており，アメリカ経済全体に巨大な損失を与えている点が指摘される。また複雑性の結果として，納税者は高い遵法費用を負担しているが，簡素・公平・成長促進的な税制に改革できるはずであるとされた。

　ブッシュ（子）大統領は両党共同の「抜本的税制改革諮問委員会」を設置し，税法改正の選択肢を提出するように要請し，2005年末にその最終報告書が提出された*。ブッシュ政権自体は2009年に別の政権に交代されるであろうが，この報告書に盛り込まれた内容は，税制改革に関するアメリカの**保守勢力の共通の綱領**である。完全に所得課税から消費課税に移行するまでには至っていないが，かなり消費課税に近づいており，所得課税と消費課税の折衷的制度が提案されている。報告書は「簡素化した所得税案」と「成長・投資促進税案」との2つの選択肢を並列的に提案しており，後者の「成長・投資促進税案」の方が消費課税にさらに一歩近づいた内容となっている。

最高限界税率の引下げと税率構造の簡素化

　現行税制は個人および家族に対して，10％，15％，25％，28％，33％，35％の6つの限界税率からなる超過累進税率構造を採用している。簡素化した所得税案においては税率を，15％，25％，30％，33％の4つに，成長・投資促進税案においては，15％，25％，30％の3つに簡素化するとともに，貯蓄や投資の提供者は高所得者に多いから，高所得に適用される**限界税率**を引き下げている。

さまざまな貯蓄・投資形態とばらばらな課税方式

　家計による貯蓄は投資の源泉であり，経済の健全性に不可欠である。まず消費税とは異なり，所得税は貯蓄・投資に対しても課税するから，現在消費

　＊　The President's Advisory Panel on Federal Tax Reform, *Simple, Fair, & Pro-growth, Proposals to Fix America's Tax System*, November 2005, "Chapter Five Panel's Recommendations."

を促進し将来消費を抑制する。また，現行制度の下では，類似の貯蓄・投資に対して異なる税制上の取扱いがなされている。所得課税と消費課税の最大の違いは**貯蓄に対する課税**にあるが，所得課税制度の根幹は維持しながらも，貯蓄に対する非課税や軽減課税が強化されており，この傾向は所得課税から消費課税への移行を意味する。

　退職後の生活費や教育費や医療費に対する備えの充実のために，貯蓄に対する税制上の各種誘因が次々と追加されてきた。まず，特定目的のための資金を預託する特別貯蓄制度が創設される。次には貯蓄された資金が引き出されるまで**非課税措置**が与えられ，資金の元利合計額を増大させる。さらに，資金が引き出された時点で，それに課税すべきかどうか，どのように課税すべきかが決められる。

　伝統的な個人退職勘定の場合には，貯蓄された額は所得控除され所得税を課税されず，貯蓄からの取崩し額に課税されるのが一般的であった。他方，いくつかの教育目的のための貯蓄の場合には，貯蓄には所得控除が認められず，貯蓄から引き出された額に対しては，適格状況における取崩しとみなされれば非課税となる。医療貯蓄勘定の場合には，貯蓄は所得控除されるとともに，医療費支払いに当てられる場合には取崩し額も非課税であるが，他の目的に充てられる取崩し額には課税される。適格性，拠出金限度額，取崩し許可額，貯蓄を担保として利用した借入可能額がすべて異なっており，このような**整合性の欠如**が複雑さの原因となっている。このようにさまざまな形態の貯蓄が，非課税や軽減課税されているが，貯蓄に対する非課税は，所得課税ではなく消費課税の特徴なのである。

3つの貯蓄勘定への整理・統合と非課税措置

　第7章「簡素性の原則」で取り上げたように，現行制度を改革して，退職，医療，教育および住宅のための非課税の貯蓄機会を拡大することを，抜本的税制改革諮問委員会は勧告する。現行制度のもとでの複雑で重複する貯蓄誘因を与える諸制度は，簡素で効率的な，①職場貯蓄計画，②退職貯蓄勘定，③家族貯蓄勘定，の3つに統合され，特定の納税者のみでなくすべての納税者に平等に，制限額のない非課税貯蓄機会が提供される。貯蓄に対する免税

や軽減課税は，包括的所得税の原理に基づく租税制度というよりは，消費課税の原理に基づく租税制度である。

利子と配当と資本利得（キャピタル・ゲイン）に対する課税

成長促進的税制の構築において，重要な考慮事項は利子と配当と資本利得の課税方法である。成長・投資促進税案のもとでは，上記の貯蓄勘定外で生じるすべての配当，利子，資本利得は一律に15％の税率で課税される。消費課税の要請するように完全な非課税扱いではないが，貯蓄や投資の収益である資本所得に対する税率は低く設定されている。資本所得に対する課税の軽減措置は，第9章で論じ次節でも言及する**二元的所得税制度**と類似の傾向であり，所得課税から消費課税への中間段階といえる。

10–5　資本所得と勤労所得の分離と二元的所得税

　第9章「包括的所得税の原理と制度」で取り上げた二元的所得税は包括的所得を課税標準とするが，勤労所得と資本所得を分離して課税するものであり，総合所得課税というよりも**分離所得課税**の性格を有する。また，二元的所得税は所得税であり消費税とは言えないが，**勤労所得**には累進税率で課税し再分配効果を持たせ，**資本所得**には勤労所得に対する累進税率の一番低い限界税率を適用し比例税として課税するというこの制度は，所得課税から消費課税への移行の中間段階を形成すると位置づけることができる。

　二元的所得税は，1987年から93年までに実施された税制改革において，最初にデンマーク，フィンランド，ノルウェー，スウェーデンで実施された。この二元的所得税の人気は高くオーストリア，ベルギー，ギリシャ，イタリアでは資本所得に対する最終源泉徴収制度が導入されており，さらにドイツとスイスでも二元的所得税を支持する税制改革が提案されている。また，本章ですでに論じたアメリカの抜本的税制改革諮問委員会の勧告は，二元的所得税と同じような内容を有している。

第 *11* 章　個人消費税

11 - 1　消費に対する課税

個人消費税と企業消費税

　現行所得税には個人所得税と法人所得税があるが，それに対応した個人消費税と企業消費税が提案される。この章では個人消費税について論じるが，第12章「企業課税：法人所得税と企業消費税」で，フラット・タックスやUSA 税と有機的に関連付けられた企業消費税を取り上げる。また，第 3 章「経済循環と各種租税」や第 10 章「所得課税から消費課税へ」でも明らかにしたように，所得から消費への課税標準の転換は，売上税によっても可能である。売上税の形体での消費税については，第 13 章「一般消費税：小売税と付加価値税」で検討する。

　この章では個人所得税に代わる個人消費税を検討するが，英語においても日本語の訳語においても **支出税**（expenditure tax, spendings tax），**累進的消費税**（progressive consumption tax），**キャッシュフロー消費税**，**総合消費税**（expenditure tax に対する時子山常三郎の訳）など，さまざまな用語が使用される。この消費課税の考え方を実現するための具体的制度として，後に検討する USA 税とかフラット・タックスなどの用語も使用されるが，それらは普通名詞というよりは，特定制度を指す固有名詞の性格を有する。

　いずれも個人に対して，所得ではなく消費を課税標準として課税される税である点では共通している。第 12 章で検討する企業消費税は個人消費税と

有機的に関連付けられ，個人消費税の補完税のような役割を果たしている。現行個人所得税と法人所得税に対応して個人消費税とともに企業消費税という別の税が課税されるが，あくまでも最終的な納税者は個人であるという前提で，企業に生じる所得も個人に帰属計算され，個人総合消費という課税標準に対して課税されるように制度化されている。

先駆的提唱者

　アーヴィング・フィッシャーは本章で扱う累進的個人消費税を1942年の著書で提唱し，支出税（spendings tax）とか**真の所得税**（real income tax）という用語を使用した。フィッシャーは経済学の多くの分野で業績を残しているが，支出税の考え方は1896年の資本理論の延長線上に位置するものであった。支出こそが人びとに経済厚生を与えるものであり，現行所得税は貯蓄を二重課税するのみか，法人所得税を加えれば三重課税，さらに遺産税やキャピタル・ゲイン課税を加えれば四重課税を構成するという。

　所得よりは消費を課税標準として課税すべきであるという考え方は，多くの経済学者により支持されたのに，**税務行政上困難**すぎるという理由で制度化されることがなかった。総合所得税における総所得額に対応する総消費額を得るために，個別の消費項目の消費額を合計して計算する作業があまりにも煩雑で，納税者の遵法や税務行政上不可能と思われていた。しかし，フィッシャーは，具体的な個人消費税や企業消費税の納税申告書のモデルを提示して，法人税やキャピタル・ゲイン税，利子税，贈与税や遺産税が，これらの消費課税制度のもとでどのように扱われるかについて明らかにし，具体的にどのように納税義務額が算出されるかを示している。本章においては，USA税の納税義務額の算出方法により，個人消費税の納税義務額の具体的計算方法が例証される。

　ニコラス・カルドアも支出税（総合消費税）を提唱し，各国の租税史上はじめて1958年からインドにおいて，1959年からセイロン（現在のスリランカ）において，支出税を現実に制度化し実施したが，抵抗が激しくじきに廃止された。また，制度化された支出税は抜け穴だらけで，カルドアの提案した支出税とは似て非なるものであった。

アメリカにおいては**ブラッドフォード**の指導のもとで，財務省が1977年に『基本的税制改革の青写真』という報告書を提出し，包括的所得税とキャッシュフロー消費税とを詳細に比較検討し，公平性，簡素性，経済的効率性において優れた消費課税を提唱している。また，1978年には**ミード報告**と呼ばれる『直接税の構造と改革に関する報告書』がイギリスで出版され，所得税よりは支出税の採用を勧告している。

11-2 フラット・タックス

単一税率の適用

フラット・タックスとは単一税率税（flat rate tax）の略であり，所得や消費のような課税標準に対して，単一の限界税率で課税される税を指す。アメリカ議会においては，1994年にアーミー下院議員により提案された。さらに，95年には下院において下院与党院内総務となったアーミー下院議員により，上院においてシェルビー上院議員により提案されている。その基礎となっているのは，**ホール**と**ラブシュカ**が，1983年の『低い税，簡素な税，フラット・タックス』という題名の書物において提案したフラット・タックス構想である。課税の形式としてのフラット・タックスは，所得課税も含めてどのような課税標準にも適用できるが，アメリカでフラット・タックスというときには，多分に消費課税の性格を有している。

個人フラット・タックスと企業フラット・タックス

フラット・タックスは個人段階で課税される税と企業段階で課税される税から構成され，2税はきわめて有機的に関連づけられている。企業に対するフラット・タックスは第12章「企業課税：法人所得税と企業消費税」で論じるが，労働に対する報酬のみが企業段階で課税されない唯一の所得であり，この**労働報酬税**をもって現行の個人所得税に代替する。労働に対する報酬は，所得のほとんどを占める大きな所得源であるが，個人段階で課税される。労働報酬は，従業員が雇用者から受け取る現金形態での賃金，給与，年金からなる。雇用者が支払う年金拠出金や付加給付は，報酬の一部とはみなされな

図11-1 フラット・タックスの税率構造

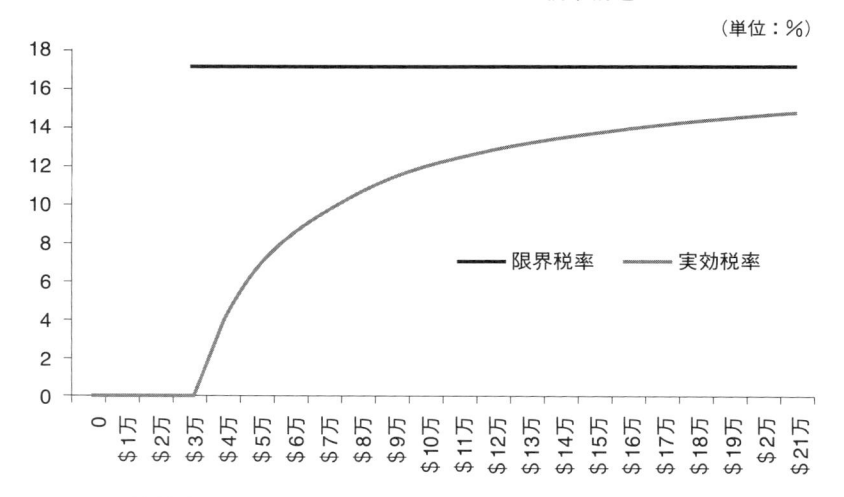

(単位：％)

い。貧困な納税者が労働報酬税を支払う必要のないように，この労働報酬税にはわが国の所得税の基礎控除，配偶者控除，扶養者控除を組み合わせた性格の人的控除が導入される。この人的控除以外には，現行個人所得税制度で設けられているいかなる所得控除も認められないから，多くの特殊利益を反映するさまざまの租税優遇措置は排除される。図11-1で例証するように，この**人的控除**は非課税であるから，**単一税率**であるにもかかわらず，平均税率または実効税率は所得の上昇に伴い上昇する。フラット・タックスが垂直的公平をも達成する**累進税**であると，提唱者たちが主張するゆえんである。

簡素性の原則とフラット・タックス

アメリカの国民にとって，フラット・タックスの最も魅力的な点は，その簡素性と，簡素性から生じる公平性にある。現行制度のもとでは，納税者は複雑な説明文書を理解し，多数の書式に記入しなければならないが，フラット・タックスの場合には，簡単な説明書と 2 枚の**はがき大の納税申告書**で代替される。政治力を行使して複雑な所得控除，税額控除，免税措置などの多くの税の抜け穴を制度化し，納税申告書の準備においても弁護士や会計士のような専門家を雇う余裕のある人びとは，現行制度から巨額の特殊利益を享

受している。複雑な税制のために一般納税者は，納税申告書の記入に多大の時間と多額の経費という**遵法費用**の負担を余儀なくされているのであるから，簡素なフラット・タックスの制度には強い魅力を感じる。

　複雑極まりない現行制度とは異なり，フラット・タックスは非常に簡素であり，2枚の**はがき大の納税申告書**しか必要としない。1枚は労働所得，もう1枚は事業・資本所得に対する申告書である。納税者は勤労所得に対して，10行から成るはがき大の申告書により納税する。配当，利子，その他の事業・資本所得は企業段階で課税されるから，再び個人段階で課税されることはない。申告書は簡単であり，各家族は賃金，給与，年金所得を1行目に申告する。2行目から5行目まででは，家族規模に対応する人的控除を計算する。5行目の人的控除合計額を1行目の勤労所得額から差し引き，課税所得が計算される。この課税所得額は6行目に申告され，7行目に税額が算出される。この額から8行目に申告された源泉徴収額が控除され，算出納税額の方が多ければ9行目に納税額を，源泉徴収額の方が多ければ10行目に還付税額が申告される。

租税優遇制度の廃止と課税標準の拡大

　現行連邦所得税には，さまざまな租税支出項目が組み込まれている。**租税支出**は「特別非課税，総所得からの人的控除や所得控除，または特別税額控除，優遇税率，税の延納を許容する連邦税法の条項が原因で生じる歳入の損失」と定義されるが，これらの租税優遇措置により税収は大幅に減少する。フラット・タックスでは，原則として現行制度に存在する所得控除，税額控除，免税措置等のさまざまな租税優遇措置はすべて廃止され，現行所得税の課税標準よりもはるかに**拡大した課税標準**に課税されるから，**低い税率**で同額の税収を得ることができる。

　フラット・タックスはすべての所得控除，税額控除，免税措置を廃止するから，租税優遇措置導入を求める政治家によるロビー活動の誘因は消滅し，政治的腐敗の主要源泉は除去される。現行制度においては内国歳入庁（IRS）と納税者との間には多くの紛争があり，納税者の自由と私生活が侵害されているが，フラット・タックスは納税者と内国歳入庁との間の紛争の

源泉を除去する。内国歳入庁は，納税者の財政状態について詳細な調査をする必要はなくなる。フラット・タックスの唯一の税の抜け穴は，家族規模により額の異なる**人的控除**であるが，この額が課税最低限となり超過額のみが課税される。アーミーの提案するフラット・タックスでは，例えば4人家族の場合には，所得が＄36,800（約405万円）を超過してはじめて課税されるから，低所得者の租税負担額はきわめて軽く公平な税である。この額までの課税標準には**ゼロ税率**が適用されると考えられるから，フラット・タックスは単一限界税率ではなく，2つの限界税率が適用される税と考えることができる。ただ，累進税率構造において限界税率の数のなかには，通常はこのゼロ税率を含めない。

貯蓄と投資の促進

フラット・タックスは勤労，貯蓄，投資を促進する。生産的な経済活動への参加に対する誘因を高めることにより，経済の長期的成長率を引き上げる。現行税制では貯蓄と投資に対する**二重課税問題**が存在し，貯蓄や投資の阻害要因となっているが，フラット・タックスは貯蓄や投資に対する二重課税を排除し，資本形成に対する税法の歪曲効果を除去する。個人はフラット・タックスの納税において配当，利子，その他の資本所得について考える必要はない。これらの形態の所得はすでに企業段階で課税されており，再び個人段階で課税されることはない。相続税，資本利得税，貯蓄や配当に対する二重課税は廃止されるから，所得や消費に対して一度だけ課税することにより，フラット・タックスは資本形成を助け，雇用の創出にも貢献する。

現行所得税制度においては，新規投資は全額経費扱いされるのではなく，減価償却の形で漸次経費化されるが，消費税の視点から見れば所得の過剰申告を強制している。この種の二重課税，資産課税，過剰課税はフラット・タックスにおいては存在しない。

フラット・タックスと公平性の原則

フラット・タックスについて最も議論の多い点は，公平性の原則との関係である。フラット・タックスの支持者は，すべての人が**同じ限界税率**で支払

うから，累進税よりも公平であると考える。アダム・スミスの公平性の原則に適う税は，税率については比例税であった。フラット・タックスは既存の所得控除，税額控除，その他の租税優遇措置を原則としてすべて廃止するから，現行税制のもとで適用されている税率よりも低いか同じ税率で，より多額の税収を上げることができる。また，これらの既存の租税優遇措置が主として高額所得者に利益を与えているならば，それらの**租税優遇措置の廃止**は垂直的公平性を改善する。フラット・タックスはすべての人びとを平等に扱い，納税額は租税優遇措置を求めるロビイストや，税負担を軽減するために雇った弁護士や会計士の数によって左右されない。

　垂直的公平達成のための累進税率が一般化しているなかで，フラット・タックスは単一の税率を採用する。フラット・タックスの反対者は，所得や消費の限界価値は逓減するから，同率の税率ですべての水準の所得に課税するのは不公平であることを指摘する。支持者もある程度までこの点は認めており，ほとんどの支持者は家族の規模や構成に対応してかなりの額の課税最低限を設定し，この額を超過する課税所得額ないし課税消費額に対してのみフラット税率が適用される。

　図11-1には**課税最低限**を＄3万とし，単一税率17％を想定して，課税標準の増大に伴う**実効税率**の変化を描いてある。＄3万までは課税されないということは，その水準の課税標準まではゼロ税率の税率が適用されるということであるから，厳密にいえばフラット・タックスは単一の税率ではなく，**ゼロ税率**と17％の2本の税率が適用される税であるといえる。実効税率は，課税最低限を控除する前の課税標準で納税額を除した率である。課税標準が＄3万では実効税率はゼロ，＄5万では6.8％，＄10万では11.9％，＄15万では13.6％，＄20万では14.5％，＄100万に対しては16.5％まで上昇し，課税標準が増大するに伴って**限界税率**17％に漸近する。かなりの額の課税最低限を設定し実効税率の指標でみれば，図11-1の示すように，フラット・タックスは低所得納税者に対して明確な累進性を示す。

フラット・タックスを導入した国々

　表11-1には，フラット・タックスを採用した東欧諸国の採用年次，採用

表 11-1 フラット・タックス採用東欧諸国と税率

(単位:％)

採用国	採用年度	個人所得税率		法人所得税
		採用後	採用前	採用後
エストニア	1994	26	16〜33	26
リトアニア	1994	33	18〜33	29
ラトビア	1997	25	25と10	25
ロシア	2001	13	12〜30	37
ウクライナ	2004	13	10〜40	25
スロベニア	2004	19	10〜38	19
グルジア	2005	12	12〜20	20
ルーマニア	2005	16	18〜40	16

資料:Michael Keen, Yitae Kim and Ricardo Varsano, The "Flat Tax(es)": Principles and Evidence, Table 1, IMF Working Paper, WP/06/218, 2006 より作成。

前と採用後の個人所得税の税率，採用後の法人所得税率を示してある。グローバル規模での競争において，**旧社会主義諸国**が税制改革を先導している。1994年には，エストニアは26％，リトアニアは33％，1997年にはラトビアは25％の税率で，フラット・タックスを導入した。これらの「バルチックの虎」の目覚ましい経済成果をみて，2001年にロシアが13％のフラット・タックスを実施したが，脱税や租税回避が大幅に低下したので政府歳入は増大し，経済は繁栄した。2004年にはウクライナが13％，スロベニアが19％，2005年にはグルジアが12％，ルーマニアが16％の税率でフラット・タックスを導入した。マケドニアは2007年に個人所得税と法人所得税に12％の税率で，アルバニアは2008年から10％の税率のフラット・タックスを導入した。また，ポーランドは2009年までには15％，チェコも15％のフラット・タックスを導入しようとしている。

フラット・タックスの**税率引下げ傾向**も見られる。エストニアは2005年には26％から24％に，2006年には23％まで引き下げた。さらに，2011年には18％まで低下するように，継続的に毎年1ポイントずつ引き下げることにしている。リトアニアは2006年には33％から27％に，2007年には24

％に引き下げた。マケドニアも2008年には，税率を10％に引き下げた。経済のグローバル化の進展により，雇用や資本が高い税の国から低い税の国に逃避するのが容易となったから，良い税制に対する報酬は以前よりはるかに大きく，悪い税制に対する罰は重くなった。

11-3　ＵＳＡ税

USA税の2要素
　USA税というのはアメリカ合衆国（United States of America）税の意味ではなく，**無制限貯蓄控除**（Unlimited Savings Allowance）税の略であり，貯蓄はすべて控除されるから課税されず，消費のみが課税標準となる。USA税は2つの部分から構成されるが，1つは個人消費税であり，現行制度の個人所得税と同じく直接税で人税である。また，実効税率が累進的であるのみならず，限界税率が課税消費額の増大に伴い上昇する**累進税率構造**をとる点で，フラット・タックスとは異なる税である。もう1つは，控除型の付加価値税の性格を有する企業消費税である。USA税法案は1995年にピート・ドメニチとサム・ナンの2議員により上院に提出されたが，フィッシャーやカルドアの提唱した支出税の制度化への，重要な一里塚となる前進であった。

　個人所得税と法人所得税も本来は統合されるべき性格の2税であるが，現実の制度においては法人実在説の影響もあり，完全に有機的に関連づけられていない。USA税においては，個人消費税と企業消費税が，同じ硬貨の両面のように有機的に関連づけられている。個人所得税は所得が課税標準であるが，USA税は消費を課税標準とする個人消費税であるから，所得からあらゆる貯蓄を控除して，**課税消費額**を計算する。他方，**企業消費税**においては，すべての**企業投資**を経費として控除して，消費型の付加価値額が算出される。現行制度における減価償却制度のように複数年度にわたり毎年度一部のみが経費化されるのではなく，いかなる資本財に対する投資であろうと全額が初年度に控除される。現行の個人所得税と法人所得税の税収比率に対応して，個人消費税から80％，企業消費税から20％の税収を調達するように，

税率等が設定される。

キャッシュ・インフロー

　USA 税の具体的な納税申告書は，表 11-2 のようになる。キャッシュ・インフロー（現金の流入）から非消費キャッシュ・アウトフロー（現金の流出）を差し引くことにより，課税される個人消費額が計算されるが，このキャッシュフローを追跡することが USA 税の計算において重要であるがゆえに，「**キャッシュフロー消費税**」とも呼ばれる。個別の消費項目の合計額を計算して課税標準としての総消費額を計算するのではなく，このキャッシュフローを追跡するという方法の開発により，支出税が実現可能な制度となったのである。特定のキャッシュフローが所得であるかどうかではなく，課税される個人の消費額の正確な計算に関係あるかどうかだけが重要である。例えば借入金は所得ではないが，正確な**消費額の計算**に不可欠である。キャッシュフローそのものが課税されるのでなく，算出された消費額が課税標準となる。実際に受け取ったキャッシュのみがキャッシュフローとして記録されるのであり，例えば利子が預金に対して発生していても，キャッシュとしてその利子を実際に受け取らずにそのまま放置しておく限りは，表 11-2 の 2 行目にキャッシュ・インフローとして記録されることはない。

　キャッシュ・インフローには現行所得税と同じく賃金と給与（1 行），利子，配当など（2 行）が含まれるのみならず，現行所得税とは異なり，貯蓄勘定や投資基金からの引出額（3 行），株式と債券の売却金（4 行）も含まれる。また，借入金（耐久消費財ローンを除く）（5 行），贈与や遺贈によるキャッシュの受取（6 行），年金，社会保障，保険給付金の受取（7 行）なども含まれる。これらの項目のキャッシュ・インフロー合計額は，8 行目に計算されている。

　自家用車のような**耐久消費財**に対する各年度の消費額は，賃借の場合には賃借料であるが，自己所有の場合が多い。耐久消費財への支出の全額を購入した年度の消費とみなせば，当該年度の税額が異常に高く，残りの耐用年度の税額はゼロとなる。耐久消費財に対する税額の特定年度への集中を回避して，耐用年数にわたり分割納税する措置として，一方では購入年次に耐久消

第 11 章　個人消費税　153

表 11-2　個人消費税の納税申告書

	キャッシュ・インフロー	
1	賃金と給与	60,000
2	利子，配当，企業からのキャッシュの引出	3,000
3	貯蓄勘定または投資基金からの引出	2,000
4	株式と債券の売却	2,000
5	借入金（耐久消費財ローンを除く）	2,000
6	贈与および遺贈によるキャッシュ受取	1,000
7	年金，社会保障，保険給付金の受取	0
8	合計（1 から 7 までの合計）	70,000
	非消費キャッシュ・アウトフロー	
9	貯蓄勘定または投資基金への預金	9,000
10	株式と債券の購入	7,000
11	借入金の返済（耐久消費財ローンを除く）	1,000
12	慈善活動へのキャッシュ寄付および贈与	1,000
13	高等教育授業料（投資的要素）	2,000
14	合計（9 から 13 までの合計）	20,000
15	消費額（8−14）	50,000
	控除額	
16	人的控除	10,000
17	家族控除	7,000
18	既存資産控除	3,000
19	合計（16 から 18 までの合計）	20,000
20	課税消費額（15−19）	30,000
21	算出税額	10,000
22	給与税額控除	4,000
23	納税義務額（21−22）	6,000

資料：Laurence S. Seidman, *The USA Tax : A Progressive Consumption Tax*, The MIT Press, 1997, p. 71 より作成。

費財への支出は消費とみなされて課税対象となるが，他方では耐久消費財用の借入金を除いてある（5行）。また，非消費キャッシュ・アウトフローからも，耐久消費財用借入金の返済を除いてある（11行）。

非消費キャッシュ・アウトフロー

他方，非消費キャッシュ・アウトフローには，貯蓄勘定または投資資金への預金（9行），株式と債券の購入代金（10行），借入金の返済（耐久消費財ローンを除く）（11行）が含まれる。消費額を正確に計算するために，これらの非消費キャッシュ・アウトフローは無制限に控除されるが，この性格のゆえに USA 税（Unlimited Savings Allowance Tax）という名称が与えられている。キャッシュの貯蓄と，貯蓄からの**キャッシュの引出**のみが課税消費額の計算に関係するのであり，資金ポートフォリオの市場価値の変動は関係ないから，所得税において面倒な**資本利得（キャピタル・ゲイン）課税問題**は消滅する。所得税では課税標準の所得の概念が消費 C と資産価値の変化額 ΔK の合計として定義されるから，キャピタル・ゲインに対して発生の段階で課税するか，実現した時にのみ課税するか，またインフレによる実質価値の変化をどのように扱うかについて，困難な理論的および実践的問題点が生じていた。USA 税においては，すべて現在のキャッシュの額で表示するから，インフレ調整のような過去の額と現在の額を比較するという面倒な問題は起こらない。

12行目には慈善活動への**寄付や贈与**，遺贈のためのキャッシュ・アウトフローが非消費キャッシュ・アウトフローとして記録される。USA 税のような個人消費税においては，自らの消費のために経済のパイから資源を取り出すことに対して課税するのが原則であるから，他の世帯による消費や企業の投資のために残された資源に対しては課税されない。慈善活動への寄付や贈与，遺贈をする世帯はこの行為により消費をするわけではないから，貯蓄と同様に，非消費キャッシュ・アウトフローとされ非課税となる。受贈者はそれを貯蓄すれば非課税であり，消費すれば課税される。

表11－2の13行目には，投資部分に当たる**高等教育の授業料**が，非消費キャッシュ・アウトフローとして示されている。個人は高等教育や職業教育

で教育や訓練を受けるが，そのための授業料の一部は消費ではなく人的資本形成のための投資とみなすことができる。人的資本への投資も物的資本への投資と同じく経済の生産性を高める効果を与えるから，物的資本への投資のみを非課税として人的資本への投資に課税するのは整合性を欠く。具体的にどのレベルの教育を高等教育とみなすかとか，高等教育費のどの部分を投資的経費とみなすかについては，租税制度を制定するときに選択の余地がある。

各種控除

　USA税では，現行個人所得税のもとで達成されている程度の**累進性**を達成することが，垂直的公平の基準を満たすには必要であると想定される。この累進性を達成するために，いくつかの措置が導入される。表11‐2の例では16行目に示されるように，わが国の所得税制度の基礎控除に類似した人的控除が設けられている。さらに17行目には，家族控除として，わが国の配偶者控除や扶養者控除に似た控除が設けられる。人的控除と家族控除の合計額が**課税最低消費額**であり，この額までの消費額にはゼロ税率が適用され非課税となる。

　18行目の既存資産控除は，現行の所得課税から消費課税への移行に伴う経過措置である。税額控除と区別して，所得税制度における所得控除という名称にちなんで，これらの控除を**消費控除**と呼ぶことができる。課税標準の消費額から控除することにより，20行目に課税消費額が算出される。税率を乗じて税額（21行）が算出されるが，ここから社会保険の掛金である給与税を税額控除する（22行）ことにより，納税義務額（23行）を求めることができる。

USA税と水平的公平

　水平的公平の原則は，同じ経済状態の納税者は同額の税を支払うことを要請するが，USA個人消費税は賃金，給与，利子，配当，資本利得，年金やその他の社会保障給付金，贈与，遺贈等の各種所得間の差別的扱いを廃止し，すべて平等に扱っている。また，所得税の原理からいえば貯蓄は課税対象となるのに，現行所得税では年金基金や個人退職勘定への拠出金は非課税扱い

される等，各種貯蓄間に扱いが異なっており，所得税と支出税の混合形態のような様相を呈していたが，すべての種類の**貯蓄**を一様に全額控除することにより平等な扱いとなる。

USA 税の累進税率構造と垂直的公平

USA 税の提唱者は，アメリカの納税者の大半が現行所得税と同程度の累進度を達成することが，公平の原則を満たすために不可欠であると判断し，同程度の**累進度**を USA 税において確保しようとする。これまで「消費に向けられた所得税」，「支出税」，「総合消費税」などと呼ばれてきた個人消費税の伝統を USA 税は継承しており，累進税率が課税消費額に対して適用される。

わが国の所得税における基礎控除，配偶者控除，家族控除に対応する消費控除が設けられているから，これらの合計額である**課税最低消費額**までの課税標準には，ゼロ税率を適用されるのと同じである。それ以外に19％，27％，40％の限界累進税率構造をとるから，全部で4段階の限界税率で課税される累進税である。独身者，既婚者等の納税者の置かれた状況により，各限界税率の適用される課税消費額の大きさに差異が設けられている。ナン＝ドメニチ USA 税法案で提案された個人消費税の**累進税率構造**は，独身者に対しては課税消費額のゼロから＄3,200 までは19％，＄3,200 超＄14,400 までは27％，＄14,400 超については40％である。既婚者の場合にはゼロから＄5,400 まで19％，＄5,400 超＄24,000 までは27％，＄24,000 超には40％の超過累進税率が適用される。同じ限界税率が適用される既婚者の課税消費額が独身者の2倍に満たないから，結婚罰とか結婚税と呼ばれる要素が残っている。

累進税率の適用に加えて，表11－2の22行目に示されるように，社会保障の拠出金である従業員負担分給与税の税額控除制度が，USA 個人消費税に新規に導入される。給与税を社会保険の保険料というよりは租税とみなすと，**給与税**はさまざまな所得の中で給与所得のみを課税標準とする比例税であり，かつある水準以上の給与所得は非課税または軽減税率を適用され，きわめて逆進性の強い税であることはよく知られている。USA 税はこの逆進

的な **従業員負担の給与税** を税額控除するから，個人所得税と従業員負担の給与税を廃止し，USA 個人消費税で全面的に代替し一本化したことに対応する。USA 個人消費税は，現行所得税制度に設けられており大規模な所得再分配制度として機能している，**勤労所得税額控除制度（EITC）**を継承する。すでに従業員負担の給与税は USA 個人消費税制度の一環として組み入れられているから，その負担を相殺するためではなく，貧困な勤労所得者の**所得補塡**を行うためである。表11-2には別項目の税額控除として明示されていないが，従業員負担給与税の税額控除制度との関係で調整を受けて，USA 個人消費税制度に組み込まれる。これら3要素により，かなりの程度の**累進性**が達成される。

USA 税の簡素性

　USA 税はたしかに小売税，付加価値税，フラット・タックスと比較すると，簡素性という点では多少劣る。USA 個人消費税は垂直的公平性を重視し累進税率構造を取るから，フラット・タックスの提唱者が主張するように，2枚のはがき大の納税申告書に収まる程に簡素とは言えないが，現行所得税と比較すると大幅な簡素化が期待できる。

　しかし，現実の制度はさまざまな圧力団体等のロビー活動や政治的圧力の反映であるから，フラット・タックスや USA 税の場合でも，同じ政治的要因により，多くの抜け穴や優遇措置が導入される可能性はある。

11-4　負の所得税または負の消費税

最低生活の保障

　図11-1では＄3万までは課税最低限として控除して，＄3万を超過する課税標準だけが課税されたが，＄3万までにはゼロ税率を適用して税額はゼロであった。負の所得税または負の消費税制度においては，この**課税最低限**を分岐点として，それを超過する課税標準に対しては**正の租税**を政府に納税者が支払い，課税最低限に満たない所得または消費しかない納税者には，負の所得税または負の消費税として政府が納税者に支払う。現代福祉国家にお

いては，ある程度以上の担税力を有する納税者からは税を徴収するが，他方，最低生活も営むこともできない貧困者に対しては，政府から生活扶助費等の福祉費を支出して**最低生活**を保障する。政府の交付する生活扶助費等の補助金は**負の租税**とみなすことができるから，本来は正の税と負の税とは統一的な制度により実施されるべき性格のものである。負の所得税または消費税は，一方では最低生活を保障しながら，他方ではできるだけ**自立自助**を奨励し，自ら働いて稼得した稼得所得と移転所得との合計所得額が上昇するように設計された税制である。

単一の限界税率と実効税率の累進性

納税者の課税標準と課税最低限との差額に同じ税率を適用して**負の税額**，すなわち政府からの移転支出額を計算する。図11‐1と同じく課税最低限を＄3万とし，税率は17％とすると，所得や消費がゼロの場合には課税所得または課税消費はマイナス＄3万となり，納税者は政府に税を支払うどころか，逆に政府から＄5,100（＝＄3万×17％）の負の税金，すなわち**移転所得**を受け取る。所得や消費がゼロの貧困者にも＄5,100が負の税として移転されるから，最低生活を維持することが可能となる。自分で＄1万稼得する

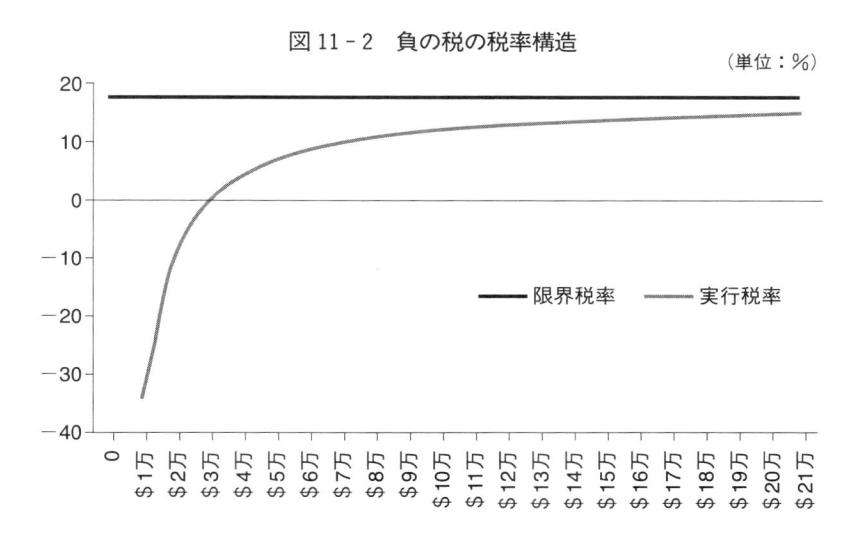

図11‐2　負の税の税率構造

（単位：％）

ならば，その稼得額に負の税額＄3,400｛＝（＄3万－＄1万）×17％｝が加算されるから，＄13,400の合計所得を得ることができる。**稼得額**が＄2万ならばその額に負の税額＄1,700が加算され，**合計所得額**は＄21,700となる。働いて自分で稼得した方が多額の合計額を得ることになり，勤労意欲に対する誘因が働く。

　所得額にせよ消費額にせよ課税標準がゼロの場合には，分母がゼロであるから実効税率はマイナス無限大の値となり，図11‐2では省略してある。課税標準が＄1万の場合には税額はマイナス＄3,400となり実効税率はマイナス34％，課税標準が＄2万の場合には税額はマイナス＄1,700となり実効税率はマイナス8.5％である。プラスの税についての実効税率は図11‐1と同じであり，限界税率は17％の単一税率であるが，実効税率は累進税率構造を示す。問題はこの程度の累進性で垂直的公平が満たされると考えるかどうかであり，公平性の基準は主観的価値判断の性格を有している。

第12章　企業課税：法人所得税と企業消費税

12‒1　納税義務者としての法人

自然人と法人

　第3章の表3‒4には，OECDの租税分類に対応するわが国の各種国税と地方税を示してあるが，自然人の個人とともに，いくつかの税については法人が納税義務者である。わが国では，国税の法人税，地方税の道府県税と市町村税の法人税割，道府県民税の法人事業税などは法人所得を直接・間接に課税標準として法人から徴収される。多段階で支払われる国税の消費税と地方消費税は消費型の付加価値税であり，完全に前転されて最終消費者が究極的負担者であると想定されているが，各生産段階における納税義務者は法人も含む企業である。市町村税の固定資産税，都市計画税，その他多くの個別消費税についても，法人が納税義務者である。

　これらのうち法律上は法人が**納税義務者**であっても，間接税に分類される税は，費用の一部として転嫁されて最終消費者が負担すると想定されている。しかし，法人所得税はすべての費用を差し引いた後の法人の純所得に課税される税であり，わが国を含めて法人所得税は直接税として分類されている。**直接税**とは，法律上の納税義務者と租税を実際に負担する者が一致することを立法者が想定している税である。したがって，法人所得税は転嫁されることはなく，法人実在説を採用するならば法人という実在が，法人擬制説を採用するならば法人の所有者である自然人の株主が，租税を負担すると制度上

想定された税である。

自然人との関係において，法人の本質とはなにか，また法人課税にどのような意味があるのか，自然人である個人への課税との関係はどのようにあるべきかについては，さまざまの難しい問題が存在する。

12-2　法人の本質

法人擬制説

　法人とは，法律の規定により「人」としての権利能力を付与された社団または財団をいい，生物学的な自然人と対になる概念である。法人の本質に関する学説にはさまざまあるが，代表的なものとして「法人擬制説」と「法人実在説」がある。法人擬制説は真の経済主体は自然人の**個人株主**であり，法人は法によって個人を擬制していると考える。法人は単に株主の集合体にすぎないから，法人と株主に別々に課税することは二重課税になり，両税間の調整が必要である。「法人擬制説」はアメリカを中心に発達した考え方であり，株主中心の考え方である。

法人実在説

　法人実在説は，法人は個人の株主とは別の固有の存在であると想定する，ドイツなどヨーロッパ大陸各国にみられる大陸法を中心とした考え方であり，**法人格**を重視する。国家を1つの生物であるかのようにみなし，その成員である個人は全体の機能を分担するものであるとする**国家有機体説**に類似の考え方である。わが国の会社は，きわめて日本的な法人実在説に基づいており，その法体系は基本的には大陸法で，法人実在説が採用されていると言われる。自然人の個人間と同様に，法人間にも所得や資産において大きな格差が存在するから，法人実在説が採用されるならば，利益説や能力説に基づいて，累進税率の適用も理論的には可能である。現実の税制に関する議論において「税金は大企業から」という標語が声高に叫ばれるが，法人実在説に基づき，自然人の株主とは別の実在の法人に**独自の担税力**を認め，大法人ほど担税力が高いと想定する議論である。

12-3　法人の本質と課税のあり方

法人所得税と個人所得税

　法人擬制説と法人実在説とでは，法人所得の課税に対する考え方が違ってくる。**法人擬制説**では，法人所得は個人が法人という組織を通して得たもので，したがって法人税は個人所得税の前取りであるという立場をとる。法人が個人に配当する場合，配当に対して法人の段階では法人税が，個人の段階では所得税が課税され，**二重課税**であると批判される。配当ほどに法人所得との関係は直接的ではないが，株価の上昇から生じる資本利得（キャピタル・ゲイン）が法人所得の社内留保の部分を反映するならば，資本利得に対する個人所得税は，法人所得の社内留保に対する二重課税を構成する。

　ところが，**法人実在説**をとると，法人は株主に還元されない固有の存在であるから，法人所得税と個人所得税は別個の経済主体に対する課税であり，二重課税にはならない。法人は個人から独立して存在するので法人税を支払う主体であり，法人の所有者である株主に対する個人所得税との調整を行わなくてもよいことになる。

12-4　法人擬制説と二重課税の調整

法人所得税と個人所得税との統合

　法人擬制説を採用するならば，個人の株主から独立した独自の存在としての法人という納税主体は存在しない。法人とは個人の株主が利潤獲得のために設立した組織にすぎず，それ自体が株主から独立して担税力を有するわけではない。法人の所得は株主のものであり，法人の段階で支払った法人所得税は，株主に帰属する法人所得に対する個人所得税の法人所得税という形での**前払い**にすぎない。法人所得税の存在は，**徴税機構**としての機能をはじめとしたさまざまな役割のゆえに容認するとしても，法人所得税と個人所得税の両税の課税は，同じ法人所得に対する**二重課税**を構成する。したがって，二重課税を調整する必要が生じる。

法人所得税の廃止

　法人擬制説の明確な帰結は，法人所得税を廃止して，すべての法人所得を株主に帰属させたうえで，個人の段階で他の所得と一緒に個人所得税を課税することである。既存の法人所得税を存続させるとしても，株主に帰属する法人所得に対する**源泉徴収**の意義しかない。アメリカでは1999年に財務省が新制度を導入して以来，多くの法人は**通過企業**と指定され，法人所得税を支払わず，法人所得の全額を株主への支払いに回すようになった。このことにより法人所得税と個人所得税の二重課税は回避され，帰属所得全額が個人の段階で個人所得税を課税されることになる。この処置を受ける法人は，内国歳入法第1章S節の規定に従って課税されるから**S法人**と呼ばれるが，同じ処置を受ける法人が増加している。法人所得税の転嫁がなければ，法人所得税と個人所得税の調整における完全インピュテーション方式のもとでも，同じ結果がもたらされる。

法人所得税と個人所得税の二重課税制度のもとでの租税負担

　現行制度である個人所得税と法人所得税とを存続させながら，法人所得に対する法人所得税と個人所得税との二重課税を回避する方法として，いくつかの方法が提唱されている。ある個人株主に帰属する法人所得額をπ，法人所得税率をt_c，個人所得税率をt_pとする。配当性向をαとすると，法人は法人所得税の税引後所得$\pi(1-t_c)$のうちの一部$\alpha\pi(1-t_c)$を配当として株主に支払い，$(1-\alpha)\pi(1-t_c)$を社内に留保する。個人の段階で他の所得と合算して配当にも個人所得税率t_pで総合課税する制度のもとでは，配当所得に対して**二重課税**が生じる。法人段階で支払った法人所得税に，配当所得に対する個人所得税が追加されるから，株主の**帰属法人所得**πに対する合計税額は以下のようになる。

$$\pi \times t_c + \alpha\pi(1-t_c) \times t_p$$

まず法人所得税$\pi \times t_c$が，法人を納税義務者として課税される。次に個人の段階では，法人所得税の税引後所得に配当性向を乗じた額$\alpha\pi(1-t_c)$が，配当として個人株主に支払われる。この**支払配当**に対して，個人所得税率t_pで$\alpha\pi(1-t_c) \times t_p$の個人所得税が課税される。

高所得者にとっては節税，低所得者にとっては追加税

重要な点は，法人所得税は基本的に**比例税**であるのに，個人所得税は**累進税**であることである。設例として，帰属法人所得 $\pi=10000$ 円，法人所得税率 $t_c=30\%$，配当性向 $\alpha=40\%$ とすると，低所得者で個人所得税率が $t_p=10\%$（わが国の現行制度では，国の所得税 5 %，道府県民税所得割 2 %，市町村民税 3 %）が適用される株主の支払う法人所得税と個人所得税の合計税額は，

$$10{,}000\times 0.3+10{,}000\times 0.4\times(1-0.3)\times 0.10=3{,}280$$

となる。他方，最高限界税率を 55 %（国の所得税 40 %，道府県民税所得割 3 %，市町村民税所得割 12 %）とすると，この限界税率で課税される高所得者の株主が支払う合計税額は次のようになる。

$$10{,}000\times 0.3+10{,}000\times 0.4\times(1-0.3)\times 0.55=4{,}540$$

このように低所得者と高所得者は，法人所得税については同じ税率で課税され，個人所得税は累進税率が適用され，異なる限界税率で課税される。地方の個人住民税所得割の税率は，2007（平成 19）年から道府県 4 %，市町村 6 %の比例税率となったが，問題の本質は変わらない。

アメリカのS法人のように法人所得をすべて個人の株主に帰属させ，個人所得税のみが帰属法人所得額全額に対して課税される場合には，**低所得者**は $10{,}000\times 0.10=1{,}000$ 円の税を，高所得者は $10{,}000\times 0.55=5{,}500$ 円を支払う。したがって，法人所得全額が株主に帰属され個人所得税を総合課税された場合と比較すると，低所得者は法人所得税と個人所得税の二重課税により 2,280（$=3{,}280-1{,}000$）円の追加的負担をする。低所得の高齢者が退職後の追加的所得を得るために株式を保有する場合には，法人所得税の存在は，このような**追加的な租税負担**を課することになる。

他方，**高所得者**にとっては，法人所得税と個人所得税の二重課税による追加負担はマイナス 960（$4{,}540-5{,}500$）円となり，二重課税は追加負担どころか 960 円の節税をもたらす。すなわち，配当所得に対して個人所得税を課税され，形式上は法人所得税との二重課税を形成するにもかかわらず，法人所得税が課税され，帰属法人所得全額 π ではなく，配当部分 $\alpha\pi(1-t_c)$ のみに個人所得税を課税されることは，高所得者にとっては全体としての租税

負担を軽減するのである。

法人所得の個人間分配状態

第15章「ストック課税と富裕税」の表15‐3「家計貸借対照表における家計資産の構成比」に示されるように，多くの国において金融資産は総資産のうち高い比率を占めており，金融資産の中では株式の形体での保有比率がかなりの水準にある。わが国においては，総資産の50％は金融資産の形で保有され，金融資産の中で株式の形体での保有比率は16％に上っている。

所得階級別に誰が株式を保有しているかをみると，図12‐1の示すように，合計所得階級ごとに，1人当たり合計所得額に対する1人当たり配当所得額の比率を算出してグラフを描くと，**U字型**を示す。合計所得階級の所得帯の数値は図12‐1には表示しにくいので，表12‐1に図12‐1の横軸にとった所得階級の数値に対応する所得帯の金額と，それぞれの所得階級に対する1人当たり配当所得の1人当たり合計所得に対する比率を示してある。

確かに高所得者に対しては1人当たり合計所得に対する1人当たり配当所得の比率は高く，合計所得が5,000万円超の高所得者にとっては16.0％にのぼる。他方，最低所得階級である第1所得階級に対するこの比率は18.9％であり，最高所得階級に対する比率よりも高い。退職して年金生活をする低所得者が，退職後の追加所得の稼得手段として金融資産の株式を保有しているのである。合計所得額が500万円から1,000万円くらいの所得階級に属する人びとに対するこの比率が一番低いが，現役の勤労世代に属し，主として勤労所得から所得を稼得している人びとである。

このように法人擬制説に基づいて，法人の所得とそれに対する法人所得税を個人株主に帰属させるならば，低所得者の負担比率が高く，垂直的公平の原則に反する逆進的な税であることがわかる。法人所得税があまり抵抗なくひろく受け入れられている理由は，誰が実際に負担しているか一般国民に知られていないからである。「税は大法人から取るべきだ」と主張されるが，法人所得税は**財政錯覚**を利用した課税の典型であり，納税者たちはだれも自分が法人所得税を負担していると意識してはいない。

図 12-1　所得階級別配当所得の合計所得に対する比率

（単位：％）

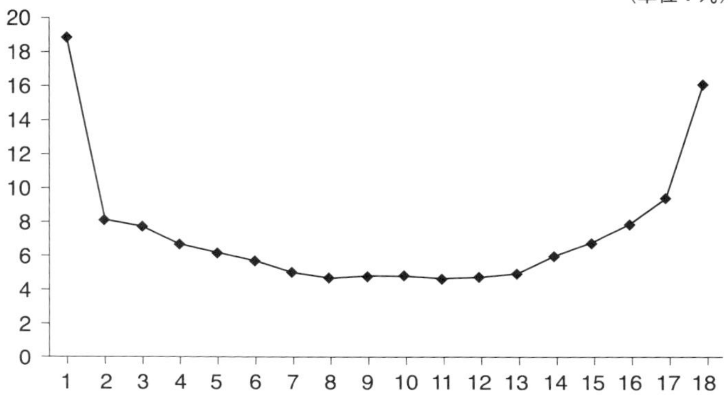

資料：国税庁『平成17年度　税務統計からみた申告所得税の実態』，「第2表　所得種類別表」より作成。

表 12-1　所得階級番号と所得階級の対応および比率

所得階級番号	所得帯	比率(％)	所得階級番号	所得帯	比率(％)
1	70万円 以下	18.9	10	700万円 〃	4.8
2	100万円 〃	8.1	11	800万円 〃	4.6
3	150万円 〃	7.8	12	1,000万円 〃	4.7
4	200万円 〃	6.7	13	1,200万円 〃	4.9
5	250万円 〃	6.2	14	1,500万円 〃	5.9
6	300万円 〃	5.7	15	2,000万円 〃	6.7
7	400万円 〃	5.0	16	3,000万円 〃	7.8
8	500万円 〃	4.6	17	5,000万円 〃	9.2
9	600万円 〃	4.7	18	5,000万円 超	16.0

完全インピュテーション（帰属計算）

　完全インピュテーション方式のもとでは，**帰属法人所得**を全額個人段階で課税し，法人所得税はその前払いとして税額控除する。法人所得額全体を株主に帰属させて個人所得税を計算する場合には，帰属法人所得全額 π が他の個人所得と一緒に個人所得税率 t_p で課税され，個人所得税額 $\pi \times t_p$ が算出される。個人株主はすでに法人所得税の形で個人所得税の前払いとして

$\pi \times t_c$ を支払ってあるから，**帰属法人所得税額** を帰属法人所得に対する個人所得税から税額控除して，株主は個人所得税として $\pi(t_p - t_c)$ を政府に支払うこととなる。前節と同じ数値例を用いれば，限界税率が 10％の低所得者は $10{,}000(0.1-0.3) = -2{,}000$ 円となり，法人所得税の形で個人所得税を払いすぎであるから，政府から 2,000 円の還付を受ける。他方，限界税率が 55％の高所得者は法人所得税のみでは不十分であり，$10{,}000(0.55-0.3) = 2{,}500$ 円の税額を追加支払いしなければならない。

　帰属法人所得に対する法人所得税と個人所得税との二重課税は解消し，株主は帰属法人所得 π に対して，他の所得と一緒に総合課税された個人所得税を全額支払うことになる。法人所得税が転嫁されずにすべて株主が負担するならば，完全インピュテーション制度のもとでは，法人所得税が個人所得税と併存しても，法人所得税を廃止し，法人所得全額 π を株主に帰属させて個人所得税を課税するのと同じ結果が得られる。

部分的インピュテーション

　法人擬制説によれば社内留保の部分も含めたすべての法人所得が株主のものであるが，**社内留保** の部分は配当のように現実に所得として個人株主に分配されていないから，個人所得であるという実感に乏しい。そこで配当の部分についてのみ帰属法人所得を計算し，法人所得税との二重課税を排除して，個人所得税のみを課税しようとするのが，部分的インピュテーションの考え方である。

　実際に分配された配当所得は $\alpha\pi(1-t_c)$ であるが，法人所得税課税前の帰属配当額は $\alpha \times \pi$ であり，この**帰属配当所得** に対して個人所得税率 t_p が適用され，個人所得税額 $\alpha \times \pi \times t_p$ が算出される。法人段階で配当部分について支払われた法人所得税 $\alpha \times \pi \times t_c$ は，配当部分に対する個人所得税の前払いであるから，前払額を税額控除して，株主は個人所得税の段階で $\alpha \times \pi (t_p - t_c)$ を支払う。帰属法人所得全額ではなく，配当された部分についてのみ帰属計算して個人所得税を支払うから，部分的インピュテーション方式と呼ばれる。個人株主は法人段階で $\pi \times \alpha \times t_c$，個人段階で $\pi \times \alpha(t_p - t_c)$ を支払うから，合計 $\alpha \times \pi \times t_c + \alpha \times \pi(t_p - t_c) = \alpha \times \pi \times t_p$ となり，配当部分につ

いてのみ，個人所得税だけを支払ったことになる。

　イギリスにおいて1973年から99年の期間中には，分配された配当に対してのみインピュテーション方式が適用され，配当部分にかかる法人段階での法人税を前払法人税として，個人所得税から税額控除を認めていた。法人はこの**前払法人税**を法人所得税の納税義務額から税額控除して，内部留保の部分についてのみ法人所得税を支払った。

12 – 5　フラット・タックスと企業税

企業フラット・タックス

　既存の法人所得税と個人所得税を，フラット・タックスでは，企業税と労働報酬税で代替する。法人企業とあらゆる種類の非法人企業に生じる賃貸所得と収益が，**企業税の課税標準**に含まれる。企業税には企業の所有者に支払われる利子，配当，その他の支払いの控除を認めないから，個人が企業から受け取る労働報酬を除く他のすべての所得は，すでに企業段階で課税済みであり，個人段階でふたたび課税されることはない。同じ原則は資本利得（キャピタル・ゲイン）にも適用され，企業税は源泉徴収の役割を果たす。企業税の課税標準は，企業の収入総額から財・サービスの購入額と従業員に対する労働報酬を支払った差額である。投資に対する多数の租税優遇措置は廃止される。また，**投資**は初年度に**全額経費控除**されるが，この措置により物価変動に起因するあらゆる問題が解消される。

　フラット・タックスにおいては，個人用の申告書のように，企業用の申告書もきわめて簡単である。大企業も中小企業も，同じ規則に従って申告する。合名会社，個人業種，法人等の**企業種類**別に異なる申告書を提出する必要はなく，すべて同じ申告書を提出する。また，アメリカの企業も外国の企業もアメリカで操業するすべての企業は，アメリカ国内で稼得する所得に対して課税される。すべての企業はまず１行目に売上高を記入する。２行目と３行目には，支払労働報酬額，原材料や中間財・サービスの仕入額や投資額を記入する。投資額は耐用年数にわたる減価償却額ではなく，初年度に全額が費用として扱われる。これらの費用は売上高から控除され，課税所得が計算さ

れ4行目に記入される。5行目には税額が記入される。6行目から10行目までには，過去の事業年度から繰り越した損失，本年度の課税所得から相殺する余地があるか，本年度の損失や次年度への損失の繰越しなどが申告される。

12-6 USA税と企業消費税

法人と非法人のすべての企業に課税

　個人消費税に加えた，USA税のもう1つの構成要素は，企業消費税である。控除法による付加価値税に一致し，現行法人所得税に代替するのみならず，法人だけでなく合名会社，自営業者まですべての企業を平等に扱うことにより，従来のような**法人部門と非法人部門との差別扱い**が消滅する。法人所得税は法人企業のみに課税される部分税であり，法人所得税の課税により資本が非法人部門に逃避するという調整の余地があったが，USA企業消費税のもとでは，非法人も含めたすべての企業に同一の税率で課税されるから，そのような誘因も調整の余地も生じない。

　最終的な租税負担者は個人であり，企業は自然人から独立した実在ではないから，規模により担税力に格差があるわけではない。したがって，累進税率を適用する根拠はなく，大法人と中小企業間の差別的扱いは解消し，すべての企業は平等に扱われる。現行法人所得税は**借入資本**に対する利子支払いは経費控除し，**持分資本**（自己資本）に対する支払配当の経費控除は認めないという差別的措置のゆえに，法人の資金調達における歪曲効果を与えてきたが，USA企業消費税においてはこの種の差別は消滅する。**資金調達**において，株式の発行による自己資本の調達も借入資本の利用も，平等な条件のもとで行われる。また，現行法人所得税においては，特定産業や特定の投資対象に対し，優遇的な加速度償却や割増償却を認めることにより，産業間や投資対象間に差別待遇することが一般的であったが，USA企業消費税においては，すべての投資を初年度に経費控除することにより，このような差別的扱いを消滅させる。

企業消費税の課税標準

　すべての企業は，他の企業から購入した財・サービスの金額を売上高から控除した額に課税される。重要な点は，**資本財**に対する支出額を，現行所得税における減価償却のように多年度にわたり分割控除するのではなく，初年度に全額控除できることである。したがって，課税標準は付加価値から投資を差し引いた額となり，この額は消費に対応するから消費に対する課税となり，最終的には自然人の消費者が負担すると想定される。USA 企業消費税は基本的に消費型付加価値税であるが，EU の付加価値税のようにインボイスを用いた前段階税額控除方式ではない。EU 諸国では付加価値税の前身は取引高税であったから，各段階で売上高に課税し，前段階の税額を税額控除する方式が自然な発展であるが，USA 税の企業消費税は法人所得税に代替するものであり，売上高から各種経費を控除した差額に課税するという形式をとる**控除方式の付加価値税**の方が，自然な発展であるとされる。個人消費税には累進税率を適用するが，企業消費税は 11 ％の単一税率が適用される比例税である。

　個人に従業員負担の給与税（社会保障拠出金）の税額控除が認められるように，企業には雇用者負担の**給与税の税額控除**が認められる。これにより企業消費税の納税義務額と雇用者負担の給与税の合計租税負担額が，売上高マイナス仕入額で表される課税標準の 11 ％に対応するから，現行の法人所得税と社会保障拠出金である雇用者負担の給与税を廃止して，企業消費税に代替したことと等価である。

　表 12-2 には USA 税の企業消費税と現行法人所得税とを比較してあるが，USA 税の企業消費税は，いくつか他の面においても現行法人所得税と異なっている。第 1 に金融機関を除く一般企業に対しては**金融取引**が無視されるから，受取利子や受取配当はキャッシュ・インフローから除かれるとともに，支払利子や支払配当はキャッシュ・アウトフローからも除かれる。したがって，利子と配当との差別的取扱いはなくなり，借入れという資金調達方法に対する税制上の優遇効果が消滅する。キャッシュフローが課税標準の計算に用いられるから，複雑な発生主義会計は不必要となる。課税は**現地主義**に基づいたものになり，国内で生産されたもののみが課税対象となるから，外国

第12章 企業課税：法人所得税と企業消費税　171

表12-2　USA企業消費税と現行法人所得税との比較

項　目	USA企業消費税	現行法人所得税
税率	11%	35%
プラントおよび設備投資	経費扱い	減価償却
輸出向け販売	除外，非課税	一般的に包含，課税
外国市場で直接競争している財	非課税	課税
資本の使用に対して支払われる配当	非控除	非控除
借入資本の使用に対して支払われる利子	非控除	控除
従業員に対して支払われる賃金・給与	非控除	控除
雇用者による給与税の支払い	あり	あり
雇用者による給与税支払いの税額控除	全額税額控除	税額控除なし

で操業する子会社の財について計算する複雑性は除去される。また輸出は非課税となり輸入は課税されるから，国境での調整が可能となる。

　フラット・タックスとは異なり，**労働報酬**に対しては，個人消費税と企業消費税が二重課税されることになる。企業消費税の課税標準には労働報酬も含まれるから，現行の法人所得税の課税標準である法人所得（利潤）よりもずっと大きくなり，法人所得税のもとでは赤字法人として課税を免れる企業も租税を支払うようになる。わが国でも長引く不況と財政難の中で都道府県が事業税の外形課税化を要求していたが，USA企業消費税は，事業税の所得課税を付加価値という課税標準に代替して**外形課税化**することに対応する。

12-7　超過課税と法人重課

法人課税とアカウンタビリティの原則

　アカウンタビリティの原則は財政運営においてきわめて重要な原則であるが，「自分のカネを自分のために使う」状況において，アカウンタビリティはもっともよく充足される。公共部門においては基本的に「他人のカネを他人のために使う」のが現実であるが，アカウンタビリティの原則が有効であるためには，できるだけ受益者と負担者が一致する必要がある。民主主義においては，国民や住民は選挙をつうじて選好を表明するが，資源の希少性の支配する現実の世界における**合理的な選択**のためには，**負担と便益の比較考**

このアカウンタビリティの原則との関係において，法人課税は深刻な問題を抱えている。イギリスの伝統的地方税であったレイト廃止の理由の1つが，法人の支払う商工業資産への課税に負担が偏重し，自然人の納税者の負担する住居資産にたいする負担の比率が，各種優遇措置により大幅に低下したことであった。この事実は選挙民が負担と便益を比較考量して合理的選択を行うという，アカウンタビリティの原則を著しく損なう。わが国においても地方税の**超過課税**の実態をみれば，選挙権を行使する自然人の納税者への課税を回避し，選挙権をもたない法人への課税を偏重する傾向は歴然としている。

租税公課として企業経理において損金扱いされる税はいうまでもなく，経理上は損金扱いできない国の法人税，法人住民税法人税割などの法人所得税さえも**転嫁の可能性**が高い。しかし，法人所得税の真の負担者については不明確な面も多く，誰も自分が最終負担者であることを明確に意識していないから抵抗も少なく，社会的に黙認されているのが現実である。低所得者の味方を自任する野党政治家やマスコミも，法人所得税をだれが究極的に負担するかは一切論じることなく，低所得者の租税負担を軽減し大法人に増税すべきことを声高に主張する。法人課税は，だれもが自分は負担していないという納税者の**財政錯覚**を利用しており，アカウンタビリティを低下させている。

法人課税と個人課税のリンク

法人ねらい打ちの傾向は，わが国の地方税の**超過課税**の実態をみれば明らかであるが，この傾向はわが国のみでなく全世界に普遍的なものである。財政錯覚を利用した法人の重課を回避しアカウンタビリティを高めるための1つの制度的工夫は，法人に対する税の税率と個人に対する税の税率をリンクすることである。フランスの地方税について，事業用資産や年間支払給与を課税標準とする典型的な企業税である職業税の税率引上げの条件として，個人の住民が直接負担する住居税の税率の同時引上げを要請した理由は，両税の税率変更を結びつけることにより**法人への重課**を回避し，アカウンタビリティを向上させるためであった。個人課税と法人課税の税率変更をリンクすることにより，政治家は法人税率を引き上げるには同時に個人税率も引き上

げざるをえないから，大衆民主主義のもとで普遍的な傾向である**法人のねらい打ち**が有効に阻止される。

12 – *8*　わが国の法人税

法人の種類および課税の範囲

　内国法人とは，国内に本店または主たる事業所を有する法人である。公共法人は国際協力銀行，地方公共団体，国立大学法人，地方道路公社，日本放送協会などであり，法人税の納税義務を有しない。公益法人等は小型自動車競走会，社会福祉法人，宗教法人，学校法人，商工会議所，農業共済組合などであり，収益事業から生じた所得についてのみ課税される。協同組合等とは農業協同組合，漁業協同組合，労働金庫，信用金庫，森林組合などの法人であり，課税の範囲について特例はないが，普通法人に比べ適用される税率が低い。人格のない社団等については，収益事業から生じた所得についてのみ課税される。上記以外の法人は**普通法人**と呼ばれ，課税の範囲について特例はない。

　外国法人は内国法人以外の法人であり，日本国内に源泉のある所得について課税される。

法人税率

　各事業年度の所得に対する税率は，普通法人に対する**基本税率**が30％，中小法人の**軽減税率**が22％，協同組合等22％（26％），公益法人等22％である。協同組合等の26％の税率は，特定の協同組合等の所得のうち10億円を超える分のものである。法人税は清算所得に対しても課されるが，解散または合併をした場合には，普通法人に対しては27.1％，協同組合等には20.5％が適用される。

12 – *9*　グローバル化と法人税率引下げ競争

　グローバル化に対応した近年の世界的傾向に合わせて，法人所得税率は大

幅に低下してきている。わが国の法人税の各事業年度の所得に対する基本税率の例を取り上げると，1990（平成2）年の37.5％から，98年の34.5％へ，さらに99年以後に適用される30％へと低下している。この傾向は世界共通であり，表20‐2「法人所得税最高税率の変遷」は，OECD諸国の1986年から2000年までの期間中における**最高法人所得税率**の変遷を示しているが，デンマーク（18ポイント），アイスランド（21ポイント），アイルランド（26ポイント），スウェーデン（24ポイント）などが最高税率を大幅に引き下げた国々である。OECD諸国全体でも，9ポイントも低下している。グローバル化の進展とともに**租税競争**が熾烈化し，自国に外国直接投資をはじめとした企業を誘致するために，租税負担を引き下げようとしている。この期間中にわたって税率が上昇した国はオーストリアとイタリアとメキシコであるが，オーストリアは34％，イタリアは37％，メキシコは35％と，上昇した後でもそれほど高いものではない。

第 13 章　一般消費税：小売税と付加価値税

13 - 1　消費課税の傾向

OECD 諸国における一般消費税

表 13 - 1 は，OECD 諸国全体の税収総額に占める各種税収の比率の変遷を示している。1965 年には一般消費税の比率は 14 ％にすぎなかったが，しだいにその比率は上昇し，2004 年には 19 ％に達している。のちに詳しく論じる**付加価値税**が EU 諸国の共通税として採用されているのみならず，OECD 諸国においてもほとんどの諸国が付加価値税を導入し，主要税として多額の税収を調達しているのがその大きな理由である。

他方，**個別消費税**は 1965 年には 24 ％もの比率を占めていたのに，2004 年には 11 ％にまで低下した。酒税，たばこ税，揮発油税などの重要な個別消費税は存続しているが，個別消費税については第 14 章において取り上げる。一般消費税と個別消費税だけを比較すると，1965 年には一般消費税は個別消費税の 0.58 倍にすぎなかったのに，2004 年には 1.73 倍にまで増大した。

13 - 2　売上税の種類

課税の範囲

第 3 章「経済循環と各種租税」において明らかにしたように，究極の税源

表 13-1　OECD 諸国における一般消費税の傾向　(単位:％)

	1965 年	1975 年	1985 年	1995 年	2004 年
個人所得税	26	30	30	27	25
法人所得税	9	8	8	8	10
社会保障拠出金	18	22	22	25	26
従業員負担	6	7	7	8	9
雇用者負担	10	14	14	14	15
給与税	1	1	1	1	1
財産税	8	6	5	6	6
一般消費税	14	14	16	18	19
個別消費税	24	18	16	13	11
その他税	1	1	1	3	3
税収総額	100	100	100	100	100

資料：OECD, *Revenue Statistics 2005*, p. 22, Table C Tax Structures in OECD Areas.

は経済の年々の純生産であるが，純生産は生産に寄与した生産要素に分配されて所得を形成する。さらに所得は消費や投資として支出されるから生産，所得，支出は経済循環の別の段階でとらえた同じフローの経済量にすぎない。世界各国において，多くの税が支出段階において課され，**売上税**として分類されている。表13-2には，さまざまの売上税が示されているが，まず支出対象が消費財のみか，消費財と資本財の両財か，全取引かという課税範囲を基準にして分類することができる。さらに，消費財のみに課税する場合にも，すべての消費財に一般的に課税されるのか，特定の消費財にのみ選択的に課税されるのかの区別がなされる。

単段階課税

　また売上税は，さまざまな**生産段階**のうち，いずれかの単段階において課税するのか，多段階において課税するのかにより分類される。消費財一般に対する単段階の課税段階として小売段階1，卸売段階2，製造段階3を選択できる。また，一部の消費財に選択的に小売段階5，卸売段階6，製造段階7において課税することもできる。消費財のみならず投資財にも課税する包括的な売上税の場合にも，小売段階9，卸売段階10，製造段階11の選択肢

第 13 章　一般消費税：小売税と付加価値税　177

表 13-2　売上税の分類

段　階	消　費　財		消費財と資本財	全取引
	一般的	選択的		
単段階				
小売段階	1	5	9	
卸売段階	2	6	10	
製造段階	3	7	11	
多段階				
付加価値	4	8	12	
取引高				13

資料：Richard A. Musgrave & Peggy B. Musgrave, *Public Finance in Theory and Practice*, 4 th ed., McGraw-Hill, 1984, p. 435 の"Types of Sales Taxes"より作成。

がある。アメリカの州税として一般的な**小売税**は，消費一般に対して小売段階 1 で課税する一般消費税である。わが国の酒税やたばこ税は，一部消費財に対して製造段階という単段階で課税されるから 7 の場合に対応する。

多段階課税

多段階売上税はさまざまな生産段階で課税されるが，各生産段階の**付加価値**に課税するのか，前段階からの中間財の仕入額を控除することなく**取引高**（売上高）全体 13 に課税するのかにより分類される。取引高税は付加価値税を導入する前にフランスやドイツを含む EU 諸国で一般的であった租税であり，前段階から仕入れた中間財の価値も含むから，課税標準が GNP の数倍にもなり，低い税率でも多額の税収を徴収できるが，いくつかの深刻な欠陥を有する税であった。わが国でも 1948（昭和 23）年に取引高税が創設され，主食，味噌，醬油，家賃，入浴料を除く取引高に 1％の税率で課税され，取引高税印紙で納入されたが 1 年で廃止された。

消費型・NNP 型・GNP 型付加価値税

付加価値税は課税標準の範囲の基準により，消費財一般 4，消費財の一部

8，消費財と資本財の両方12に分類できる。また，資本財が減価償却を含んだ粗投資の場合にはGNP（国民総生産）型の付加価値税となるし，減価償却を控除した純投資のみの場合にはNNP（国民純生産）型の付加価値税となる。しかし，**減価償却**は生産費の一部であるから，生産基盤を損ないかねないGNP型の付加価値税は排除される。また，減価償却を控除した純投資の場合でも，経済の最終目的は消費であり，投資はあくまで迂回生産にしかすぎないから，投資には課税しない**消費型の付加価値税**が望ましい。消費型の付加価値税の場合には，プラントや設備機器のような投資財（資本財）は，生産への他の投入物の経費扱いと同様に，仕入時点で全額控除されるから，課税標準は消費だけとなる。

　第10章「所得課税から消費課税へ」においてより相応しい課税標準は所得か消費かを検討したが，OECD 30カ国中でアメリカを除く29カ国はすべて消費型の付加価値税を導入しており，直接税の個人消費税に先立って，間接税の一般消費税である小売税や消費型付加価値税の形態で，すでに消費課税を実施している。

13-3 単段階一般消費税の小売売上税

アメリカの州税と地方税

　小売売上税は，消費者による最終消費に対して企業が徴収する。アメリカの45の州と多数の地方政府により課税されており，アメリカ人にはおなじみの税である。小売売上税は価格と小売税額が別表示される**外税方式**で課税されており，納税者により明確に意識されるのだが，アメリカの消費者は現行水準の小売売上税を受け入れており，個人所得税に対するような不満を抱いていない。また，正確な納税義務額を支払うためにかかる遵法費用は，個人所得税のようには高くない。

中間財課税と脱税問題

　小売消費税の課税において，多くの財・サービスが**非課税扱い**を受けている。低所得者の負担を軽減するために，食料品，医療，住宅のような必需品

表13-3 取引高(売上高)と付加価値

生産段階	(1)売上高	(2)中間財価値	(3)付加価値
小　麦	24	0	24
小麦粉	33	24	9
パン生地	60	33	27
配達されたパン	90	60	30
合計額	207	117	90

は非課税扱いされる。また，最終消費ではなく，企業間の原材料や中間財の取引にも一部課税されているが，次に取り上げる取引高税と類似の生産費への課税となり，税の累積が生じる。

脱税問題は小売売上税のアキレス腱であり，税率が高まると加速度的に深刻化する。現在は州や市町村が小売売上税を課税しているが，連邦小売売上税を創設すると，その最大の問題は，小売店が遵法に協力しないことにある。連邦個人所得税に代替するには20％くらいの税率が必要であるが，ほとんどの税務行政担当者は，脱税問題を考えると，多数の企業からなる部門に課税するには10％か12％の税率が限界であると判断する。

13-4　多段階売上税

課税標準としての取引高

表13-2では取引高税はケース13にあたり，すべての取引高を課税標準として，生産段階の多段階において課税される。表13-3には，サムエルソンの『経済学』で例証に使用されている，原料の小麦から最終製品の配達されたパンまでの，それぞれの生産段階における**取引高**（売上高）と付加価値を示してある。各生産段階の売上高は小麦24，小麦粉33，パン生地60，配達されたパン90であり，各段階の売上高を合計すると207になる。しかし，各生産段階の売上高には前段階から仕入れた原材料の価値が入っているから，この合計額は各生産段階において付加された価値の合計額を，**二重計算**により過大評価している。小麦粉の売上高は33ではあるが，小麦粉の生産段階

表 13-4 取引高税(5%)の各生産段階での取引高税額

生産段階	(1) 課税前売上高	(2) 付加価値	(3) 取引高税 5%	(4) 税込売上高
小　麦	24.00	24.00	1.20	25.20
小麦粉	34.20	9.00	1.71	35.91
パン生地	62.91	27.00	3.15	66.06
配達されたパン	96.06	30.00	4.80	100.86
合計額	217.17	90.00	10.86	228.02

における付加価値は9にすぎず，33のうち24は，原料として仕入れて使用した小麦の価値である。

各生産段階における取引高税

　各生産段階において取引高（売上高）を課税標準として課税する税は取引高税と呼ばれ，EUの付加価値税の前身であった。各生産段階の売上高は前段階の生産物の価値を含んでおり，表13-3の設例では，付加価値の合計が90であるのに，この二重計算のゆえに，取引高（売上高）の合計は207で，付加価値の合計額の2.3倍も大きい。経済全体の取引高額は，付加価値の合計であるGNPの数倍にのぼる巨大な課税標準であるから，低い税率でも多額の税収を上げることができる。この設例の数値では，5％取引高税収と同じ税収を付加価値税で徴収するには，12.06475％の付加価値税率を要する。

　表13-3と同じ数値を用いて，5％の税率の取引高税を課税した場合の各生産段階で支払う取引高税額を，表13-4に算出してある。第(1)列には，各生産段階における課税前売上高が算出されている。第(2)列には各生産段階における付加価値額が示されている。小麦生産の段階では課税前売上高は24であるが，この課税標準に対して5％の取引高税を課税すると，第(3)列に算出されているように，小麦段階の取引高税は1.2（＝24×0.05）となる。**完全前方転嫁**を想定し，この取引高税を課税前売上高に加えた税込売上高が第(4)列に算出されているが，小麦段階では25.2（＝24＋1.2）で，次の生産段階の小麦粉の生産者に販売される。次の小麦粉の生産段階では，小麦の生産段階から仕入れた**税込中間財価値**25.2に，第(2)欄に示された付加価値9

を加えた課税前売上額34.2に取引高税率5％を乗じた取引高税1.71を支払い、次のパン生地段階に35.91で販売する。同様に最後の配達されたパンの段階では、パン生地段階の取引高税を含む仕入額66.06に付加価値30を加えた課税前売上高96.06に対して5％の税率で課税され、取引高税4.8が支払われる。最終消費者には、この取引高税を上乗せした100.86（＝96.06＋4.8）で販売される。

取引高税の累積と企業の垂直的統合

各段階で支払う取引高に5％の税率を適用して計算した取引高税の合計額は、10.86となる。この額は表13－3の第(1)列に示された全生産段階の合計売上高207に同じ取引高税率5％を乗じた取引高税額10.35よりも多額となるが、その理由は前段階で支払った取引高税が中間財の仕入額に含まれ、それに付加価値を加算した額が取引高税の課税標準となり課税されるからである。このように税に税が課されることを **税の累積**（cascade）と呼び、取引高税の大きな欠点となっている。

取引高税はすべての生産段階の取引高（売上高）に対して課税されるから、他の企業との取引回数が少ない方が税負担を軽減できる。すべての生産段階を統合した企業と独立企業との間に、税負担額と最終財の販売額において格差が生まれるから、企業の **垂直的統合** の誘因を与える。生産段階をすべて垂直的に統合した企業は、最終生産段階の配達されたパンの売上高90に税率5％を乗じた4.5の税額のみを負担し、94.5（＝90＋4.5）で最終消費者に販売できる。他方、すべての生産段階が独立の企業の場合には、取引高税が累積するから、配達されたパンの生産段階の税込売上高は100.86となり、完全に垂直的統合した企業よりも6.36（100.86－94.5）も高い価格で販売しなければならないから、競争においてきわめて不利である。このような垂直的統合は、経済的効率性の改善のためではなく、単に **節税** のために実施されるから、経済にとって好ましくない租税の歪曲効果である。

表 13-5 付加価値税

生産段階	(1) 売上高	(2) 算出税額	(3) 付加価値	(4) 付加価値税
小　麦	24	2.90	24	2.90
小麦粉	33	3.98	9	1.08
パン生地	60	7.24	27	3.26
配達されたパン	90	10.86	30	3.62
合計額	207		90	10.86

13-5 付加価値税

各生産段階における付加価値税額

　取引高税に代替した付加価値税には，租税の累積も垂直的統合を促す歪曲効果も存在しない。表13-3と同じ数値例を用いて，付加価値税がどのように課税されるかを示そう。異なる2つの税を比較するときに，税収が等しくなければ公平な比較とならない。同額の税収を前提にして異なる2つの税を比較する手法を**差別税の手法**と呼ぶが，表13-4で例示した取引高税の税収と同額の10.86を徴収できるように，逆算して付加価値税の税率を12.06475％（＝10.86÷90）に設定する。表の第(2)列と第(4)列の数値はExcelで計算した小数点以下17桁の値を，四捨五入した値であるから，表の数値を直接加減乗除して計算した値とは異なる。

　表13-5の第(3)列には各生産段階の付加価値額を表示してあるから，直接この付加価値額に税率を適用して，各生産段階の支払う付加価値税額を計算することができる。表13-5では第(3)列の各段階の付加価値額に12.06475％の付加価値税率を乗じた各生産段階における付加価値税額が第(4)列に算出されている。各段階の付加価値税額の合計額は10.86となり，取引高税のように税に税が課されるという税の累積がないから，付加価値の合計額90に税率12.06475％を乗じて計算した額10.86と等しい。

　EU諸国をはじめ多くの付加価値税導入国では，各生産段階で売上高に税率を乗じて税額を算出し，前段階からの仕入額に対して支払われた税額を税

額控除する，**前段階税額控除方式** が一般的である。第(1)列の売上高に税率 12.06475 % を乗じて算出した額を第(2)列に算出税額として示してある。小麦の段階では算出税額は，売上高 24 に税率を乗じた 2.90 となり，この生産段階では前段階からの中間財の仕入れがないから，そのまま付加価値税額となる。小麦粉の段階では売上高 33 に税率を乗じて **売上高に係る税額** が 3.98 となり，この額から前段階の小麦業者に支払った **仕入れに係る税額** 2.90 を税額控除した付加価値税額 1.09 が，小麦粉の生産者により政府に納付される。同様に，最終生産段階である配達されたパンの課税前売上高 90 に対して税率を乗じて算出した売上げに係る税額 10.86 から，前段階の算出税額 7.24 を税額控除した 3.62 が，配達されたパンの段階の付加価値税額となる。

　付加価値税は各生産段階で政府に納付されるが，すべての付加価値税は前方に完全に転嫁されて，最終的には消費者により負担されるように想定され制度設計されている。各生産段階で支払った付加価値税は，売上高と一緒に次の生産段階から徴収される。例えば，小麦粉の生産者は小麦粉の価値である 33 とともに，小麦粉の売上高に対する税額 3.98 も，小麦粉を仕入れる次の生産段階であるパン生地の生産者から徴収する。そのうち 2.90 は小麦を仕入れた時点で小麦の仕入額 24 と一緒に支払った付加価値税であり，残りの 1.09 は小麦粉の生産段階の付加価値税として政府に納付した額である。このように各生産段階の売上高に係る税額は，次の生産段階の生産者から売上高とともに回収されるから，形式的には各段階で政府に付加価値税を納付しているにもかかわらず，実質的にはまったく負担しておらず，各生産段階の付加価値税は **前方転嫁** され，すべて **最終消費者の負担** となる。消費型付加価値税が，多段階において企業に課税されているにもかかわらず，**一般消費税** に分類されるゆえんである。設例の数値を用いれば，各段階で支払った付加価値税合計額 10.86 は，最終財の配達されたパンの価値 90 とともに最終消費者から徴収されるので，消費者は合計 100.86 を支払うことになる。

国境における税調整

　第 20 章「国際課税」で詳細に論じるが，現代の経済はグローバル化しており，貿易量はきわめて大きい。パン生産のいずれかの段階で，フランスか

らドイツに輸出されたと想定しよう。輸入国のドイツは，フランスからの輸入品とドイツ国内製品とに対して，ドイツ国内で同じ税率を適用することにより，**中立性の原則** を達成しようとする。そのためにはフランスとドイツの国境において，フランス国内の税がゼロとなるように調整されなければならない。

表13-4において例証したように，**取引高税** の場合には税の累積のゆえに，フランスからドイツに輸出される製品に，フランスの取引高税がいくら含まれているかの判定は不可能である。他方，**付加価値税** の場合には，どの生産段階の生産物が輸出されようと，国境における租税調整は容易である。輸出される段階で売上高に**ゼロ税率**を乗じることにより，すべてのフランスの付加価値税額はゼロとなり，ドイツにまで持ち込まれることはない。前段階からの中間財の仕入れのときに，輸出業者は前段階までの付加価値税を支払っているが，この額はインボイスに明確に記載されているから，政府からその額の**還付**を受けることにより，フランス国内の税は国境において全額消滅する。

13-6 インボイス税額控除方式と帳簿方式

付加価値税の前身であった取引高税と同じく，各段階の売上高（取引高）に税率を適用して，その段階の売上高に係る税額を算出する。売上高税であるとその額が納税額となるが，**前段階税額控除方式** の付加価値税においては，その額から前段階からの仕入れに係る税額を税額控除する。表13-5の小麦粉の段階の例をとると，小麦粉の売上高33に付加価値税率を乗じた売上高に係る税額3.98が算出される。次に中間材である小麦の仕入れに係る税額の2.90（＝24×12.06475％）が税額控除されて，政府には付加価値税として1.08（＝3.98－2.90）を支払う。

その仕入れに係る前段階の税額を計算するにあたって，仕入先の発行するインボイス税額が記載されていることを条件とするか，事業者の帳簿の記載を基準とするかによって，インボイス方式と**帳簿方式** に分類できる。EU諸国をはじめとしてほとんどの先進国は，**インボイス税額控除方式** の付加価値

税を課している。インボイス税額控除方式の付加価値税は，売り手と買い手に対して詳細な取引記録を保管するように要請するから，納税者の側にかなりの遵法費用を生み出す。しかし，この記録保管により売り手の税額と買い手の税額控除の**相互照合**が行われ，遵法は改善し脱税が困難となる。インボイス税額控除方式のもとでは，前段階で支払った税額はインボイスに記載され，売り手が販売した財に対して税を支払ったことを証明したときにのみ，税額控除が許容される。

仕入控除方式による付加価値の計算

付加価値税の課税標準は付加価値であるが，表13-5で示したように，まず各生産段階における売上高から前段階からの中間財の仕入高を控除して付加価値を算出して，それに付加価値税率を適用して付加価値税額を計算することもできる。このようにまず仕入控除をして課税標準の付加価値を算出して，それに税率を乗じて付加価値税を課税する方法が，**仕入控除方式**である。小麦粉生産の段階では，売上高33から仕入高24を差し引いて付加価値額9を計算して，付加価値税率12.06475％を乗じ，当該段階の付加価値税額1.08を算出する。

仕入控除方式の長所は，課税標準が包括的であり単一の税率が用いられる場合には，事業者や税務行政当局における負担が小さい点にある。しかし，仕入控除方式には取引当事者間の**相互牽制**がはたらかず，取引内容を表す書類の作成も十分ではなく，書類をたどることによる調査も確実ではないため，非課税業者および非課税取引が存在する場合には，非課税仕入の控除の排除に困難を伴う。

13-7　付加価値税と逆進性

所得に対する割合か消費に対する割合か

課税標準に対する税額の比率が，課税標準の大小にかかわらず一定であるならば比例税であり，課税標準の増大にともない上昇するならば累進税，下降するならば逆進税と呼ばれる。一般消費税である消費型の付加価値税は，

消費に対して一定税率を適用して算出されるから，消費に対する**比例税**である。租税負担配分における公平性の原則は租税論においてきわめて重要であるが，課税標準である消費額に対する税額ではなく，所得額に対する税額の比率を指標にして，垂直的公平性を論じる人が多い。限界消費性向と平均消費性向は所得の増大に伴い逓減するから，消費に対しては比例税である消費型の付加価値税は，所得に対しては**逆進税**となる。わが国に消費税が導入された時の反対の大合唱は記憶に新しいが，反対理由の1つは消費税の持つこの逆進性の性格であった。

軽減税率やゼロ税率の適用

消費に対しては逆進税ではなく比例税であるとしても，垂直的公平性の基準として所得に対する税の累進性を要求する世論が強い。とりわけ付加価値税の税率が，EU加盟国の多くにおいて見られるように20％以上にまで上昇すると，付加価値税単独による垂直的公平性の原則の充足の要請も含めたさまざまな社会政策的理由で，特定財・サービスに対する非課税措置や免税措置の設置や，軽減税率の適用が制度化される。

どの財・サービスに対してどのような軽減措置を適用するかについては，各国が独自に制度化しており，例えばイギリスの**標準税率**は17.5％であるが，それ以外に**軽減税率**5％とゼロ税率が適用される。少数の例をあげると，イギリスの現行制度では，5％の軽減税率は家庭用燃料または電力，エネルギー節約設備の架設，ガス供給用つなぎ手の設置，住宅の修復や改築，女性生理用品，車の児童用座席などに適用されている。

どの取引に対してどの税率が適用されるかについては，かなり曖昧で判断の余地があり，多くの租税訴訟が起きている。

ゼロ税率適用取引

イギリスの制度におけるゼロ税率適用取引（zero-rated supplies）に対応する取引は，わが国の消費税では「**免税取引**」と呼ばれ，付加価値税制度の内部の取引であるから，仕入れに係る付加価値税の税額控除を認められる。売上げにかかわる付加価値税はゼロであるから，仕入れに係る付加価値税額は

払戻し税額控除として政府から全額還付される。

同じ表13-5の数値を用いて，**ゼロ税率**適用の効果を例証する。パンは生活必需品であり，付加価値税を課税すべきでないと決定されたとする。インボイス方式の付加価値税においては，前段階までに支払われた付加価値税合計額がインボイスに明示されている。輸出に適用されたゼロ税率と同じであり，配達したパンの段階でゼロ税率を適用すれば，売上高に通常の付加価値税額を上乗せした100.86ではなく90で販売される。配達したパンの中間財の仕入れに対して，パン生地の価値60に加えて各生産段階の付加価値税合計額7.24をパン生地生産者に支払っているから，この付加価値額7.24を**払戻し税**として政府から還付を受ければ，パンに対する付加価値税はどの生産段階でも支払われなかったことになる。

イギリスではゼロ税率は，商品の輸出や国際輸送，外国にある事業者に対するサービスの提供などのいわゆる輸出類似取引のほかにも，慈善事業，食料品や飲料品，幼児用の衣服，医療，出版，水道や下水などの分野の特定取引に適用される。

非課税取引

イギリスの付加価値税の税率は標準税率の17.5％，軽減税率5％とゼロ税率の3本であるが，それ以外にexempt suppliesの制度がある。わが国の消費税制度では，この取引に対応する用語は「非課税取引」である。この非課税取引と，前項で説明した免税取引（ゼロ税率適用取引）との違いは重要である。

表13-5の最終段階の配達されたパンの数値を用いて例証すると，配達されたパンの販売取引が非課税取引ならば，売上げに係る税額10.86を上乗せすることなく税を含まない額の90で消費者に販売できる。この点では免税取引と同じであるが，非課税取引業者は付加価値税制度において課税当局に登録した業者ではないから，付加価値税制度の外部でなされた取引であり，付加価値税制度の特徴である前段階税額控除を適用することができない。売上高に係る付加価値税はゼロであるが，前段階のパン生地の**仕入れに係る付加価値税**の合計額7.24を，次の生産段階から売上高とともに回収すること

ができない。またゼロ税率の適用とは異なり，その税額の還付を政府に請求もできないから，非課税取引の指定を受けると，仕入れに係る付加価値税額7.24の全額を，配達されたパンの業者が負担することになる。

　イギリスでは賭けや賭博の一部，埋葬や火葬，慈善団体により組織された資金調達，土地や有価証券，商品券などの譲渡，文化活動，教育，研究，社会保険医療，保険，スポーツ，芸術に関連する取引の一部は非課税取引とされる。

　わが国では**社会保険診療報酬**が非課税取引扱いを受けており，医療機関の仕入れ（医薬品・医療材料・医療機器等の消費税額など）に係る消費税額のうち，社会保険診療報酬に対応する部分には仕入税額控除が適用されず，医療機関の負担となっている。社会保険診療報酬等に対する消費税の非課税制度を，ゼロ税率ないし軽減税率による課税制度に改正することを，日本医師会が要求するゆえんである。

13-8　わが国の消費税

消費税導入の経緯

　わが国の消費税は消費型の付加価値税であるが，1978年大平内閣時に，**一般消費税**導入案が浮上したが，総選挙に大敗し撤回された。1986年第3次中曽根内閣時に，**売上税**構想も世論の批判を浴びて流産し，1988（昭和63）年竹下内閣時にようやく消費税法が成立した。89年4月1日消費税法が施行され，税率3％で消費税が課税された。**国税の消費税**に対しては25％（消費に対しては1％）の税率での**地方消費税**の導入と，国税の消費税の3％から4％への税率引上げは，すでに97年村山内閣により内定していたが，橋本内閣により実施され，国税と地方税の合計消費税率は5％となった。

　また，2004年4月から，消費者に対する「値札」や「広告」などにおいて価格を表示する場合には，「**総額表示方式**」と呼ばれる消費税相当額（地方消費税相当額を含む）を含んだ支払総額の表示が義務付けられている。「税抜価格表示」では，レジで請求されるまで最終的にいくら支払えばいいのかわかりにくく，また，同一の商品やサービスでありながら，「税抜価格

表示」の店と「税込価格表示」の店が混在していると，価格の比較が困難であるといった状況を解消するためとされる。消費税の要素は価格の一部として隠蔽されるから，一種の財政錯覚の効果が生じ，消費者の税負担感は緩和される。

消費税率の主要国付加価値税率との比較

わが国の消費税の税率は地方消費税も含めて5％にすぎないが，表13-6に示したように，世界の多くの国において**標準税率**は10％を超え，いくつかの国においては20％を超えている。このような高い税率で課税されると，垂直的公平性への配慮が重視され，低所得者に対する生活必需品をはじめとして，さまざまの財・サービスに対する軽減措置が導入される。また，巨額の財政赤字や国公債残高の指標により明らかな財政難の解消と，少子高齢化に伴い増大する医療費や年金支払資金の捻出のために，**消費税率の引上げ**が政治課題となっている。

表13-6 主要国の付加価値税標準税率

（単位：％）

国	税率	国	税率
中　国	17	ロシア	18
韓　国	10	イギリス	18
日　本	5	ドイツ	16
スウェーデン	25	カナダ	7
ベルギー	21	ブラジル	17
イタリア	20	ケニア	16
フランス	20	オーストラリア	10

その他の消費税の特徴

消費税導入に対する激しい抵抗を緩和するために，多くの妥協が重ねられた結果，EUの付加価値税と比較するとさまざまな点で異なっている。まず，他のOECD 28カ国では取り入れられているインボイス税額控除方式は，わが国の消費税には取り入れられておらず**帳簿方式**であるから，取引当事者間の相互牽制がはたらかない。

売上げの少ない個人商店などに面倒な会計処理をさせるのは大変なので，年間売上高が3,000万円以下の中小事業者は，消費税の課税対象から外されていた。しかし，免税されている事業者が，消費者から消費税分を徴収しながらそれをそのまま手元に残してしまう，「**益税**」への批判が絶えなかった。この額は2003年税制改正により，1,000万円まで引き下げられた。

　また，中小事業者の消費税納税義務額の算出を簡略化するために，売上げに係る消費税額から控除する**仕入れに係る消費税額**を事業の区分に応じて，売上げに係る消費税額に第一種事業の卸売業では90％，第二種事業の小売業80％，第三種事業のイ農業，ロ林業，ハ漁業，ニ鉱業，ホ建設業，ヘ製造業（製造した棚卸資産を小売する事業を含む），ト電気業，ガス業，熱供給業及び水道業には70％，第五種事業のイ不動産業，ロ運輸通信業，ハサービス業（飲食店業に該当するものを除く）には50％を乗じて算出する。第四種事業は前各号に掲げる事業以外の事業であるが，売上げに係る消費税額の60％が仕入れに係る消費税額とみなされる。このような簡略化は税務行政上必要な措置であるが，このような率が実態より高く設定されていれば，消費税の不当な軽減課税となる。

第 *14* 章　個別消費税

14 - 1　経済循環の支出段階での課税

　第 13 章の表 13 - 2 には各種売上税が，さまざまの観点から分類されている。まず経済主体の企業に課税するか，家計に課税するかで分類できる。また企業も家計も，売り手と買い手という異なる役割を演じる。**製品市場** においては，家計が買い手で企業が売り手であるが，要素市場においては，家計が売り手で企業が買い手となる。また製品市場で課税するか，**要素市場** で課税するかにより分類できる。さらに，すべての製品やすべての生産要素に一律に課税する一般税であるか，一部の製品または一部の生産要素にのみ課税する部分税であるかという，課税対象の範囲により分類される。

　すでに第 3 章において経済循環との関係で，生産段階の純生産，それが生産要素に分配された段階の所得，所得が支出された段階の消費や投資が，等価関係にある同じフローの経済量であることを明らかにした。この章では経済循環における支出の段階で，個別の財・サービスに課税される **個別消費税** について検討する。わが国においては消費型付加価値税にあたる消費税が 1989 年に導入されるに伴い，消費税の前身とされた物品税をはじめとして多くの個別消費税が廃止されたが，廃止された税も含めて明治以降の個別消費税の課税物件，納税義務者，免税措置，税率を展望する。どのような課税物件や課税標準に対していかなる税率で課税されたか，租税の歴史の一端を垣間見て興味深い。

14–2 課税の形式

従　量　税

　各種財・サービスの量的単位当たりの税額という形式で課税される個別消費税を，従量税と呼ぶ。後に本章で取り上げるが，わが国の多くの個別消費税は従量税であり，例えば酒税は日本酒やビールに対して，1キロリットル当たりいくらという形で課税される。

　従量税の効果　についてはすでに第4章「一般税と部分税」の図4-3を用いて詳しく論じた。図4-3に描かれているように，課税前においては需要曲線 D と供給曲線 S の交点 E で均衡価格 P と均衡量 Q とが決定される。1単位当たり T 円が課税されると，生産費を表す供給曲線 S を単位当たり税額 T だけ上方に平行移動した課税後の供給曲線 S' と需要曲線 D との交点で新しい均衡点 E_c が決まる。供給曲線 S で表される生産費を回収するためには，政府に支払う税額 T を加えた税込価格を，生産者は消費者から徴収しなければならない。

　課税後の均衡価格は P_c に，生産者の単位当たり収入はこの P_c から単位当たり税額 T 円を控除した P_p になり，均衡量は Q から Q' に低下する。政府に支払われる従量税の額は $(P_c - P_p) \times Q'$ となり，網掛けの長方形で表される。従量税が消費者の選択に介入するために**租税の歪曲効果**が生じ，消費者は三角形 EFE_c の面積で表される消費者余剰の減少という形で，生産者は三角形 EE_pF の面積で表される生産者余剰の減少の形で超過負担を負う。消費者と生産者に生じる超過負担の大きさは，需要曲線と供給曲線の形状に依存するが，第8章「租税の転嫁と帰着」において詳しく論じた。

従　価　税

　個別消費税のもう1つの課税方法は，**価格の一定比率**を税率として課税するものであり，この種の税は従価税と呼ばれる。わが国の酒税は，ウイスキー特級には移出価格または引取価格の150％または220％，ウイスキー1級に対しては移出価格または引取価格の100％の税率で課される。

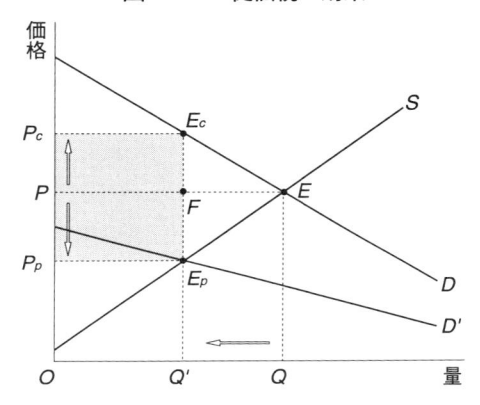

図 14-1 従価税の効果

従価税の効果 は図 14-1 で分析されている。課税前には E 点で均衡しており，均衡価格は P，均衡量は Q である。従価税の効果の分析のために課税後の需要曲線 D' を描く。消費者は需要曲線 D に沿って価格 P_c を支払うのであるが，生産者にとっての単位当たり収入は税引後の価格であり，税率を t とすると各生産量 Q に対応する消費者の払う価格 P_c と生産者が受け取る価格 P_p との間には，$P_p = P_c(1-t)$ の関係がある。生産者にとって関係ある需要曲線は，各生産量に対応する課税後の需要曲線 D' であるから，従価税課税後の均衡点は D' と供給曲線との交点 E_p となり，均衡量は Q から Q' にまで低下する。生産者は 1 単位当たり税引後の価格 P_p を受け取るが，消費者はこの価格に税額を加えた P_c を支払う。従価税の適切な税率 t を選択することにより，従量税と同額の税収を上げることができる。

税額は $(P_c - P_p) \times Q'$ で表されるが，そのうち消費者が $(P_c - P) \times Q'$ を，生産者が $(P - P_p) \times Q'$ を負担する。消費者と生産者の **租税負担の割合** は，第 8 章「租税の転嫁と帰着」で分析したように，需要曲線と供給曲線の価格弾力性に依存する。価格弾力性が低く課税に対する反応の余地の少ない経済主体が，より高い割合で租税を負担する。また，需要曲線か供給曲線の価格弾力性がゼロ（垂直な需要曲線または垂直な供給曲線）の場合を除いては，個別消費税には租税の歪曲効果がともない三角形 EE_pE_c で表される超過負

担が生じる。**超過負担** は，EFE_c の面積で表される **消費者余剰の喪失** と，EE_pF の面積で表される **生産者余剰の喪失** という形で，消費者と生産者がそれぞれ負担する。

　税率を自由に調整することができれば，いかなる経済状況においても必要な税収を確保できるが，税率の変更は政治的にそれほど容易ではない。税率を変えないで一定税収を確保するためには，インフレ時には価格の一定割合である従価税が，デフレ時には従量税の方が好都合である。

14‐3 個別消費税と中立性の原則

　従量税の場合にも従価税の場合にも，政府に支払う税額に加えて超過負担が生じるが，経済主体である消費者や生産者の行動に，個別消費税が歪曲効果を与えるからである。このような超過負担を少なくするためには，価格弾力性の低い財・サービスに対して課税することが要請される。第8章「租税の転嫁と帰着」の図8‐3で示したように，需要曲線の価格弾力性がゼロで垂直線の形状を示す場合には，超過負担はまったく生じない。たばこやアルコールの常用者にとっての需要の価格弾力性は，ゼロという極端な値でなくてもきわめて小さく，一般的に塩やパンなどの**生活必需品**の需要の価格弾力性は低いと考えられている。したがって，租税の歪曲効果を抑制し超過負担を最小化して中立性の原則を満たそうとすると，生活必需品に課税することになり，公平性の原則の点からは問題視される。

　図14‐2で示されるように，供給曲線 S の価格弾力性がゼロの場合には超過負担はゼロであり，土地のような自然条件により賦存量が規定されるような生産要素に当てはまる。財・サービスの供給においても，調整の時間がきわめて短いと価格が変化しても供給量を調整することができないから，供給曲線の価格弾力性は低く，垂直に近い形状をとる。供給量の調整においては時間の長さが重要な要因であり，瞬間という**時間の長さ**においては，価格の変化に合わせて供給を調整する余地はない。**短期**の時間では固定資本の量の調整はできないが，可変的生産要素である労働投入量を増減することにより，供給量をある程度まで調整できる。**長期**という時間の長さは，資本スト

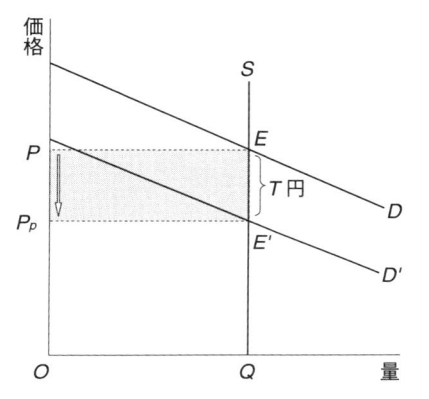

図14-2　従量税の効果：供給の価格弾力性がゼロ

ックを調整するのに十分な長さであり，供給の価格弾力性は増大し，供給曲線はさらに平坦化する。

14 - 4　部分税としての個別消費税

　第4章「一般税と部分税」においては，一般税の方が租税の歪曲効果が少なく，したがって超過負担が少ないことを示した。消費段階で課税される税としては第13章で分析した小売売上税と消費型付加価値税が一般消費税であり，個別消費税は部分税である。第4章の図4-1においては，同額の税収を調達するのに，一般税による方が部分税によるよりも納税者の課税後の経済厚生状態が高い水準にとどまるという基準により，一般税の方が**効率的な税**であることを示した。納税者は同額の税を支払ったのに，課税後の納税者の経済厚生状態が一般税よりも部分税の方が悪化するのは，個別消費税が経済行動に介入し歪曲効果を与え，その結果として超過負担が生じるからである。

　図14-3では別の基準により，一般税の方が部分税よりも効率性が高いことを例証している。一般税の場合にも部分税の場合にも，課税後の経済厚生状態が等しくなるように課税すると，一般税による方が部分税によるよりも

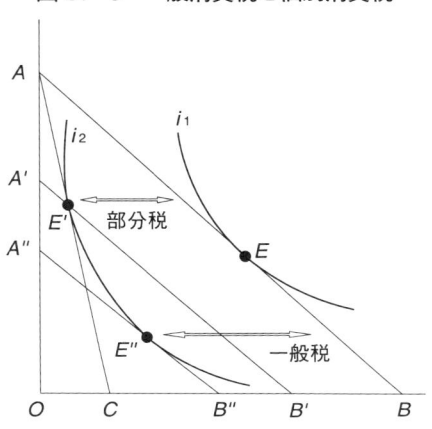

図14-3 一般消費税と個別消費税

多額の税収を調達できる。図14-3に示されるように，一般消費税と部分消費税のいずれの場合にも，納税者の経済厚生は課税前無差別曲線 i_1 から，課税後には無差別曲線 i_2 で表される経済厚生にまで低下する。課税のない状態では予算線は AB で表され，無差別曲線 i_1 と接する均衡点 E において A 財と B 財の組合せが選択される。部分消費税は A 財には課税せず B 財にのみ税率 BC/OB で課税されるが，無差別曲線 i_2 に接する均衡点 E' で A 財と B 財の組合せが選択される。課税前の予算線 AB に平行にこの均衡点 E' を通る直線 $A'B'$ を引くと，B 財で図った部分消費税額は $B'B$ であることがわかる。

A 財と B 財の 2 財のみからなる単純化した世界においては，**一般消費税**は両財に同じ税率で課税する税が対応する。この分析では A 財と B 財に同率で課税する一般消費税の場合でも B 財のみに課税する部分税の場合でも，**課税後の納税者の経済厚生状態** を等しく維持するという仮定を置いている。図14-3においては，部分税の課税後の経済厚生水準を表す無差別曲線 i_2 により，同じ課税後の経済厚生状態の維持が保障される。一般消費税は A 財と B 財とに同率で課税されるから，課税後の予算線 $A'B'$ は課税前の予算線 AB と平行な直線で表され，無差別曲線 i_2 と接する E'' で均衡する。この均衡点 E'' に対応する B 財で測った一般税の税額は $B''B$ であり，課

税後の経済厚生状態は同じであるのに，一般消費税の方が B 財で測った部分消費税の税額 $B'B$ よりも多額である。部分税は歪曲効果をともない超過負担を与えるのに，一般税には歪曲効果がないからである。

14-5 個別消費税による特定政策目的の達成

財政の配分機能には，市場では供給されない純粋公共財の供給とともに，民間市場における**不効率性の是正**も含まれる。図14-4に描かれているように，民間市場においては消費者の需要曲線と，私的費用のみを反映する供給曲線との交点が均衡点となり，均衡価格 P_p と均衡量 Q_p が決定される。しかし，公害問題でよく知られるように，多くの財・サービスの生産においては，私的費用以外に第三者に対して**外部費用**が生じる。この外部費用は1単位当たり一定額で表されるとすると，外部費用を表す供給曲線は水平線 S_e となる。社会的費用は私的費用と第三者に生じる外部費用との合計額で表されるから，社会的供給曲線は，私的供給曲線に外部費用に対応する供給曲線を垂直に加えた S_s となる。

社会的に最適な生産量は社会的供給曲線 S_s と需要曲線 D の交点 E_s に対応する Q_s であり，この量は私的費用のみを反映する私的供給曲線と需要曲線との交点に対応する Q_p よりも少ない。すなわち，このような外部費用を放置し，私的費用のみを反映する供給曲線と需要曲線の相互作用により市場で決定される量は，**社会的な観点**からみると過剰供給ということになる。この外部費用に対応する部分を公害税とか罰金という形で徴収することにより，外部費用を**内部化**して，私的費用に加えた社会的費用を消費者から徴収する仕組みに変えることができる。

このような市場における不効率性の是正も財政の配分機能の一環であり，個別消費税はそのための効果的な手段を提供する。外部費用をもたらす財・サービスの供給を全面的に禁止するのではなく，外部費用の部分に公害税のような税を課することにより外部費用を内部化することにより，資源配分の効率性を達成しようとするものである。私的費用ではなく，私的費用に外部費用を加えた**社会的費用**と，**社会的便益**が比較考量される。

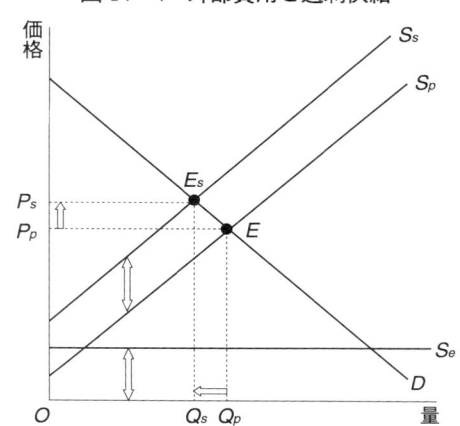

図 14 - 4　外部費用と過剰供給

14 - 6　個別消費税と公平性の原則

奢侈品に対する課税

　個別消費税は，生活必需品にも奢侈品にも課税できる。税の歴史においては塩のような**生活必需品**に課税されることも珍しくなかったし，今日においても，所得の低い人びとによっても消費される酒やたばこや揮発油のような財に対して課税されている。前節で述べたように，生活必需品の需要の価格弾力性は低いから，課税によりもたらされる超過負担は低く，効率性の観点からみれば好ましい税である。

　どの個別消費税が所得階層間にどのように負担されるかは，経験的に検証されるべき問題であるが，高所得者が主として消費する奢侈的性格の強い財に高い税率で課税するならば，垂直的公平の原則が要請する累進性を，個別消費税により達成することができる。

14–7　わが国の個別消費税

消費税の前身の物品税

　消費税の導入とともに廃止されたわが国の物品税の，課税物件や課税標準とそれらに適用された税率をみると，このような垂直的公平性を達成しようという政策意図が読み取れる。物品税の課税物件は特定物品であり，納税義務者は第一種の物品は販売業者，第二種の物品は製造業，保税地域から引き取られる物品の引取者である。免税措置には輸出用と特殊用途用がある。

　第一種の物品には貴石・半貴石，貴石・半貴石製品類，じゅうたん，どん帳などが含まれるが，小売段階で小売価格の 15％の税率で課税された。**第二種の物品**は製造業に対して課税されたが，普通乗用自動車，大型モーターボート・ヨット等の販売価格に対して，30％の税率が適用された。ルームクーラー，大型冷蔵庫等に対しては，販売価格の 20％の税率が適用された。小型乗用自動車，カークーラーに対しては販売価格の 18.5％，軽乗用自動車には 15.5％，中型モーターボート・ヨット，ストーブなどには 15％，大型二輪自動車，小型モーターボート・ヨット等には 10％，軽乗用兼用貨物自動車には 5.5％，小型二輪自動車，パーソナル無線機には 5％の税率が適用された。**奢侈的性格の強い物品**に適用される税率の方が，高く設定されている。

　消費税の導入とともに廃止されたが，1983（昭和58）年における物品税の課税状況によれば，物品税収総額のうち第一種が 10.4％，第二種が 89.3％を占めていた。大きな税収を上げた課税物件は，貴石・半貴石製品類 5.3％，小型普通乗用四輪自動車，小型キャンピングカー等 34.4％，自動車用の冷房装置類 2.4％などがある。物品税の課税物件を例示したが，これらの特定課税物件の選択や，異なる税率の適用には，かなりの**恣意性**が入る。すべての財・サービスに，同一の税率を適用するという一般消費税が導入されたゆえんである。

その他の個別消費税

1940（昭和15）年制定の旧酒税法を改定して，1953年に**酒税**法が制定された。納税義務者は製造者または引取者であり，輸出用には免税措置が設けられている。さまざまの種類に分類されているが，例をあげると従量税を課される清酒特級には1キロリットル当たり57万660円，一級酒には27万9,500円，ビール23万9,100円となっている。従価税を課される酒の例としては，ウイスキー特級には移出価格または引取価格の100分の150または100分の220，ウイスキー一級に対しては移出価格または引取価格の100分の100の税率が課される。

喫煙は周囲の非喫煙者に対する外部費用を伴うとともに，喫煙者自身の健康にもよくない負の価値財とみなされている。たばこ税には喫煙を抑制するという政策税制としての意義もあり，世界各国で一般的に課税されている。また，喫煙に対する需要の弾力性が低く，課税による歪曲効果が少ないから，最適課税の観点からも，中立性の原則を満たす良税と考えられる。1984年たばこ税法により，**たばこ税**の納税義務が規定された。その後何度かの改定を経ているが，製造たばこの製造業者や引取業者が納税義務者であり，製造たばこに対してたばこ税を課税する。税率は1,000本につき3,552円である。これに対して地方のたばこ税として道府県が1,074円，市町村が3,298円，たばこ特別税の税率820円が加わり，合計1,000本当たり8,744円となる。価格に占めるたばこ税負担は，1箱300円のたばこ価格のうち，国のたばこ税71.04円，地方たばこ税87.44円，たばこ特別税16.40円が課税され，たばこ税ではないが消費税が14.29円課税されるから，合計で189.17円となり価格300円の63.1％を占める。

砂糖消費税法は1901（明治34）年に制定され，砂糖，糖蜜または糖水が課税物件であり，納税義務者は製造者または引取者であった。輸出用，練乳，粉乳，育児食用等は免税された。従量税であり1キログラム当たり第一種甲種は1円，氷砂糖20円50銭，糖蜜第一種3円50銭などの税率が定められていた。しかし，消費税の導入に伴い廃止された。

1905（明治38）年に**織物消費税**法が制定され，独立の税目となった。織物消費税は第2次世界大戦後，シャウプ勧告を受けた税制改正により1950

年に廃止されたが，それまで45年間にわたり実施された。織物消費税は，織物製造場などから移出される際の引取価格を課税価格とする。課税の対象となる織物種類には毛織物の外に絹織物，綿織物，絹綿交織物，麻織物，各種交織物，雑織物など多様であり，しかも製織される個々の製品にはきわめて多くの種類があった。

　揮発油税は1949（昭和24）年に導入され，納税義務者は揮発油の製造者と保税地域からの引取者である。課税標準は，揮発油の製造場から移出した揮発油または保税地域から引き取る揮発油の数量である。税率は，揮発油1キロリットルにつき2万4,300円である。

　1902（明治35）年に北清事変以後の財政難と大陸情勢の悪化に伴って，アメリカの制度を基にして骨牌税法が制定されて「骨牌税」として導入された。戦後の1957年にトランプ類税法の制定によって同法は全面的に改正され，名称も「**トランプ類税**」と改められた。1989年の消費税導入に伴う間接税の整理によって廃止された。

　1940（昭和15）年に**通行税**が制定され，1989年に消費税の導入により廃止されるまで徴収された。汽車，電車，乗合自動車，船舶および航空機の乗客が納税義務者であった。課税標準は，汽車，電車，乗合自動車，船舶および航空機の旅客運賃，特別急行料金，急行料金，準急行料金，寝台料金または特別車両料金等とし，その税率は5％であった。

　入場税は当初，国税として1940年から48年まで課されていたが，48年に地方税に移譲された。その後の54年に，第一種の施設（映画館，劇場，演芸場，競馬場など）と第二種の施設（展覧会場，遊園地など）の部分は国税に再移譲されることとなったが，第三種の施設（ゴルフ場，パチンコ場，マージャン場，たまつき場など）の部分については，地方税として娯楽施設利用税に改組された。1989年の消費税導入を契機に，国税の入場税は廃止され，地方税の娯楽施設利用税はゴルフ場の利用に限定し，現在もゴルフ場利用税として存続しており，税率は1人1日800円である。

　地方道路税は，国が地方自治体に対し道路建設の財源を譲与することを目的に，揮発油に課す国税である。国税として「交付税及び譲与税配布金特別会計」に収納された後，その全額が地方道路譲与税として地方公共団体に配

分される。ガソリン1リットル当たり5.2円の従量税であるが，揮発油税48.6円を合わせて，ガソリン税53.8円とされている。

　原子力発電施設，水力発電施設，地熱発電施設等の設置の促進および運転の円滑化や，発電施設の利用の促進および安全の確保，発電施設による電気の供給の円滑化を図る費用に充てるため，一般電気事業者の販売電気に1974年に**電源開発促進税**が導入された。納税義務者は一般電気事業者であり，課税標準は一般電気事業者の販売電気の電力量である。税率は，販売電気1,000キロワット時につき375円とする。

　入湯税は，環境衛生施設，鉱泉源の保護管理施設等の整備や観光振興等に要する費用にあてるために設けられた目的税である。温泉（鉱泉浴場）を利用すれば入湯税がかかり，浴場の経営者が入湯客から徴収して市に納入する。納税義務者は，鉱泉浴場における入湯客であり，税率は入湯客1人1日について150円，ただし宿泊基本料金6,000円以下の宿泊の場合は100円，日帰り休憩の場合は50円である。

　1950年に**遊興飲食税**が導入され，芸者等の花代には100％，カフェ・バー等40％，上記以外の飲食20％，宿泊20％であった。1961年に料理飲食等消費税に名称が変更され，税率は1969年現在では1人1回の消費金額の10％であったが，免税点は旅館が1人1泊1,600円，飲食店等1人1回800円，チケット制食堂1品400円であった。1989年には名称が特別地方消費税に変更された。税率は1人1回消費額の3％に定められたが，免税点が旅館1人1泊1万円，飲食店等1人1回5,000円となった。

　自動車取得税とは，車の取得に対し課税される道府県税である。取得に対する課税なので，自動車取得税は基本的に購入時にしか課税されない。また収入は，道路の建設・補修の費用にあてられる目的税である。自動車取得税は購入した車が普通自動車か軽自動車であるかで税率が異なり，ハイブリッド車，電気自動車などエコカーの場合は税率が優遇されるようになっている。普通自動車は5％，軽自動車は3％である。普通自動車でも電気自動車，天然ガス自動車，メタノール自動車に対しては2.30％，ハイブリッド自動車に対しては2.80％，軽自動車の場合にもそれぞれ0.30％と0.80％となっている。取得価額が50万円以下の場合には課税対象外となる。また，中古

車の場合には時間経過とともに税率が変化する。

軽油引取税 は地方税法に定められた地方目的税の1つであり，1956年に創設された。道府県が，道路に関する費用に充て，または指定市に対し道路に関する費用に充てる財源を交付することを目的に，特約業者または元売業者からの軽油の引取りのうち，軽油の現実の納入を伴うものに対して課す税金である。特約業者または元売業者からの軽油の引取りで現実の納入を伴うものに対し，その数量を課税標準として，その軽油の納入地所在の道府県が課税する。税率は軽油1リットル当たり32.1円の従量税である。

電気・ガス税 は1950年においては税率10％であったが，その後税率の変更や免税点の導入がなされ，1974年に電気税とガス税に分離された。74年の税率は電気税が5％，免税点が2,000円，ガス税の税率は4％で，免税点が4,000円であったが1989年に消費税の導入に伴い廃止された。

木材引取税 は1950年には価格の5％の税率で課税されたが，その後税率は引き下げられ，1989年消費税の導入に伴い廃止された。

自動車税と軽自動車税 は，OECDデータでは「5200 財・サービスの利用または財の利用や活動許認可に対する税」の「5210 経常税」として分類されているが，アメリカでは個人財産税として課税されているので，本書では，第16章の16‐7「個人財産税」の節で取り上げる。

14‐*8* 個別消費税の比率の変遷

図14‐5には，わが国の国税総額に占める各種税の比率の変遷を示してある。戦前には**酒税**や**関税**をはじめとした間接税からの税収の比率が高かったが，戦後は直接税中心の税制が採用されて，直接税の比率が上昇した。データの初年度の1927年度には直接税の比率は32.4％であったが，**消費税**の導入された1989年度には74.2％にまで上昇した。他方，間接税は戦前の1927年度には67.6％と直接税よりもはるかに高い比率を占めていた。消費税の導入された1989年度には，25.8％にまで低下した。

しかし，直接税のさまざまな問題点が注目され，いわゆる**直間比率**の見直しの動きが生じた。EUの共通税である消費型付加価値税と同じ一般消費税

図 14 - 5　国税構造の変遷

(単位：%)

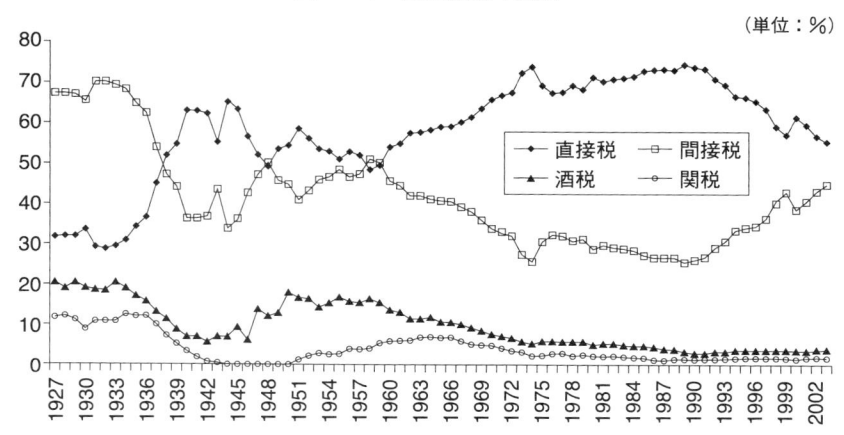

凡例：直接税　間接税　酒税　関税

資料：総務省統計局・統計研修所『日本の長期統計系列　第5章財政』、「5 - 9　税目別国税額（昭和2年度～平成15年度）」より作成。

の性格を有する消費税が，第 13 章「一般消費税：小売税と付加価値税」においてみたように，さまざまの紆余曲折を経て 1989 年に導入された。消費税の導入を転換点として，間接税の比率が上昇に転じ，直接税の比率が下降してきている。消費税の当初の税率は 3 ％であったが，1997 年に 4 ％に引き上げられ，国税の消費税額を課税標準として 25 ％の税率で課税される地方消費税は消費に対しては 1 ％の税率に対応するから，国税と地方税の消費税の合計税率は消費に対して 5 ％となった。

　間接税には消費税という一般消費税が含まれているので，個別消費税の例として酒税と関税の税収総額に占める比率の変遷を示してある。酒税も関税も，戦前の 1927 年にはそれぞれ 21.0 ％と 12.2 ％を占めている。関税は貿易の自由化の動向を反映して，その比率は 2003 年には 1.8 ％ときわめて小さなものとなった。また，酒税は主要な個別消費税ではあるが，2003 年には 4.0 ％まで低下した。

第15章 ストック課税と富裕税

15-1 ストックとフロー

貸借対照表と資産状態

　経済学においては，ストックとフローの区別が重要である。ストックは2007年3月31日現在とか12月31日現在という，ある1時点における経済量の大きさを表す。貨幣量，資産，負債，資本量などが代表的なストックである。ストックは企業の財務諸表では貸借対照表で表されるが，表15-1には代表的な貸借対照表の記載項目が示されている。左側の資産の部には資産の運用形態が示され，現金，預金，工場，機械・設備等に加えて，将来支払いを受ける権利である「債権」も含まれる。貸借対照表の右側は「**純資産**」（**自己資本**）と「**負債**」（**他人資本**）に大きく分けられる。「純資産」（自己資本）とは自分の元手のことであり，「負債」（他人資本）とは他人から調達し将来に返済しなければならないもので，借入金などの借金のほかに買掛金などが含まれる。このため，純資産を「自己資本」また負債を「他人資本」と呼ぶ。

フローとストックの関係

　フローは企業の財務諸表の**損益計算書**により表されるが，半年とか1年などのある一定期間にわたり測定される量であり所得，支出，貯蓄，投資，年間貨幣流通量がその例である。第3章の図3-1で描かれている経済循環は，

表 15-1　貸借対照表：XX 株式会社，2008 年 3 月 31 日

資　産　の　部	負　債　の　部
流動資産 　当座資産 　　現金，預金，受取手形，売掛金，有価証券 　棚卸資産 　　製品，仕掛品，原材料 固定資産 　有形固定資産 　　建物，機械設備，車両，備品，土地 　無形固定資産 　　借地権 　　特許権 　投資等 　　流動資産にならない投資有価証券， 　　長期貸付金など 繰延資産 　創立費，開業費，新株発行費，社債発行， 　開発費，試験研究費など	流動負債 　支払手形，買掛金，短期借入金，未払費用 固定負債 　長期借入金，社債，退職給与引当金など 引当金 　価格変動準備金，海外市場開拓準備金など 　　　　　　資　本　の　部 資本金 資本準備金 剰余金 任意積立金 当期未処分利益

さまざまなフロー経済量を表しているが，国民経済計算で推計される国民総生産（GNP），国内総生産（GDP），国民所得などがよく知られる。これまでの諸章において取り上げてきた個人所得に対する個人所得税，法人所得に対する法人所得税，個人の総合消費に対する個人消費税，消費者の支出に対する消費型付加価値税，小売税，個別消費税，取引高税，社会保障税である給与税などは，すべてフローの経済量に対する税である。経済循環を表す図 3-1 には，ストックは右下に小さく描かれている。

　フローとストックとの関係は，もう少し詳しく図 15-1 で表される。フローである経済の純生産は，生産に貢献するさまざまな生産要素に対する報酬として分配され，所得を形成する。所得税税引後の可処分所得の一部は消費され，一部は貯蓄される。この貯蓄や投資は，フローから**資本ストック**に流入する経済量であるが，資本ストックは時間の経過とともに，減価償却や資本減耗の形で消滅する。減価償却額や資本減耗額は，一定期間に生じるフロ

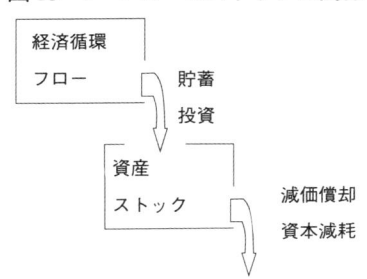

図 15 - 1　フローとストックの関係

```
┌─────────┐
│ 経済循環 │
│ フロー  │──→ 貯蓄
└─────────┘    投資
      │
      ↓
┌─────────┐
│ 資産    │
│ ストック │──→ 減価償却
└─────────┘    資本減耗
      │
      ↓
```

一の経済量である。

　イソップ物語に金の卵を産むガチョウの寓話があるが，ガチョウが毎日産んでくれる金の卵はフローであり，**ガチョウ**はフローの純生産を生み出す資本ストックに相当する。その股肉やササミを切り取って食べることや，腹の中の金塊を求めて腹を裂くことは生産基盤を損なう行為であり，租税論ではタブー視されている。

15 - 2　ストック課税としての資産税

経常的資産税と非経常的資産税

　資産税の課税標準はストックである資産の評価額や賃貸価値であるが，**経常的資産税**は資産を処分した売上金からではなく，フローである所得から支払われる。**非経常的資産税**は革命時などの非常事態における資産の没収の手段として用いられるが，この種の資産税の支払いには経常的な所得のみでは不十分であり，資産そのものの処分が必要となる。また，革命のような有事ではなく平時においても，死亡時における遺産税や相続税は，死亡した個人が生前中に蓄積したストックである資産の再分配を政策的に意図するものであり，経常的な所得からの支払能力を上回るから，納税のために資産の処分が必要となる場合が多い。中小企業や農業の経営において，承継者問題が深刻化しているゆえんである。遺産税や相続税，その補完税としての贈与税は第 17 章で扱う。

所得課税のもとでの資産課税

　所得税の廃止と消費税による代替は，アメリカやイギリスを中心に，最近かなり具体的に提案されている。フロー課税である所得課税から消費課税への移行や個人消費税については，すでに第10章や第11章で取り上げた。また，現行法人所得税に代替する企業消費税については第12章で論じたが，所得ではなく消費に課税するという観点から，投資的経費の初年度全額経費控除等の制度が提案されている。世界の現行租税制度では，すでに消費課税の要素がかなり入り込んでいるとはいえ，いまだ所得課税が主流であるから，まず所得課税のもとでのストックに対する資産課税の意義を検討しよう。

　個人所得税の個人消費税による代替に伴って，個人の死亡時に課税されてきた遺産税や相続税についても独自の提案がなされているが，それらの提案については第17章の遺産税と相続税との関連で検討する。

15-3　支払能力と資産課税

垂直的公平と資産課税

　民間部門では供給されない公共財・サービスの供給をはじめとした資源配分，民間市場で決定される所得や資産の社会的公正の基準にかなった再分配，民間経済の安定化等の目的達成のために，租税が有効な手段を提供する。租税は強制獲得的性格を有しているから，租税負担配分の公平性はきわめて重要な租税原則である。公平性の原則の主流である支払能力説は，支払能力に応じて租税負担を配分すべきであることを主張するが，資産課税も支払能力の観点から正当化される。所得額も含めた他の条件が等しい限り，資産が多いほど個人の**支払能力**は高まるから，所得が同じでも資産の多い個人は，資産課税による追加的な租税負担をするべきであると考えられている。

社会的コントロールの手段

　資産課税は公共財・サービスから得る利益に対応する負担とか，支払能力に対応する負担であることに加えて，社会的コントロールの手段とみなすことができる。資産の分配の方が所得の分配よりも不平等度が高いが，過度の

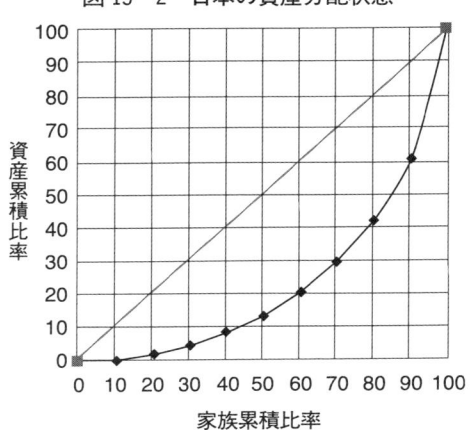

第 15 章 ストック課税と富裕税　209

図 15-2 日本の資産分配状態

縦軸：資産累積比率
横軸：家族累積比率

資料：James B. Davies, Susanna Sandstrom, Anthony Shorrocks and Edward N. Wolff, *The World Distribution of Household Wealth*, Department of Economics University of Western Ontario, December 2006 の Table 9 より作成。

不平等度は社会的不安定をもたらすから，資産の再分配が望ましい。**資産の分配の不平等**は外部から容易に観察できるから，社会は所得の再分配とは別途の資産の再分配により対応しようとする。この目的達成のためには，資産に対する累進課税が効果的な手段となる。**経済的支配**を規定する要因は資産総額であるから，純資産課税よりは総資産課税の方が適切である。

日本の資産分配状態

図 15-2 には，わが国の 1999 年における資産の家族間分配状態を，ローレンツ曲線で表している。**ジニ係数**は分配状態の不平等度を表す尺度として一般的に使用されるが，対角線の下の二等辺直角三角形の面積を分母にとり，対角線と**ローレンツ曲線**とで囲まれた三日月型の面積を分子にとって計算した比率である。横軸には一般には人口の累積比率，この図 15-2 では家族数の累積比率がとられている。家族当たりの資産額を計算して低い順にならべてあるから，最初の十分位の家族の家族当たり資産額が一番低く，十分位数

が上昇するに伴い，家族当たり資産額は増大する。このデータはすべての家族数を十分位に分類しているから，家族数の累積比率は第1十分位10％，第2十分位20％となり，第10十分位の累積家族比率は100％となる。

縦軸には，それぞれの十分位の家族数の累積比率に対応する資産額の**累積比率**がとられる。家族当たり資産額がもっとも低い10％の家族数により構成される第1十分位の資産額の比率は，0.5％にすぎない。第2十分位の資産額の比率は1.6％であるから，第1十分位との累積比率は2.1％（＝0.5％＋1.6％）となる。第10十分位の比率は39.3％であり，累積比率は100％となる。家族当たり資産額が一番多い第10十分位の家族の比率は10％であるのに，その所有する資産額の比率は39.3％であり，資産の分配状態はきわめて不平等である。

資産の家族間の分配が**完全に平等**であり，すべての家族が同額の資産を有しているならば，家族累積比率と資産累積比率は一致するから対角線に一致し，ジニ係数の値はゼロとなる。他方，最高十分位である第10十分位の家族がすべての資産を独占するならば，ジニ係数の値は1.0となる。図15‐2のわが国の資産分配状態が示すように，一般的にローレンツ曲線はこの両極端の間にあり，ジニ係数が小さいほど対角線に近く平等な分配状態を表し，ジニ係数が大きいほど対角線から遠くなり分配の不平等度は大きくなる。表15‐2の資産分配のジニ係数と所得分配のジニ係数の比較で明らかなように，所得分配のジニ係数の方が資産分配のジニ係数よりもかなり小さいから，所得の分配状態に対応するローレンツ曲線は，対角線と資産の分配状態を示すローレンツ曲線との間に位置し，対角線のより近くに位置する。

所得分配と資産分配の不平等度

表15‐2にはOECD主要国に対して，資産の分配状態と所得の分配状態を，ジニ係数の指標を用いて比較してある。いずれの国に対しても，資産分配のジニ係数の方が所得分配のジニ係数よりもかなり高い値を示しており，フローである所得よりはストックである資産の分配状態の不平等度が高いことがわかる。OECD諸国の間では，わが国の資産分配のジニ係数は0.547で一番低く，資産の分配状態は最も平等である。それでも所得分配のジニ係

表15-2 資産と所得の分配状態

国	資産分配のジニ係数	所得分配のジニ係数
アメリカ	0.801	0.357
日　本	0.547	0.314
ドイツ	0.671	0.277
イタリア	0.609	0.347
イギリス	0.697	0.326
フランス	0.730	0.273
スペイン	0.565	0.303
カナダ	0.663	0.301
オーストリア	0.622	0.305
オランダ	0.649	0.251
メキシコ	0.748	0.467
スイス	0.803	0.267
トルコ	0.717	0.439

資料：James B. Davies, Susanna Sandstrom, Anthony Shorrocks and Edward N. Wolff, *The World Distribution of Household Wealth*, Department of Economics University of Western Ontario, December 2006 の Table 10-b より資産分配のジニ係数を，Michael Forster and Marco Mira d'Ercole, *Income Distribution and Poverty in OECD Countries in the Second Half of the 1990s*, OECD SOCIAL, EMPLOYMENT AND MIGRATION WORKING PAPERS, May 2005 の Annex Table A 3 より所得分配のジニ係数を使用。

数は 0.314 であるから，資産の分配状態のジニ係数の値はそれよりは大幅に大きく，**資産の分配状態**の不平等度が，所得のそれよりもずっと高い。所得や資産の分配は市場で決定されるが，現代福祉国家においては，**社会的公正の基準**からみて最適であるとはみなされない。フローの所得は財政の分配機能により再分配されるが，資産の再分配も必要であると考えられている。資産課税は**資産の集中**を緩和するが，これは社会的にも政治的にも望ましいことである。

15–4　公共財・サービスからの受益と資産課税

資産の保護という国家の機能

　ジョン・ロックなどの自然法理論の提唱者によると，国家の基本的機能の1つは資産の保護であり，したがって資産所有者は国家の経費を支払わねばならない。課税標準には，個人の有形と無形の資産すべてが含まれるべきである。この考え方に沿うならば税収は，資産に保護を与える法の執行や立法や司法の費用に充てられるべきである。政府の提供するすべての公共財・サービスが対象となるわけではなく，どのような種類の公共財・サービス供給の経費に充てるかについては議論の余地がある。例えば，教育経費に資産税収を当てるのは不適切であるといえる。

資産価値を引き上げる公共財・サービス

　また，利益説に基づく資産課税の根拠は，公共財・サービスは不動産の価値を高め，したがって所有者が，公共財・サービス供給費用を租税の形で負担すべきであるという点にある。地方税としての資産課税に対して利益説を適用するならば，資産所有者の資産価値を引き上げる特定の公共財・サービスに対して，税収を使用すべきである。歩道の建設などは隣接の住宅の価値を引き上げるであろうが，この種の便益に対応する負担は一般的な資産税よりは，**当該事業経費の分担制度**の方が適切といえる。

　地方税として一般資産税を課税するには，すべての不動産が地方公共財・サービスの便益を幅広く享受し，この種の便益の価値が資産税負担に等しくなるということが想定されなければならない。しかし資産税収の多くは教育のような一般サービスの供給に使用されるから，不動産に対する一般税は，供給された公共財・サービスに対する費用負担の手段としては不適当である。公共財・サービスからの一般便益に対応するもっと適切な課税標準は所得や消費であり，企業が公共財・サービスから受ける便益に対応する課税標準としては，付加価値の方が適切である。

資産所有に独自の担税力

第9章「包括的所得税の原理と制度」で論じたように，**包括的所得**の定義は消費と純資産の増加分との合計である。もしすべての資産増加分 ΔK を包摂するような包括的所得に対して所得税が課税されるならば，蓄積された資産ストック K に対してあらたに資産課税するのは，**二重課税**を構成する。

所得税と消費税の議論においても，所得税は二重課税を構成すると批判された。貯蓄をまったくしないキリギリスは，現在において勤労所得に対する所得税を支払うだけなのに，可処分所得のすべてを貯蓄にまわすアリは貯蓄に対して生じる利子所得に対しても追加的に所得税を支払う。貯蓄にまわした資金はすでに所得税を支払った後の**可処分所得**であり，貯蓄に対する利子所得に課税するのは二重課税であるという批判がなされる。

それに対して，貯蓄に対して生じる利子所得は勤労所得とはまったく別の所得であるから，二重課税ではないという反論がある。資産課税が所得税との二重課税を形成するという批判に対する反論はそれと類似のものであり，すでに純資産の増加分に対して所得税が課税されていても，資産を有するという事実に，フローの所得の稼得とは別の独自の担税力が存在すると主張される。

フローに対する課税の補完

包括的所得税は理論的には消費と純資産の増加分に対して課税することになっているが，所得税課税の現実において，純資産の増加分に対する課税が十分になされているかどうかは問題である。もし，現実の所得税課税において資本所得に対する課税が不十分であるならば，それを補完するための資産課税は正当化される。アメリカやイギリスなどの先進国においても，現実に実施されている所得税には消費税の要素がかなり混在しており，**資本所得課税**については非課税や軽減課税されているから，理論的な包括的所得税が要請するような純資産増加額に対する所得税課税は不十分である。

また，制度的に資本所得課税が不十分であるということに加えて，税務行政上，各種所得の捕捉が不完全であるという問題がある。わが国でも「トウゴウサン」とか「クロヨン」という表現で，所得の種類や納税者の種類によ

り**所得捕捉率**に格差があり，所得税が完全に課税されていないという指摘がある。とりわけ発展途上国では資本所得を捕捉することが困難であるが，不動産は課税当局による捕捉が容易な課税物件であり，現実の所得税における純資産の増加額に対する課税の不備を補完することができる。

15-5 資産の種類

家計資産の構成

表15-1には，企業の貸借対照表に記載される企業の各種資産を示した。表15-3には，わが国を含めた世界諸国の家計が，どのような形で資産を保有しているかを表している。まず，**資産**に対して**負債**が存在する。わが国においても資産総額の一部として持ち家の価値が計上されるが，多くの家計は多額の住宅ローンを抱えており，正味資産額に課税するならば，負債を控除しなければならない。わが国では資産総額のうち14％は負債であり，一番高い負債比率を有するデンマークでは，資産総額のうち30％は負債である。

この資産構成をみれば，資産総額から負債を控除した**正味資産**を課税標準として課税すべきか，負債を控除することなく資産総額，または資産総額の一部である非金融資産，さらにはその一部である住宅資産のみに課税すべきか，さらには現代経済において大きな割合を占めるにいたった金融資産も含めて課税すべきかについての選択に直面する。**富裕税**と呼ばれる税は，負債を控除した正味資産価値を課税標準とした資産税である。固定資産税を主とした各種資産税は，非金融資産や住宅資産を課税物件として課税されるが，課税標準には，それらの資産価値と賃貸価値との間に選択の余地がある。また，金融資産に対する課税も選択肢となる。わが国でも金融資産の資産総額に占める割合は50％にのぼり，アメリカでは67％にも達している。

15-6 OECD主要国における各種財産税

第3章の表3-4「わが国の各種税」には，OECD分類に基づいて，わが国の各種税の分類とその相対的規模を示してある。第16章で取り上げる地

表 15-3　家計貸借対照表における家計資産の構成比：2000 年

(単位：%)

	資産総額に占める非金融資産の割合	非金融資産総額に占める住宅資産の割合	資産総額に占める金融資産の割合	金融資産に占める流動資産の割合	金融資産に占める株式の割合	金融資産に占めるその他金融資産の割合	資産総額に占める負債の割合
オーストリア	59	35	41	22	20	58	17
カナダ	43	46	57	25	32	43	18
台湾	41	48	59	39	32	29	10
チェコ	66	na	34	60	24	16	9
デンマーク	45	52	55	21	54	48	30
フランス	60	49	40	33	32	35	11
ドイツ	60	70	40	34	37	29	16
イタリア	58	86	42	23	55	21	3
日本	50	na	50	53	16	31	14
オランダ	46	83	54	19	24	57	16
ニュージーランド	68	88	32	35	40	25	20
ポーランド	80	78	20	59	25	17	3
ポルトガル	51	77	49	47	38	15	19
シンガポール	55	86	45	44	21	35	18
南アフリカ	35	47	65	21	20	60	15
スペイン	69	88	31	40	43	17	10
イギリス	47	74	53	21	25	57	13
アメリカ	33	80	67	13	51	36	15

資料：James B. Davies, Susanna Sandstrom, Anthony Shorrocks and Edward N. Wolff, 前掲，table 5 より作成。na (not available) はデータが存在しないという意味。

方税の固定資産税や都市計画税が7.9％で主要税となっており，第17章で論じる遺産・相続・贈与税の税収はそれほど大きくなく1.1％に留まる。

表15-4には，OECD主要国の各種財産税の租税総額に占める比率が比較されている。財産税の租税総額に占める比率は韓国（11.3％），カナダ（10.2％），日本（10.0％），イギリス（12.0％），アメリカ（12.0％）が高い比率を占めるが，チェコ（1.1％），ドイツ（2.5％），スウェーデン（3.1％）における比率は低い。資産税の中では**固定資産税**が主であり，例えばカナダは財産税10.2％のうち8.3％，日本10.0％のうち7.7％，ニュージー

表 15-4　OECD 主要国の財産税：2004 年度

	租税総額	4000 財産税	4100 固定資産税	4200 富裕税	4300 遺産・相続・贈与税	4310 遺産・相続税	4320 贈与税
オーストリア	100.0	8.7	4.5	na	na	na	na
カナダ	100.0	10.2	8.3	0.8	na	na	na
韓国	100.0	11.3	2.6	na	0.9	0.3	0.6
チェコ	100.0	1.1	0.5	na	0.1	na	na
デンマーク	100.0	3.8	2.4	na	0.4	na	na
フランス	100.0	7.6	4.8	0.4	1.2	1.0	0.2
ドイツ	100.0	2.5	1.3	na	0.6	0.5	0.1
イタリア	100.0	6.1	2.0	na	na	na	na
日本	100.0	10.0	7.7	na	1.1	na	na
オランダ	100.0	5.3	2.2	na	0.8	0.7	0.1
ニュージーランド	100.0	5.0	4.9	na	0.0	na	na
ポーランド	100.0	3.8	3.8	na	0.1	na	na
スウェーデン	100.0	3.1	1.9	0.4	0.2	0.2	na
スイス	100.0	8.5	0.6	4.7	0.9	0.9	na
スペイン	100.0	8.1	2.0	0.4	0.7	0.7	na
イギリス	100.0	12.0	9.2	na	0.7	0.7	na
アメリカ	100.0	12.0	11.0	na	1.0	na	na

資料：*OECD Revenue Statistics 1965-2005*，"Part III Country Tables, 1965-2004" の各国表から作成。na はデータが存在しない意味。

ランド 5.0％のうち 4.9％，イギリスは 12.0％のうち 9.2％，アメリカは 12.0％のうち 11.0％である。

15-7　純資産に対する課税

シャウプ税制と富裕税

　表 15-3 に示したように，家計は資産とともに，かなりの負債も有している。表 15-1 には企業の財務諸表でストックを表す貸借対照表を示してあるが，左側には資産運用形態の各種資産総額を，右側には各種負債の額と資産総額と負債総額の差額である正味資産額を表している。左側の資産総額に課

税するのか，資産総額から負債総額を控除した正味資産に課税するのかの選択肢がある。理論的には支払能力に対応する資産の範囲は，資産総額ではなく**正味資産**である。

　正味資産を課税標準として課税する税は**富裕税**と呼ばれており，シャウプ勧告においても提案された。第2次世界大戦後は，アメリカからシャウプ税制使節団が来日し，1950年にその勧告に基づく**シャウプ税制**が施行され，現在のわが国税制の基礎が形成された。シャウプ勧告が特に強調したのは，直接税，特に所得税および法人税を中心とした租税体系の樹立であり，間接税については減廃の方向すら示唆した。所得税の最高税率を55％にとどめ，高額所得層に対しては別途，**所得税の補完税**として富裕税を課すこととした。富裕税はわが国ではシャウプ勧告を受けて1950年に導入されたが，資産の包括的な把握や評価など税務執行上の問題を理由に，3年後には廃止されている。

フランスの富裕連帯税

　フランスの富裕税の課税対象は所有資産すべてで，不動産はもとより現金，貴金属類，家具，証券なども含まれる（芸術品は対象外）。フランス居住者であれば，外国に所有している資産も課税対象に含まれる。所得税と同様に家計単位で課税されるので，配偶者がいる場合には配偶者の資産と合算して課税される。この資産合計額から負債額が控除されて，課税標準の**純資産**が算出される。課税最低限の72万ユーロ（約1.14億円）以下の純資産額にはゼロ税率が適用され非課税となり，72万ユーロ以上116万ユーロ未満に適用される0.55％から150万ユーロ（2.37億円）以上に適用される1.8％までの6段階の税率で課税される。2004年には税収総額の0.4％を占めている。

　富裕税の目的は，所得税を補完し資産を再分配することにより，資産を持つ者と持たざる者のバランスを図ることにある。しかし，富裕税には次のような**批判**があり，廃止するか継続するかが政治問題化している。①全資産を詳細に評価しなければならないため，私生活を侵害する。②ほとんどの国はこのような富裕税を廃止しており，金持ちのフランス脱出に拍車をかけてい

る。③相続税と二重課税になっている。④資産評価が困難なため，正直に自己申告しても税務当局に資産価値過小評価申告と判断される場合があり，当局との紛争となりかねない。

スウェーデンの富裕税

　スウェーデンでは純資産額から独身者には150万クローネ（2,550万円），夫婦には300万クローネの課税最低額を控除し，この額を超える資産額に1.5％の税率で課税される。資産には住宅，自動車，その他の金融資産も含まれる。2003年度においては，一般政府税収総額に占める富裕税収の比率は0.29％にすぎない。

　富裕税は海外への**資本逃避**を促進し，将来の経済成長に必要な貯蓄や投資を奪う。逃避しないで国内に残る資本については，富裕税は高い所得税率と同じ効果を与える。資本所得を生み出す資本に1.5％の税率の富裕税が課されるとともに，資本所得には30％の税率で課税される。海外への資本逃避を防止するためにも富裕税への批判が強く，2008年度には廃止する方針を打ち出している。

　ヨーロッパではフランス，スペイン，ギリシャ，スイス，ノルウェーが富裕税を課税しているが，2003年からの5年間にオーストリア，デンマーク，オランダとドイツで廃止されており，2006年にはフィンランド，アイスランド，ルクセンブルクで廃止された。

第16章　固定資産税

16 - 1　課税標準としての固定資産額

　固定資産税は歴史上，古くから課税されていた。財産の所有権に対する税は古代において利用されたが，現代の財産税はイギリスやヨーロッパの国王や領主に対する封建義務に起源を有する。14世紀と15世紀においては，イギリスの税査定官は財産の所有や専有を利用して納税者の支払能力を推定したが，その後は財産の毎年度の賃貸価値に対する税である**レイト（Rate）**という固定資産税に発展した。わが国でも唐に倣って採用した租税制度である「租庸調」のうちの「租」とは，田畑の収益を課税物件とする租税であった。

　第15章の表15‐3「家計貸借対照表における家計資産の構成比」でみたように，資産総額のうちかなりの割合は負債総額であり，富裕税は資産総額から負債総額を差し引いた正味資産に対して課税される。資産総額のなかで非金融資産の比率は，わが国では50％にすぎない。**固定資産**は非金融資産であり，負債を控除しない総資産額の一部に対応するが，非金融資産のうちの住宅資産の比率はイタリア（86％），ニュージーランド（88％），シンガポール（86％），スペイン（88％）などではきわめて高い比率を示す。他方，オーストラリア（35％），カナダ（46％），台湾（48％），フランス（49％），南アフリカ（47％）などの比率は低い。

16‐*2*　地租改正

　第2章の2‐4「日本の租税制度の歴史」でみたように，地租の由来は，大化の改新により成立した律令国家が，唐に倣って採用した租税制度である「租庸調」のうちの「租」にさかのぼり，田畑の収益を課税物件とした租税であった。近代化という緊急課題を抱えた明治政府にとって，十分で安定した歳入は不可欠であり，地租改正とは，1873（明治6）年に明治政府が行った租税制度改革であった。

　江戸時代までの地租は米による**物納制度**であり，耕作者が納税義務者であった。また，その制度は全国で統一したものではなく地域間に違いがあったが，地租改正により，土地の価値に見合った金銭を所有者に納めさせる全国的統一課税制度に改められた。新地租は，収穫量の代わりに収穫力に応じて決められた地価を課税標準とし，以前には**物納**であったものを**金納**とした。税率を地価に対する一定率とし，耕作者ではなく，地券の発行により確認された土地所有者（地主）を納税義務者とした。税率を地価に対する一定率とすることにより，政府は安定した収入を確保することができるようになったが，農作物の価格変動リスクは，政府から農民へ転嫁された。

　地租改正の際に行われた測量結果は**地券**に記され，この内容は地券台帳にまとめられた。地券は土地所有を公証しかつ納税義務者を表示し，土地売買の法的手段であるとされたことから，土地の流通および土地金融は，すべて地券により行われることとなった。

　1899年の登記法成立後は，**登記簿**が土地所有を公証するものとされた。地券台帳自体も1884年に創設された土地台帳制度に引き継がれ，1889年に事実上廃止されて，以後地租の徴収はこの土地台帳によって行われた。さらに土地台帳は1960年に廃止され，登記簿と一元化された。このとき，**土地台帳**に記載されていた土地の表示に関する記載（所在，地番，地目，地積）が，登記簿の表題部に移記された。したがって，現在の土地登記は，地租改正時に作成された地券および地券台帳にさかのぼる。

16‑3 わが国の固定資産税

固定資産の範囲

　第3章の表3‑4「わが国の各種税」でみたように，わが国では財産に対する課税からの税収は税収総額の10.3％を，**経常的不動産税**である市町村税の固定資産税，都市計画税が7.9％を占めている。わが国の固定資産税は，保有する固定資産について市町村が課税する地方税であり，課税対象は土地，家屋，有形償却資産である。このうち土地と家屋については，課税団体である市区町村が登記簿等で実態を把握可能であるが，償却資産については登記等により把握できないため，申告により償却資産を把握して課税する方式を取っている。納税義務者は賦課期日に資産を所有する者であり，一般的に公共の用に供する資産などのような所定の要件を満たす資産は非課税となる。また日本国内に存在しない資産等については課税されない。

　固定資産とは土地，家屋，償却資産を総称したもので，**土地**には田，畑，宅地，鉱泉地，池沼，山林，牧場，原野，その他の土地が含まれる。**家屋**には住宅，店舗，工場，倉庫，その他の建物が含まれる。**償却資産**には家屋以外の事業の用に供することができる資産で，その減価償却額または減価償却費が法人税法または所得税法の規定による所得の計算上，損金または必要な経費に算入される構築物，機械，装置，工具，器具，備品，船舶，航空機などの事業用資産で，法人税または所得税で減価償却の対象となる資産が含まれる。ただし，自動車税，軽自動車税の課税対象となるものは除かれる。

固定資産の評価

　土地の評価には，主に路線価方式が採用される。**路線価**とは，街路に沿接する標準宅地の単位地積当たりの適正な時価に基づいて設定された価格である。路線価には固定資産税における路線価と，相続税における路線価の2つがあり，**固定資産税路線価**については各市町村が算定し，**相続税路線価**については，各国税局がそれぞれ算定している。主要な街路の路線価は，標準宅地前の路線であるため鑑定価格等により求めるが，その他の街路の路線価は，

主要な街路の路線価を基礎に，価格形成要因を考慮して求める。価格形成要因には，道路幅員や舗装などの道路要件，最寄り駅や大型店からの距離などの交通・接近条件，下水道やガスの供給などの環境条件，都市計画用途や建蔽率・容積率などの行政的条件がある。

家屋の評価 は，家屋が新築または増築された際に，現地調査もしくは建築図面に基づいて，家屋の構成部分ごとに評価基準に記載される単価表で単価を計算し，その総計を家屋の単価とする。通常，評価額が課税標準額となる。**償却資産の評価** は，資産ごとに評価額と理論帳簿価額を算出し，評価額の高い方が決定価格となり，決定価格が課税標準額となる。毎年行われる申告により資産台帳を作成し，それに基づいて評価額を算定する。

税率と市町村税収に占める比率の変遷

課税標準額に税率を乗じて税額を算出するが，標準税率は 1.4％である。以前は 2.1％という制限税率があったが，現在は廃止されており，各市区町村は税率を自由に設定することができる。

1975 年度から 2001 年度までの期間にわたる長期的変遷をみると，地方税収総額に占める固定資産税収の比率は近年上昇しており，1981 年度の 31.7％から 2001 年には 45.7％に至っている。とりわけ経済が停滞に陥った 1990 年代から急上昇しており，個人所得に対する課税である市町村民税所得割とか，間接的な法人所得に対する税である市町村民税法人税割などの伸びの鈍化が原因と思われる。このことは固定資産税収が安定的で，景気変動にあまり影響されないことを示唆する。

自動車税 は道府県民税であるから，道府県税収総額に占める自動車税収の比率を示してある。図 16-1 に示すように，この比率は 1990 年前後に低下して 1989 年には 8.1％，90 年には 8.2％に低下したが，その後 10％強の比率を維持しており，2001 年には 11.4％である。自動車は通常は耐久消費財として分類され，OECD 統計では「5200 財の利用と活動に対する税」の「5210 経常税」として分類されているが，アメリカでは **個人財産税** として課税されているので，財産税の一形態として固定資産税と比較してある。

図 16-1 固定資産税と自動車税の比重

(単位：％)

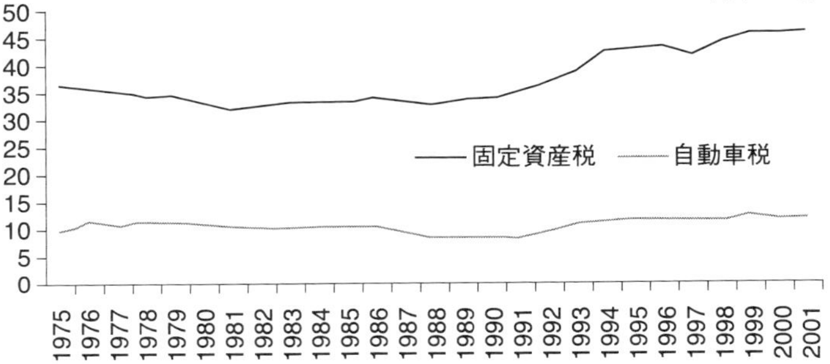

資料：総務省統計局統計研究所『日本の長期統計系列』，第 5 章 財政「5-22 税目別地方税収入額（昭和 50 年度～平成 13 年度）」より作成。

都市計画税

都市計画税は**目的税**であり，都市計画法に基づいて行う都市計画事業，または土地区画整理法に基づいて行う土地区画整理事業に要する費用にあてられる。当該市町村の区域で都市計画区域として指定されたもののうち，市街化区域内に所在する土地および家屋に対し，その価格を課税標準として，当該土地または家屋の所有者に都市計画税を課すことができる。

「価格」とは，当該土地または家屋に係る固定資産税の課税標準となる価格である。「所有者」とは，当該土地または家屋に係る固定資産税について所有者かまたは所有者とみなされる者をいう。都市計画税の税率は，0.3％を超えることができない。

16-4 イギリスの地方税

伝統的地方税のレイト

イギリスの唯一の地方税は，レイトと呼ばれる固定資産税であった。その起源は 1601 年の**エリザベス救貧法**にさかのぼり，パリッシュ（教区）はその財源としてレイトを課税した。住宅資産に対するレイトは，その名目賃貸価値を課税標準として課税されたが，サッチャー政権によって 1989 年には

スコットランドにおいて，90年にはイングランドとウェールズにおいて廃止され，**コミュニティ・チャージ**と呼ばれる人頭税に代替された。商工業資産に対するレイトは国税に移管され，ビジネス・レイトとして現在も存続している。**ビジネス・レイト**の資産評価は，国の評価担当庁が実施する。税の請求と徴収は地方公共団体の責任であるが，徴収した地方公共団体の税収となるのではなく，中央政府に集められ人口に基づいて地方公共団体に配分されるから，地方公共団体間の財源調整の機能も果たしている。

　イギリスの伝統的地方税であったレイトの最大の特徴は，**税率選択**が全面的に地方公共団体の裁量に委ねられていた点にあった。各地方公共団体は，その財政需要を国からの特定補助金や財政調整のための一般補助金などの外部資金でまず充足し，残りの部分を自主財源である地方税のレイトで調達した。各地方公共団体のレイト課税標準の規模は与えられているから，レイトで調達すべき税収額をレイト課税標準の額で除すれば，**必要税率**が算出できる。負担としてのレイトと地方公共財・サービスの便益を比較考量して，住民が税率を選択することにより，アカウンタビリティの原則が満たされた。

　課税物件である資産は，個人住民が直接負担する**住宅資産**と，法人企業が支払う商工業資産とに分けることができるが，財政錯覚を利用して，政治家は選挙権を有する個人の支払う住宅レイトを軽減し，選挙権を有しない法人が支払う**商工業資産**レイトを重課税する傾向が顕著であった。また，地方公共団体に対する財政調整制度の一環には，住居要素と呼ばれる部分があり，住宅資産に対するレイト軽減のために使用された。これらの措置により，住宅資産に対するレイトの支払いはきわめて軽微となった。負担と便益の比較考量に基づいて税率を自由に選択することにより，**アカウンタビリティの原則**が達成されるという，地方財政の基盤が根底から揺らいでいたが，サッチャー首相による伝統的地方税のレイト廃止の大きな理由はこの点にあった。

　伝統的地方税のレイトに関する問題点はさまざま指摘されていたが，1つの重要な批判点は**逆進性**にあった。所得の増大に伴いレイト税額は増大するとしても，所得に占めるレイト税額の比率は低下する。この逆進性という欠陥を是正するために，レイト払戻し制度や，レイト支払額を社会福祉給付金の一部として負担するという補足給付金制度により，低所得者に対するレイ

ト**負担軽減措置**がとられた。固定資産税がどの程度まで逆進的であるかは，実証的に検証すべき問題であるが，一般的に固定資産税に対する逆進性という批判は根強い。

カウンスル・タックス

　伝統的レイトに代替したコミュニティ・チャージは1990年に導入されたが，3年後の93年には廃止され，カウンスル・タックスにより代替された。カウンスルは地方議会の意味であるから，カウンスル・タックスは地方税を意味する固有名詞である。カウンスル・タックスは，現在イギリス（イングランド，スコットランド，ウェールズ）の主要地方税となっているが，伝統的地方税であったレイトと人頭税であったコミュニティ・チャージの要素を加味した税となっている。カウンスル・タックスの課税標準は，賃貸価格が課税標準であったレイトとは異なり，**住宅資産の資本価値**である。住宅資産はその評価資本価値によりAからHまでの8評価帯に分類されるが，各地方公共団体はD評価帯に属する2人の成人の住む住宅資産に対する税率を決定する。この決定により，他のすべての家族形態と住宅形態に対する税額も自動的に決定される。

　カウンスル・タックスも，支払能力を考慮に入れていないから不公平であると批判される。財産の資本価値は個人の所有する資産の指標かもしれないが，かならずしも現在の所得に関係していない。カウンスル・タックスは，支払能力がないのに，財産価値に従って税を支払う賃貸住宅住民に対して不当に重くなる。また，税負担が財産価値に対しても比例的ではなく，H評価帯の財産の価値はA評価帯の財産の10倍も高い価値を有しているのにせいぜい3倍しか税負担していない。カウンスル・タックスの**逆進性**を緩和するために，低所得者に対する税の還付措置などが導入されている。

　イギリスにおいては土地が少なく住宅への需要は高いが，カウンスル・タックスは土地占有税または住宅占有税として機能するから，必要以上に大きな家に住むことに対して抑制効果を発揮する。子供が成長し独立した年金生活者は，大きな家を出て小さな家に住むことにより，カウンスル・タックスの支払いを軽減することができる。

16-5　アメリカの財産税

辺境地域における土地税

　アメリカの財産税は，辺境地域における経済および政治状況に密接に関連していた。農業地域においては，財産税が地方政府の徴収可能な歳入源となり，資産に対する平等な課税は，支配的であった平等主義のイデオロギーに適っていた。独立戦争が勃発すると，植民地アメリカは，世界の一流軍事大国イギリスとの戦争を遂行するための税制の制定を余儀なくされた。租税制度は植民地ごとに異なったが，1796 年において，15 州のうち 9 州は **人頭税** を課税していた。12 州は家畜のすべてまたは一部に対して課税し，土地はさまざまの形で課税されていたが，4 州のみが財産の評価額に対して課税していた。市場から遠く離れた辺境の開拓者は，面積当たりではなく土地の価値に対する財産税の課税を要求した。

すべての財産の画一的課税

　財産の評価額により課税すべきであるとか，すべての種類の財産を同じ税率で課税すべきであるという要求は，最初に 1818 年にイリノイ州において採択され，1820 年にはミズーリ州がそれに倣った。テネシー州が 1834 年に，土地に対する税はその評価額に従って従価税として課税する制度を制定したが，19 世紀末までには，土地のみならず不動産，動産，有形，無形のすべての財産の評価額に対して課税する **画一条項** を，33 州が州新憲法に規定した。多くの州において公選された公職者が，財産の市場価値を決定し，必要な税収を調達するための税率を定め，各財産に対する税額を計算し徴税し，該当する政府に税収額を納入した。州はカウンティに分割され，州政府の機能を遂行するためにさまざまな事務が配分された。市民は自由に市町村，学校区，その他の特別区を設置して，必要な追加的事務を実施した。財産税，とりわけ **不動産税** は，このような状況に適合した理想的な税であった。不動産はその所在地が固定されており，外部からの観察が容易であり，その税収は財産の所在地に配分された。

低所得者の保護と住宅資産税の回路遮断器

　第2次大戦後多くの州は家屋敷の免税を廃止したが，「回路遮断器」（circuit breaker）の導入により低所得者，高齢者，障害者である住宅所有者を保護しようとした。1991年には35の州が，なんらかの形態の回路遮断器を制度化していた。回路遮断器は電気ではヒューズのことで，過剰な電流が流れると溶解して電流を遮断するが，家屋に対する固定資産税の負担が過大と判断される状況にある低所得者，高齢者，障害者を援助するために，彼らの租税負担を軽減する制度である。イギリスの伝統的地方税レイトにも，低所得者のレイト納税者に代わって，国がレイト還付制度や社会保障給付金の補足給付金制度でレイト税額を負担する制度が導入されていたが，これも一種の回路遮断器であった。

カリフォルニア州における納税者の反乱

　ほとんどすべての州において，財産税に対するなんらかの制限が加えられたが，もっとも広く報道されたのは，「**プロポジション13**」と呼ばれた，1978年のカリフォルニア州における一般投票による**州憲法修正**であった。この州憲法修正には，財産税の評価額の調整を年率2％かインフレ率かのいずれか低い方に制限するとか，増税には州議会の上下両院における3分の2の特別多数決を必要とする等の，厳しい条件が付された。カリフォルニア州の地方政府は弱体化し，使用料，手数料，企業税の大幅な引上げが実施された。

　表15‐4「OECD主要国の財産税」に示されるように，2004年度におけるアメリカ合衆国の「4100不動産に対する経常税」の税収総額に対する比率は11.0％であり，OECD諸国の中ではもっとも高い。アメリカの財産税においては，土地そのものの価値と土地に建てられた建造物の価値との2つの要素に対して，通常は市町村や郡などの地方公共団体の段階で不動産評価が実施される。

16‒6　敷地税または地価税

　不動産価値は，土地そのものの価値と，人工的に加えられた建造物や排水工事などの土地改良の価値とに分離できる。アメリカの多くの州においては，**土地**に対する税と**建物**に対する税との二本立ての資産課税が取り入れられている。わが国の固定資産税は土地，住宅，償却資産の3種類の資産を課税対象とするが，土地の部分に対する固定資産税は敷地税の性格を有している。敷地税とは土地だけの価値に対する税であるから，改善の加えられない空地の価値に対して課税される。**敷地価値**は土地の上部に建てられた建物や改造作業に起因しない土地の価値であるから，現在の所有者も以前の所有者も敷地価値の創出に貢献したと主張することはできない。

　地価税は土地に対する投機を抑制し，土地の効率的で生産的な使用を促進する。所有者の努力によるものではなく，新規インフラストラクチャーや，新規区画整理により土地の価値は大幅に上昇する。政府による**インフラストラクチャー整備**により，地主に棚ぼた式に入ってくる土地価値の増加分の一部は，地価税で政府により回収される。開発が地価を引き下げるならば，地価税は軽減されるから，開発のマイナス効果から生じる痛みを緩和することができる。

　さまざまな実践的経済的理由のほかにも，そもそも自然界はすべての人びとの共通資源であるという基本的哲学がある。地価税は税というよりは，すべての人びとが自由に使用できるはずの**土地の利用権**を放棄する人びとに代わって，政府が徴収する地代とみなすことができる。

16‒7　個人財産税

個人財産としての耐久消費財

　アメリカにおいては車両（乗用車，トラック，オートバイ，トレイラー），リクリエーション用車両，レジャー用ボート，飛行機，移動式住宅，リース車両等に対しても，州政府や地方政府により個人財産税が課税される。また，

企業に対しても，家具や備品，設備品，機械や道具が，個人財産税として課税される。

わが国の固定資産税では**償却資産**も課税対象に含まれるが，自動車税や軽自動車税と重複課税されないように配慮されている。わが国の自動車や軽自動車は OECD 租税分類では「5000 財・サービスに対する税」のもとで，「5200 財の利用または財の利用や活動の許認可に対する税（Taxes on use of goods or on permission to use goods or perform activities)」の「5210 経常税」として分類されている。自動車や軽自動車は耐久消費財であるが，耐用年数の期間中は**個人資産**の一部とも考えられるので，アメリカの個人財産税のように，わが国の自動車税と軽自動車税を資産課税の一種として，この章で扱う。

自動車税

わが国の自動車税は地方税であり，自動車に対し主たる定置場所在の道府県において，その所有者に課する。税率という用語は，価格に対する百分比で表されるものだけでなく，物的単位当たりいくらという税額に対しても使用されている。自動車は多数の種類に分類されており，それぞれに対して税率が定められているが，価格に対する百分率ではなく，それぞれの種類の自動車に対して1台当たりいくらという税額の形式で定められており，租税の分類からいえば**従量税**である。以下にほんの少数の例を示す。

一，乗用車（三輪の小型自動車であるものを除く），イ，営業用(1)総排気量が1リットル以下のもの，年額7,500円，(2から9までは省略），(10)総排気量が6リットルを超えるもの，年額40,700円，ロ，自家用(1)総排気量が1リットル以下のもの，年額29,500円，(2から9までは省略），(10)総排気量が6リットルを超えるもの，年額111,000円。

二，トラック，三，バス，四，三輪の小型自動車の各種自動車が細かく分類され，それぞれに対する税率が定められている。

道府県は標準税率を超える税率で自動車税を課する場合には，標準税率にそれぞれ1.5を乗じて得た率を超える税率で課することができない。地方税制度におけるこのような税率を**制限税率**と呼ぶが，一方では標準税率を定め

て全国的均一性を維持するとともに，他方では地方自治の本旨に基づき制限税率の範囲内で地方公共団体に**税率決定の裁量権**を与える制度である。

軽自動車税

　軽自動車税は，原動機付自転車，軽自動車，小型特殊自動車および二輪の小型自動車に対し，主たる定置場所在の市町村において，その所有者に課する。軽自動車税の標準税率は，次の各号に掲げる軽自動車等に対し，1台についてそれぞれ税額を定める**従量税**の形式をとっている。

　一，原動機付自転車，イ，総排気量が0.05リットル以下のもの又は定格出力が0.6キロワット以下のもの，年額1,000円，（ロ，ハは省略），ニ，三輪以上のもので，総排気量が0.02リットルを超えるもの又は定格出力が0.25キロワットを超えるもの，年額2,500円。

　二，軽自動車及び小型特殊自動車，イ，二輪のもの，年額2,400円，ロ，三輪のもの，年額3,100円，ハ，四輪以上のもの，乗用のもの，営業用，年額5,500円，自家用，年額7,200円，貨物用のもの，営業用，年額3,000円，自家用，年額4,000円。

　三，二輪の小型自動車，年額4,000円。

　自動車税と同じく，軽自動車税には制限税率の定めがある。市町村は，前項に定める標準税率を超える税率で軽自動車税を課する場合には，標準税率に1.5を乗じて得た率を超える税率で課することができない。

第17章 遺産税と相続税，補完税としての贈与税

17-1 死亡時における非経常的課税

　純資産増加説によるならば，所得とは消費 C と純資産増加額 ΔK との合計である。個人の死亡時における財産の相続額は，相続者により消費されるか，相続者の純資産額を増加させる。したがって，相続額は**純資産増加説**に基づいた所得の一部であり，相続者に総合所得税が課税されるべきである。個人の死亡年度において相続者に一時的に生じる所得であるから，総合所得税により課税するには，退職一時金や山林所得のように，N 分 N 乗方式に類似したなんらかの平均化措置が必要となる。

　しかし，相続により取得した所得は，他の所得とは別の性格の所得であるという見方が，世界各国において一般的であり，所得税とは別の遺産税や相続税が死亡税として課税されてきた。これは所得の種類ごとに異なる税制により対応しようとする，一種の**分類所得税**である。

　富裕税や固定資産税，自動車税，軽自動車税などは，毎年度経常的に課税されるのに対して，死亡税と贈与税は**非経常的**に課税される。死亡税は資産所有者の死亡時に課税され，遺産税は相続者に移転する前に死亡者の遺産に対して，相続税は財産が相続者に移転した後で相続財産に課税される。通常は配偶者が相続する遺産は非課税であるが，死亡時に所有していた金銭，不動産，株式，債券，保険金，物的所有物のすべてに対して課税される。死亡税支払いを回避するために生前中に財産を贈与する誘因が生じるが，この傾

向を抑制して死亡税を支払わせる目的で，死亡税の補完税として贈与がなされた年度に贈与税が課税される。

17‐2　死亡税課税の根拠

財産保護の代償

　個人の死亡時において，その遺産額を子孫が相続したときにその相続額に課税する根拠については，さまざまな説が提唱されている。まず，政府の重要な役割は財産の保護であり，個人の死亡時において，その財産の一部を代償として徴収する権利を政府は有するとされる。類似の別の考え方によれば，財産は究極的には社会に属するものであり，個人は生存中には蓄積した財産を処分する権利を与えられるが，死亡者はその財産を請求する道徳的権利を喪失し，財産は個人の死亡とともに，**社会に還元**されるべきである。

財産所有集中の抑制

　財産の集中を抑制するために，相続を制限しようという長い歴史的伝統がある。古代においては王侯や族長の葬儀に多大な経費を費やしたから，富裕な死亡者は財産のほとんどとともに埋葬された。経済機能を麻痺させ，社会の不安定化を招き，究極的には革命さえもおこしかねない少数者への財産所有の集中を，このような慣習により抑制していた。現代においては，この**社会的安全弁**の役割を死亡税が果たしており，死亡者の財産の一部は死亡税として徴収され社会に還元される。

出発点における平等の確保

　分配の公平性や平等性についてはさまざまな基準があるが，出発点における平等な条件を確保し，そのあとは各個人の能力と努力に応じた所得や資産の分配状態を容認するというのが，自由市場経済における支配的な価値観である。**結果の平等**よりは，**機会の平等**を重視しようとするものである。ある個人が死亡者から資産の相続をするだけで，他の個人よりも出発点において著しく有利な立場に立つことは，出発点における平等の保障という観点から

みて望ましくない。遺産税や相続税は個人の死亡とともに，子孫が労することなく巨額の資産を取得するという，出発点における不平等性を有効に阻止する。

個人所得税の補完

　死亡税や贈与税には，所得税を補完する役割がある。純資産増加説などの理論的な所得の概念と，現実の所得税法に規定される所得との間には，さまざまな乖離がある。また，所得税法に規定される所得についてさえも，わが国でも税務行政上の不完全さにより，所得種類間に**所得捕捉率**に格差があるというのが現実であり，徴収されるべき所得税が実際には徴収されていない。脱税された所得税の一部は貯蓄され，死亡時における遺産として残されるかもしれないから，この遺産に課税することにより，徴収しそこなった所得税の一部を回収することができる。

　第3章「経済循環と各種租税」でみたように，最終的な税源は年々の経済の純生産であるから，それに対する包括的な課税を税務行政上も完全に実施できるならば，経済循環の純生産，所得または支出のいずれかの段階で，一度だけ課税の網を張ればよい。しかし，いわば網が不完全であるので一部の魚がその網による捕獲を逃れるが，別の場所に別の網を張ることにより，逃れた魚を捕獲することができる。

望ましい経済効果

　勤労意欲にマイナスの効果を及ぼす所得税よりは，死亡税のほうがすぐれた税であるといわれる。子孫に一定額の死亡税税引後財産を残そうとする個人は，死亡税によりその一部が政府により徴収されるから，より多く勤労し，より多く貯蓄しようとする。この効果は**所得効果**と呼ばれるが，死亡税は勤労意欲や貯蓄意欲を高める効果を及ぼす。

　また，遺産税や相続税の課税対象となる財産の形で子孫に残す代わりに，生前中に子孫に高い教育を与えることにより，死亡税支払いを回避しようとするかもしれない。このことにより**人的資本**の形成と質の向上が促進される。しかし，それ自体は経済にとって望ましいことであるが，他の形態の投資と

のバランスにおいて、人的資本への過剰投資を生み出す可能性もある。

　経済循環における同じ経済量が生産，所得，支出，財産の形で課税されており，二重課税や三重課税は一般的である。死亡税を二重課税，三重課税と特徴づけるのは誤りであり，死亡時における巨額の遺産や財産の相続に対応する，**新たな独自の担税力**に対する単一税とみなすべきである。

17‐3　死亡税反対の根拠

経済への歪曲効果

　死亡税は遺産の一部を租税として徴収するから，子孫に残す遺産額はその分だけ減少し，遺産形成に必要な勤労意欲や貯蓄意欲が阻害される。この効果は**代替効果**として知られるが，個人が子孫に残そうとする貯蓄額や遺産額を抑制する効果を及ぼす。既述の所得効果と逆の向きに働くが，いずれの効果の方が大きいかにより，純効果の向きと規模が決まる。先験的には明確な結論を下すことはできず，経験的証拠により明らかにすべき問題である。また，労せずして死亡者から多額の財産を相続する子孫は，経済成長に不可欠な勤労意欲や貯蓄意欲，危険負担意欲，企業者精神を喪失するかもしれない。

　中小企業が廃業する大きな原因の１つに，死亡税の納税義務がある。中小企業の経営者は，工場や事務所や土地や機械等の資産を後継者に承継させなければならないが，その承継を困難ならしめているのが高い死亡税である。死亡税がなければ，後継者は先代が築いた技術と資産を有効に活用することができるのに，死亡税が払えないため**事業の承継**ができなくなる。また，死亡税支払いを回避するために，資産の清算，保険証書の購入，贈与による財産移転，信託や免税の他の投資対象への資産の転換により資産を保存しようとする。死亡税は存続可能な事業に対する投資を抑制し，事業の清算，規模の縮小，退職のような選択肢の魅力を高める。

　同じような問題は，農業従事者にも当てはまる。

財産保護は基本的権利

　死亡税の課税に対する反対者は，政府による財産保護サービスの享受は国

民の基本的権利であり，死亡が財産課税の根拠とされるべきではなく，死亡税の支払いは不必要であると考える。同じ額の財産を子孫に遺産として残すこと以外にもさまざまな選択肢があり，財産をいかに処分するかは個人の価値観に基づいた**選択の問題**であるから，死亡時における子孫への資産の移転のみを課税の対象とするのは不公平であるとする。

多重課税

遺産となる生前中の貯蓄は，個人所得税を支払った後の可処分所得からなされる。株式への投資の報酬の配当所得を貯蓄した場合には，すでに法人所得税も負担している。また，経常的資産税として，富裕税や固定資産税も課税されている。このように死亡税はすでに所得税，法人税，経常的資産税などの納税済みの資産に対する課税であるから，二重課税や三重課税を構成する。

課税後勤労所得は株式，債券などの金融資産も含めた各種資産に投資されるが，これらの資産の価値の上昇から，資本利得や譲渡所得とも呼ばれるキャピタル・ゲインが発生する。現行所得税制度においては，キャピタル・ゲインは実現するまで課税されないが，死亡税の課税においては，**未実現のキャピタル・ゲイン**に対して課税される。

高い遵法費用

また，死亡税の遵法費用は，死亡税の税収に匹敵するほどに大きいことが報告されている。アダム・スミスの租税原則の1つは**最小徴税費の原則**であるが，徴税機構にかかる税務行政費用のみならず，納税者が税法に従って納税義務額を支払うためにかかる遵法費用が，すべての税について税務行政費の数倍も大きいことが知られている。アメリカの連邦死亡税の例では，遵法費用はきわめて高く，税収1ドル当たりで連邦所得税の5倍もかかっている。遵法費用も含めた広義の徴税費用を差し引くと，死亡税の純税収額はゼロまたはマイナスとなるから，歳入源としての価値はない。税収と徴税費との関係において，死亡税はきわめて効率性の悪い税である。

死亡税の転嫁と公平性の原則

　税法上の納税義務者が最終的な租税負担者とは限らないので，租税論では租税の転嫁と帰着が重要である。もし死亡税が消費を奨励し貯蓄を抑制するならば，子孫に残される資産額はそれだけ少なくなるから，負担はまず**相続者の子孫**に転嫁される。遺産の相続人は死亡した個人と同じくらいに裕福であると想定されているが，現実には死亡した個人と相続人の生涯所得の相関係数は 0.4 とか 0.5 と低く，相続者の子孫は死亡者ほど裕福ではない。

　また，死亡税の転嫁と帰着を通じて，**労働者**もその負担の一部を負う。死亡税が貯蓄を抑制するならば，死亡者の生涯の貯蓄量は低下する。貯蓄が少なければ企業投資に必要な投資資金が減少し，労働の資本装備率とも呼ばれる資本・労働比率が低下するから，労働者の生産性の上昇は抑制される。労働者の実質賃金率は労働の生産性により規定され，労働の生産性は労働の資本装備率により規定されるから，少ない資本量は実質賃金率上昇の抑制という形で労働者に転嫁される。

　厳密な議論の展開には，すべての変数間の相互依存関係を明示的に扱う一般均衡分析を必要とするが，死亡税の効果は**消費者**にも及ぶと考えられる。死亡税により資本形成が抑制されるならば，最終消費財の生産量がそれだけ少なくなりそれらの価格が上昇する。消費者はその分高い価格の支払いを余儀なくされ，実質所得と生活水準が低下する。

歴史的建造物の破壊

　わが国の相続税の廃止や軽減の要望の根拠として，相続税を支払う資金を捻出するため，歴史的建造物が売却や物納された末に，取り壊される例が多いことが指摘される。古都の京都をはじめとして各地において，屋敷や老舗や町屋等の歴史的な建物が次々と破壊されてきた。ヨーロッパでは歴史的な建築や町並みは保存するという考えが強いとともに，死亡税は低いかまたは課税されない国があるので，死亡税を原因とした伝統的建造物の取壊しは少なく，中世のヨーロッパの町並みが美しく残っている。

17-4 アメリカの連邦移転税制度

3つの税

　連邦政府は3つの方法で，資産の移転に対して課税している。それらは死亡税，贈与税，飛び世代移転税であり，これら3税により連邦移転税を形成する。現代の移転税制度は1916年に制定されたが，**死亡税**回避を防止するための補完税として，**贈与税**が1924年に導入された。1976年には大幅な制度改正がなされ，死亡税と贈与税の多くの条項が統合されるとともに，死亡税や贈与税を回避するための飛び世代信託の利用の増加を抑制するために，**飛び世代移転税**が制定された。

　2001年経済成長・減税融和法によるならば，漸進的に死亡税と飛び世代移転税を減税し，2010年には廃止する意向である。

遺産税

　死亡者の遺産総額は，死亡時において所有するか，またはある種の利害関係をもつすべての財産から成る。これらの遺産の額としては，購入した時点で現実に支払った額ではなく，**公正な市場価値**が用いられる。これらの財産の合計額が遺産総額を形成し，現金，証券，不動産，保険，信託，年金，事業利権，その他の資産を含む。**遺産総額**には，死亡者の配偶者等の個人によって完全に所有される財産は含まれない。なんらの権限も残されていない完了した贈与や，生前中に他の個人から死亡者に与えられ，死亡時点において死亡者の権限が消滅する財産も含まれない。

　遺産税を減額するために利用可能な**控除**には，まず配偶者控除がある。遺族の配偶者に移転されるすべての財産は，配偶者控除の対象となる。指定慈善事業に対して死亡者が残した財産は，無制限に遺産総額から控除できる。抵当や負債とともに，遺産の管理費や管理中に生じた損失，葬儀費用，遺産を確定するための弁護士代等の費用も控除できる。中小企業や農場の経営の承継を助けるために，家族経営農場の場合には＄82万まで，家族経営企業の場合には＄110万までの控除が認められる。

表 17-1 アメリカの遺産税の税率構造

課税遺産額帯	税率(%)
＄1万以下	18
＄1万超＄2万以下	20
＄2万超＄4万以下	22
＄4万超＄6万以下	24
＄6万超＄8万以下	26
＄8万超＄10万以下	28
＄10万超＄15万以下	30
＄15万超＄25万以下	32
＄25万超＄50万以下	34
＄50万超＄75万以下	37
＄75万超＄100万以下	39
＄100万超＄125万以下	41
＄125万超＄150万以下	43
＄150万超＄200万以下	45
＄200万超	55

統合移転税は個人所得税と類似の構造を有しており，遺産総額からこれらの控除額を差し引いて算出された課税遺産額に対して，表17-1に表されたような累進税率が適用され，暫定遺産税額が計算される。2007年までの制度の＄200万超に適用される最高限界税率55％も示しておいた。この税率表をみると典型的な超過累進税のように見えるが，現行連邦遺産税制度においては実際には遺産の最初の＄200万（＄1＝110円で計算して2.2億円）までの額には免税措置がなされる。したがって，この累進税率の適用される課税遺産額＄200万までは実践的意味がなく，＄200万超の額にのみ限界税率55％が適用される。**課税遺産額**が＄300万の遺産税額は（300－200）×0.55＝＄55万である。2007年から最高税率は＄150万超に適用される45％になったから，連邦遺産税は45％の比例税であるといえる。このため近年では遺産のうち1％か2％しか遺産税を課税されていない。

　同族企業が遺産税を支払う資金がない場合にも，子孫が事業を継続できるように，14年間にわたり低利子で分割支払いできる。また，課税価格である遺産額の算定において，公正な市場価値の減額をし，高い課税最低限を設

定することにより，遺産税負担を軽減し事業承継を容易にしようとしている。同じ家族が企業を経営することが社会的に望ましいという価値判断が支配的であり，中小企業も政治力を行使して，遺産税が**事業承継**を困難にしている問題を緩和しようとしている。のちに取り上げるように，わが国においても，中小企業の事業承継問題は深刻視されている。

贈 与 税

　遺産税と贈与税は，不可分に結びついている。遺産税は課税されるが，贈与税が課税されない場合には，人びとは生存中に子孫に財産贈与することにより，遺産税の支払いを回避しようとする。死亡前 3 年間になされた贈与や，贈与者が利権を維持している財産の贈与は遺産額に含められ，遺産税を課税される。贈与者が**遺産税支払回避**のために生前中に贈与する能力を制限するために，議会は 1976 年に贈与税と遺産税に関する多くの条項を統合した。しかし，実効税率，控除額，利用可能な税額控除などにおいて，両税間に差異が残っている。贈与税においては，年間最大＄1.2 万，生涯全体では＄100 万までの控除が認められている。

17‒*5* イギリスの相続税

　イギリスの相続税は，イングランドとウェールズにおける一定額以上の遺産に対する課税として，1796 年に導入された。死亡税は 1894 年に導入され，次の 1 世紀にわたり**大規模遺産の分割**に貢献した。1975 年には遺産税は資本移転税により代替されたが，1986 年には相続税に名称替えした。相続税回避方法の普及により，相続税は政府歳入の 0.8％しか占めていない。

　課税される遺産額には，不動産であろうと個人資産であろうと，死亡者の資産のすべてが含まれる。また，死亡前の 7 年間に死亡者によりなされたすべての贈与も含まれる。死亡者により所有されていたわけではないが，死亡により影響を受ける**資産**や，法的所有権は受贈者に移転するが贈与者が賃貸料無料とか割引の形で便益を享受し続ける場合には，それらの資産も相続税の課税対象となる。**信託財産**に関する相続税の扱いは，2006 年財政法によ

り大幅に改正された。相続税支払回避のために設置できる信託の種類は，限定列挙される。例えば，全面的に慈善事業のために設置された信託財産には，相続税はかからない。障害者に対して設置された信託財産の場合には，障害者の受給者は，信託財産から生じる現在の所得を受け取る権利を有する。

　相続税の課税対象となる課税相続額の計算において，さまざまな**控除**項目がある。イギリスに登録された慈善事業に遺贈されたすべての資産，特定の政治的寄付，年間£3,000までの贈与，異なる人びとに対する£250までの少額の贈与，特定の企業資産と農地資産は控除される。2007/2008年度において，相続税の税率は最初の£30万まではゼロであり，超過額に対しては40％である。2007年のロンドンの住宅平均価格は£35.4万であるから，相続税額は(35.4−30)×0.4＝£2.16万である。住宅価格の全国平均は£21万で，課税最低相続額£30万に及ばないから相続税はかからない。

17 - 6 日本の相続税と贈与税

相 続 税

　現行相続税法は，1947年法を1950年に全面改正したものである。納税義務者と課税の範囲は，課税時点における納税者の住所等の条件により異なるが，説明を簡素化するために，相続を受けた時に日本国内に住所を有する納税義務者に限定すると，相続されるすべての財産に対して課税される。まず，相続税が課税される資産総額が計算されるが，死亡時の**遺産総額**に，のちに説明する相続時精算課税の適用を受ける**贈与財産額**を加算した総額を求める。わが国の税制においても，ある程度まで相続税と贈与税は統合されている。

　この総額から，非課税財産や葬式費用や債務額が**控除**される。さらに基礎控除額として5,000万円＋1,000万円×法定相続人の数(配偶者と子供2人ならば)＝8,000万円が控除され，残額が**課税遺産総額**となる。法定相続分は配偶者に2分の1，2人の子供にはそれぞれ4分の1が配分され，各法定相続人の課税遺産額に対して税率が適用される。

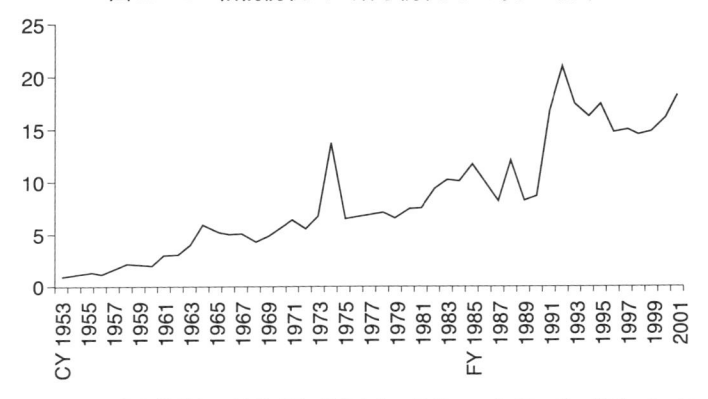

第 17 章　遺産税と相続税，補完税としての贈与税　241

図17-1　相続税収入の贈与税収入に対する倍率

資料：総務省統計局・統計研修所『日本の統計2007』第5章　財政，5-10 相続税及び贈与税（昭和23年〜59年，昭和60年度〜平成13年度）より作成。CYは暦年，FYは会計年度。1985年からFYに変わる。

贈　与　税

　相続税は死亡時において死亡者から相続人に移された資産に対して課税されるが，相続税を回避するために，生前中に分割して財産を贈与しようとする。死亡時における相続税課税が政策的意図ならば，生前中の贈与に対する贈与税を重くすることによりできるだけ生前中の贈与を抑制し，相続税を支払うような誘因を与えることが望ましい。贈与税は相続税の課税を徹底するために，**生前中の贈与**という形での資産の移転を抑制するために課税されるから，**相続税の補完税**という性格を有している。表17-2「相続税と贈与税の税率」をみてもわかるように，同じ税率の適用される課税価格額が，贈与税の場合の方が相続税の場合よりもずっと少額になっている。

　図17-1には，1953年から2001年までの期間に対して，相続税収入の贈与税収入に対する倍率を描いてある。1953年にはその倍率は1.0倍に，その後数年間は2倍に満たない倍率に留まったが，その後は急速にその倍率が上昇し，贈与税が相続税の補完税にすぎない性格が明確となった。1992年には相続税収は贈与税収の21.0倍にまで上昇した。その後低下してきているが，15倍から20倍くらいの間にある。

　贈与税の納税義務者は，贈与により財産を取得した個人で，当該財産を取

得した時において，この法律の施行地に住所を有するものである。贈与による財産の取得については，贈与税の課税価格は，その年において贈与により取得した財産の価額の合計額である。贈与税については，課税価格から基礎控除として60万円が控除される。また贈与により婚姻期間が20年以上である配偶者から，専ら居住の用に供する土地等の贈与については，課税価格から2,000万円が控除される。

相続時精算課税制度

さらに，相続時精算課税制度があり，生前中の贈与をするときに選択することができる。この制度も，生前中の贈与に対する税を，できるだけ**相続税に統合**しようという制度と考えることができる。相続時精算課税制度を選択すると最大2,500万円の特別控除が与えられる。この特別控除は，相続税に比べて重い贈与税を贈与税課税の時点で軽減し，最終的に相続税と統合する意図と考えられる。相続税課税前に2年間にわたり1,500万円と1,800万円の贈与を行った場合には，1年目に2,500万円の特別控除のうち1,500万円分を利用すれば，贈与税はゼロである。2年目には残りの特別控除1,000万円を利用すれば，贈与税の課税価格は800万円となり，一律20％の税率が適用され贈与税160万円が課税される。相続税の課税において，生前中の贈与額は相続税の課税標準に加算され相続税が課税されるが，贈与税額160万円は算出された相続税総額から税額控除される。

相続税と贈与税の税率比較

基本的には相続税課税を意図しており，贈与税は生前中の贈与により，納税者の相続税支払いを回避しようとする試みを阻止しようとしている。表17-2には，同じ税率が適用される課税相続額と課税贈与額が比較されている。10％から50％までの限界税率構造をとっているが，重要な点は，同じ税率が適用される額が，課税相続額に比べて課税贈与額の方がはるかに低いことである。10％の限界税率は相続税では1,000万円以下の額に対して，贈与税については200万円以下に適用される。最高限界税率の50％は，相続税では3億円超なのに，贈与税では1,000万円超である。

表 17-2 相続税と贈与税の税率

相　続　税	税率(%)	贈　与　税	税率(%)
1,000万円以下	10	200万円以下	10
1,000万円超 3,000万円以下	15	200万円超 300万円以下	15
3,000万円超 5,000万円以下	20	300万円超 400万円以下	20
5,000万円超 1億円以下	30	400万円超 600万円以下	30
1億円超 3億円以下	40	600万円超 1,000万円以下	40
3億円超	50	1,000万円超	50

17-7 相続税と事業承継

わが国の中小企業の事業承継問題

　相続税が**資産の再分配**の必要性の観点から正当化されるとしても，中小企業の事業承継に関してはさまざまな問題が存在する。一般に所有と経営が一致していることが多い中小企業において，円滑な事業承継を実現するためには，**事業用資産**の後継者への移転が必要であるが，その大宗を占める相続による移転に関しては，相続税負担が円滑な承継の障害となりうる。経営者が想定する後継者としては，全体の73.3％は子息・子女であり，経営者の有する事業用資産が，平均では個人財産全体の約65.7％を占めている。さらに，相続税負担の原資として，株式等事業用資産の売却または物納を考えている経営者が，全企業では18.7％存在しており，後継者への事業用資産の集中的承継に直接的な影響を与えている*。

　中小企業もグローバルな競争にさらされており，事業継続を通じた技術承継や競争力確保が重要である。中小企業が相続税負担の存在によって，株式の分散，廃業の検討，自社株式の評価額の引下げ，事業拡大の抑制や利益圧縮によってビジネスの機会損失を生じさせ，承継時のキャッシュ流出で弱体化している。

＊　事業承継検討委員会中間報告，2007年6月；相続関連事業承継法制等検討委員会中間報告，2004年6月を参照。

相続税における特例措置

このような中小企業の事業承継問題に対応するために，相続税には次のような課税価格の計算の特例が設けられている。親族で事業を承継する場合の後継者に対する過度の相続税負担が**事業承継の支障**となるとの要望を受け，1983年には事業用宅地に係る課税価格の減額特例の創設と拡充が実施された。2002年には，非上場の同族会社の株式に係る課税価格の減額特例の創設と拡充が行われた。事業用の宅地等は，400平方メートルまで課税価格を80％減額計算される。また，取引相場のない一定の中小同族法人の株式等については，課税価格を10％減額計算する。また，森林施業計画に基づいて施業されている林地および立木については，5％減額計算される。

海外の事業承継に係る税制の現状と最近の動向

同じような問題は，諸外国においてもみられる。具体的には，フランスにおいては，2000年に雇用創出および競争力強化の観点から，事業用資産に係る**相続税の軽減措置**が創設され，2001年に要件の緩和が行われた上で，当初50％であった軽減割合が，2005年には75％へと拡大されている。

ドイツにおいては，事業用資産に係る相続税の軽減措置が，1994年に軽減割合25％で創設されたが，その後の要件緩和と制度改正により，現状では22.5万ユーロを控除後，残額について35％軽減する措置となっている。加えて，ドイツ連邦政府は連立与党合意に基づき雇用確保の観点から，生産的資産に係る相続税について，10年間の事業継続で100％軽減を行う措置を盛り込んだ法案を国会に提出している。

イギリスにおいては，1976年に創設された事業用資産に係る相続税の軽減措置が，92年に**中小企業振興**の観点から大幅に拡充されており，現状では，非上場会社の株式や個人事業主の事業用土地については100％軽減となっている。

アメリカにおいては，事業用資産について＄130万までは非課税とする措置が1997年に創設され，現状まで継続している。

第 17 章　遺産税と相続税，補完税としての贈与税　　245

図 17 - 2　国税総額に占める相続税の比率

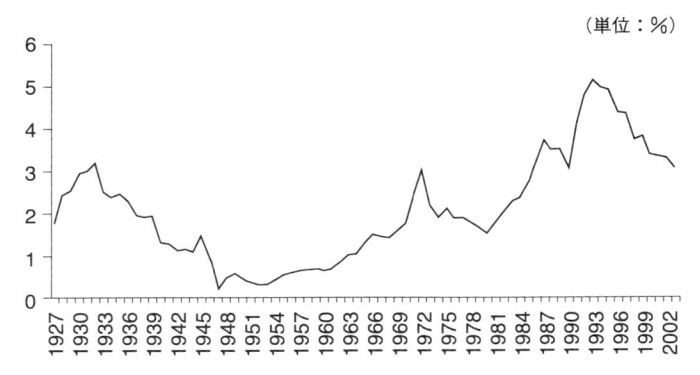

(単位：％)

資料：総務省統計局・統計研修所『日本の統計 2007』第 5 章　財政，5 - 9
税目別国税額（昭和 2 年度〜平成 15 年度）より作成。

17 - 8　世界における死亡税と贈与税の動向

表 15 - 4 には OECD 主要国の各種財産税の税収総額に占める比率が示されているが，いずれの国においても死亡税や贈与税の占める比率はきわめて低く，いくつかの国においてはすでに廃止されているか，廃止が予定され，徐々にその重要性が低下してきている。相続税や贈与税の租税総額に占める比率はそれほど高くはない。相続税については一番高い比率を占めるフランスでも 1 ％にすぎず，スイス 0.9 ％，オランダ，スペイン，イギリスが 0.7 ％を占めている。

図 17 - 2 にはわが国の国税総額に占める相続税の比率の変遷を，1927（昭和 2）年から 2003 年までの長期にわたり示してある。戦前には 1932 年の 3.2 ％を頂点にしてその後低下し続け，終戦直後の 1947 年には 0.2 ％の底を打った。その後 1972 年の 3.2 ％まで上昇したが，また低下に転じて 1980 年には 1.6 ％に至った。相続税の国税総額に占める比率は再び急速に上昇し 1993 年には 5.1 ％となったが，その後急激に低下してきている。

17‒9　消費課税のもとでの死亡税

　第 10 章「所得課税から消費課税へ」や第 11 章「個人消費税」で論じたように，適切な課税標準は所得ではなく消費であるという考え方が，しだいに支配的となりつつある。所得課税ではなく消費課税のもとでは，死亡税や贈与税の課税方法も異なってくる。

　わが国でも相続税により中小企業などが営業を継続できなくなり，廃業に追い込まれる場合も多いが，**個人消費税**のもとでは，死亡時における遺産やその相続に対しては課税されない。これらが相続人により消費支出されたときにのみ課税されるのであり，相続されたこれらの遺産や贈与された資産が，生産手段として利用されている限りは課税対象とはならない。これらはあくまでも**生産手段**であり，課税の大原則は生産基盤を損なわないということである。USA 税のような消費課税のもとでは，相続税の事業承継問題は生じない。

第18章　社会保障税

18-1　財政の分配機能

「誰のために」の問題の市場による解決

　「誰のために」という経済の問題は，生産された財・サービスを誰が享受するかに関するものであり，経済学では古くから**分配問題**として重要な問題領域であった。自由市場経済においては，消費者たちは一方では自らの選好にあった財・サービスを選択し，消費者主権を行使する。しかし，各消費者の自由な選択は予算制約を受けるから，結局は「誰のために」とは，「購買力をもった人びとのために」ということになる。自由市場経済では，この「誰のために」にかんする決定は，生産要素市場において，人びとの提供した生産要素に対する所得の分配の形でなされる。

市場による分配の不公平性

　マルクスのいうプロレタリアート（無産階級）とは，労働以外に提供できる生産要素を有しない者であり，ブルジョアジー（有産階級）とは資本や土地のような生産手段を提供できる者である。プロレタリアートでも雇用されて所得を稼得できる者はまだ幸運であり，働く意欲や能力はあっても，経済状況により失業状態にある労働者には所得は生じない。また，身体障害者，精神障害者，病弱者，高齢者などは，**労働**さえも提供できない。要素市場では限界生産力に対応した報酬が生産要素に対して支払われるから，生産要素

を提供できない個人にはまったく所得が生じない。また生産要素の労働を提供しても、**限界生産力**が低い労働者には低い所得しか分配されないから、いわゆる就労貧困者（working poor）問題も深刻である。アメリカにおける公式の定義では、勤労に従事するか求職活動をして年間少なくも27週間を労働力の一部として費やすのに、所得が公式の貧困水準以下の個人が就労貧困者とされる。

18 - 2 市場の失敗と社会保険制度

高い取引費用とインフレへの対応

医療支出や退職後の所得の補填に対して民間保険が存在するが、**民間保険**においては個人の支払う保険料、リスクの程度、給付額の間に密接な関係が存在する。したがって、民間の健康保険に対する保険料は、個人の健康に影響を与えるさまざまな要素を反映する。また、民間で年金として受け取る額は、契約者が拠出した保険料とその運用により生じる収益の合計額である。

民間の保険には、保険の勧誘員に対する報酬も含めて、高い管理費が伴う。この費用は一般的に**取引費用**と呼ばれるが、民間保険事業の取引費用はきわめて高く、すべての個人に対する画一的な社会保険の方が効率的である。社会保険制度はさまざまなリスクに対する保険を個人に提供するが、目的税である給与税（社会保障拠出金）を財源とする点で、一般税を財源として提供される福祉事業とは異なる。

インフレは社会的リスクの一種であるが、社会保険の長所の1つは、給付金をインデックス化することにより、インフレというリスクに対応できる点にある。また、民間企業と政府の違いは、政府には課税権があり、世代間で**リスク分担**することができる点にある。

逆 選 択

健康保険や生命保険の場合には、民間保険会社はリスクの高い個人に保険を売りたがらず、売ったとしても、そのような個人からは高い保険料を徴収する。現実に民間保険会社は、生命保険の**保険料**については、女性の平均余

命の方が男性のそれよりもかなり長いから，女性に対しては低く男性に対しては高く設定してきた。しかし，健康状態の悪い人はそれだけでも不幸なのに，そのうえさらに高い保険料を負担しなければならないのは，不公平であるという国民感情が強い。他方，年金保険については，民間保険会社は，早死する確率の高い不健康な人に売ろうとする。年金については，女性の方が男性よりも寿命が長いから，女性に対しては男性に対してよりも高い保険料を設定してきた。

　異なる**リスク度**を判定するために，民間保険会社は多額の費用負担をしている。民間保険会社が被保険者のリスク度を判定できなければ，保険証券を購入する人びとの平均リスク度を反映する保険料を設定することになる。このことは低いリスク度の人が，高いリスク度の人に補助金を提供することに等しいが，低いリスク度の人は，低いリスク度を反映する保険料を保険会社から提供されなければ保険証券を購入しない。最も高いリスク度の人びとのみが保険証券を購入する現象を**逆選択**と呼ぶが，この逆選択のために民間保険料は高く設定される。政府はすべての個人に保険への加入を強制できるから，逆選択を回避することができるが，このことにより低いリスクを有する人びとから高いリスクを有する人びとへの再分配が実施されることになる。

モーラル・ハザードと価値財

　保険は保険の対象とされた事象の発生を回避しようとする意欲を弱め，モーラル・ハザード（moral hazard, 道徳の危機）と呼ばれる現象を引き起こす。火災保険は，火災防止意欲を弱め火災を増加させる。自動車保険は自動車事故を，健康保険は医療費を増加させる誘因を与える。また，退職後年金の水準が退職前給与の高い割合に設定されるならば，働く能力が高く健康な個人に対して，退職して年金生活を選択する誘因を与える。一般的に，リスクの削減とモーラル・ハザードとの間にはトレードオフ関係があり，この問題は社会保険制度においても解消しない。

　民間保険に加入しない選択をした個人も，困窮すれば政府が扶助すると期待する。これは一種のモーラル・ハザードであり，健康保険や年金保険への不加入は，他の個人に負担をかける。国民を困窮のうちに放置できない福祉

国家においては，**生活扶助**等の社会福祉事業によるこのような人びとの救済が期待されるが，自ら病気や退職後に対する備えを行った個人は，そのような備えをしなかった個人の分まで，一般税の形で追加負担させられるのは不公平であると感じる。社会保険への**強制加入**要請の根拠は，このような不公平を解消することにある。賢明に自発的に病気や老後に対する備えをした人びとが，そのような備えをしなかった人びとのために追加負担を強いられることのないように，自発的に将来のための備えをしない人びとからも，強制的に社会保険料を徴収しようとする政策意図である。

自発的に健康保険に加入していない個人が不慮の病気や怪我に見舞われれば，巨額の医療費負担に喘ぐことになる。また，年金保険に加入せず老後の蓄えもない人びとは，老後生活において深刻な困窮に陥る。健康保険制度や退職後の年金制度は，**温情主義的な政府**が，本人たちの便益のために強制加入させる**価値財**と考えることができる。

18-3 社会保険制度の歴史

外国の社会保障の起源

世界で最初の社会保険制度は，1880年代に創設された**ドイツの社会保険制度**である。当時，イギリス等に比べて経済的に後進国であったドイツは，急速に産業革命を進め経済的発展を図るために，労働運動を抑圧する必要があった。その反面で，労働者に福祉の向上というアメを与えるために，**宰相ビスマルク**は，1883年に疾病保険法，1884年に災害保険法，1889年に老齢疾病保険法を制定した。イギリスでは古くから「友愛組合」という名の共済組合が発達しており，労働者の生活も比較的恵まれていた。しかし，20世紀に入り，ドイツ，アメリカ等の後進資本主義国が発展し，世界経済市場で競争が激化し，労働者の生活も圧迫されたため，ロイド・ジョージ首相は1911年に，国民保険法（健康保険と失業保険）を制定した。失業保険は，世界で最初の制度である。

1919年の第1次世界大戦終戦の前後にかけて，社会的混乱を防ぎ国民生活の安定を図るために，ヨーロッパの多数の国において，**失業保険と年金**が

整備された。1929年に発生した世界的大恐慌は，世界各国を不況のどん底に落とし入れ，それまで社会保険制度に大きな関心を示さなかったアメリカも，制度の創設に踏み切らざるをえなくなった。ルーズベルト大統領のとった**ニューディール政策**の一環として，1935年に連邦社会保障法が制定され，失業保険と老齢年金が整備された。

　第2次世界大戦中にイギリス，アメリカ等の国は，戦後の混乱を回避するため，いちはやく対策を検討していた。イギリスでは，ウィリアム・ベバリッジの「**ベバリッジ報告**」で提唱された社会保障計画に基づいて，戦後，相次いで各種の社会保障立法が整備された。

日本の社会保険の歴史

　日本で最初の社会保険制度は，1922年に制定された健康保険法により，1927年から発足した健康保険制度である。明治後半から昭和初期にかけて，日本の産業経済の形態が近代化した。それに伴い資本主義体制のもとでは必然的に発生してくる貧富の差の拡大，経済不況による失業者の増大等々の内部矛盾を緩和するために，労働者の生活安全対策として社会保険の必要性が高まり，労働者を対象に健康保険制度が創設された。1938年から実施された**国民健康保険制度**は，労働者以外の住民を対象とし，当時の農村漁村不況対策の一環として発足した。

　日本には古くは明治時代から，官吏や軍人に対する恩給，官業労働者に対する退職年金があったが，民間労働者に対する公的年金制度は存在しなかった。戦時下の1942年に発足した労働者年金保険制度は，前年に発足した船員保険の年金制度とともに，最初の民間労働者を対象とする年金制度であり，1944年に厚生年金保険に改称され，適用対象が拡大された。戦後，家族制度の動向や老齢人口の増加等を背景に，地域住民に対する年金制度の要望が高まり，1959年に国民年金法が制定され国民年金制度が発足し，1961年に国民健康保険制度が完全普及し，**国民皆保険・国民皆年金**が実現した。

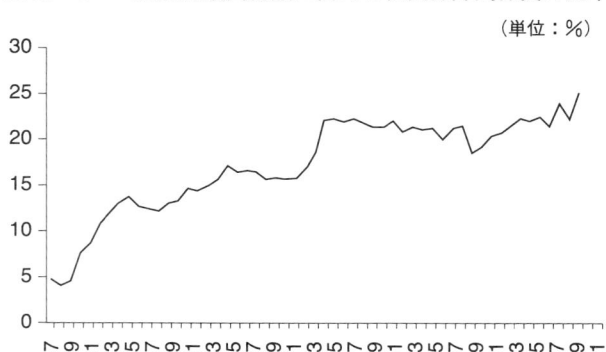

図 18-1　一般会計歳出総額に占める社会保障関係費の比率
（単位：％）

資料：総務省統計局・統計研修所『日本の長期統計系列』第5章　財政「5-4　一般会計—目的別歳出決算額（昭和22年度～平成13年度）」より作成。

18-4　社会保障の費用

中央政府一般会計に占める社会保障関係費

　図 18-1 には医療や年金，介護，生活保護などの社会保障関係費の国の一般会計に占める比率の変遷を示してあるが，傾向的に上昇し続けており，1947 年度には 4.8％にすぎなかったのに，2001 年度においては 25.1％に達した。

一般政府から家計への移転（社会保障関係）

　一般政府は中央政府と地方政府と社会保障基金とから構成されるが，社会保障は中央政府のみならず，地方政府や社会保障基金により提供される。表 18-1 には，2004 年度の一般政府から家計への移転（社会保障関係）を示してある。総額では 86.9 兆円に上り，うち 2．無基金雇用者社会給付は雇主が基金等の特別の準備をすることなく無基金から行う家計への給付であり 3.2％を占め，3．社会扶助給付は生活保護，恩給などであり 8.7％を占める。残りの 88.1％を占めるのは**社会保障給付**であり，特別会計により運営され

表18‑1　一般政府から家計への移転(社会保障関係)：2004年度

項　　目	単位(10億円)	比率(％)
１．社会保障給付	76,545	88.1
(1) 特別会計	41,798	48.1
a．厚生保険(除児童手当)	25,504	29.4
(a) 健康保険	3,972	4.6
(b) 厚生年金	21,531	24.8
b．国民年金	13,919	16.0
c．労働保険	2,340	2.7
(a) 労災保険	885	1.0
(b) 雇用保険	1,455	1.7
d．船員保険	35	0.0
(2) 国民健康保険	7,367	8.5
(3) 老人保健医療	10,574	12.2
(4) 共済組合	7,406	8.5
(5) 組合管掌健康保険	3,024	3.5
(6) 児童手当	586	0.7
(7) 基金	215	0.2
(8) 介護保険	5,578	6.4
２．無基金雇用者社会給付	2,769	3.2
３．社会扶助給付	7,548	8.7
合　　　計	86,863	100.0

資料：『平成18年版　国民経済計算年報』，「9．一般政府から家計への移転の明細表(社会保障関係)」より作成。

る厚生保険（29.4％），うち健康保険（4.6％），厚生年金（24.8％）や，国民年金（16.0％）などが重要である。その他，国民健康保険（8.5％），老人保健医療（12.2％），共済組合（8.5％）や介護保険（6.4％）などが高い比率を占めている。

社会保障基金への他会計からの繰入

　社会保障基金とは，公的な年金保険や健康保険，介護保険，雇用保険などを担っている部門をいう。具体的には国民・厚生年金特別会計や健康保険組合，共済組合などが該当する。一般政府の**部門間の経常移転**とは，中央政府と地方政府間，社会保障基金と地方政府間，中央政府と社会保障基金間のよ

表 18-2　一般政府内の経常移転の内訳：2004 年度

(単位：10 億円)

支払	受取			
	中央政府	地方政府	社会保障基金	合計
中央政府	—	25,859.9	16,285.5	42,145.4
地方政府	58.7	—	5,123.1	5,181.8
社会保障基金	95.1	49.0	—	144.1
合計	153.8	25,908.9	21,408.6	47,471.3

資料：『平成 18 年版　国民経済計算年報』，「6. 一般政府の部門別勘定」より作成。

うな異なる政府間の経常移転を指す。中央政府から社会保障基金向け経常移転には，社会保険に関する各種の国庫負担金などが該当する。地方政府から社会保障基金向けの経常移転としては，国民健康保険や介護保険への支出がある。中央政府や地方政府からの社会保障基金への資本移転はゼロなので，表 18-2 には経常移転のみの内訳を示してある。

2004 年度において，中央政府から社会保障基金へは 16.3 兆円，地方政府から社会保障基金へは 5.1 兆円の経常的な財政移転が行われている。国民経済計算によると，2004 年度の社会保障給付は 76.5 兆円であり，中央政府および地方政府から社会保障基金への財政移転は合計 21.4 兆円だから，社会保険の 3 割近くは既に社会保険料ではなく税によって賄われている。

18 - 5　社会保障の財源

保険料と一般税

わが国をはじめとした福祉国家においては，所得を独力で稼得できない多くの人びとに対して，健康にして文化的な最低限の生活を保障するために，社会保障制度を整備して社会的安全網を提供している。しかし，そのための財源の獲得は大きな課題であり，目的税として社会保障のために支出される**社会保障税**が，税収総額においてますます高い比率を占めてきている。

社会保険による社会保障給付は，社会保険料を財源として支給される。わ

表 18-3 わが国の社会保障拠出金の動向

(単位：％)

	1965年	1975年	1985年	1995年	2004年
税 収 総 額	100.0	100.0	100.0	100.0	100.0
1000　所得，利潤，資本利得に対する税	43.9	44.6	45.8	38.3	32.0
1100　個人	21.7	23.9	24.7	22.4	17.8
1200　法人	22.2	20.6	21.0	15.9	14.2
2000　社会保障拠出金	21.8	29.0	30.3	33.5	37.7
2100　従業員負担	7.2	10.8	10.8	13.8	16.2
2200　雇用者負担	9.5	15.1	15.4	16.0	17.1
2300　自営業者または非雇用者	1.7	3.1	4.0	3.7	4.3
4000　財産に対する税	8.1	9.1	9.7	12.2	10.0
5000　財・サービスに対する税	26.2	17.3	14.0	15.8	20.0
6000　その他税	0.0	0.1	0.3	0.2	0.3

資料：*OECD Revenue Statistics 2005*, Country Tables, Table 56 Japan より作成。

が国の社会保険制度においては，**社会保険料**という用語が使用されているが，アメリカをはじめとして多くの国においては，給与税（payroll tax）という用語が用いられ，租税の一種として扱われている。OECDデータでは，わが国の社会保険料も他の国の給与税も，一般的に社会保障拠出金（social security contributions）として分類されている。**社会保障拠出金**は強制的支払いという点で租税と類似の性格を有するから，租税の一種とみなされている。社会保障拠出金は民間の保険のように，社会保障給付金額が拠出額と直接的に関連付けられているとは限らないが，拠出金を支払った事実を前提としてのみ給付金が支払われる点で，他の税と異なる。

表18-3はわが国の一般政府に対して，社会保障拠出金の税収総額に占める比率の変遷を示している。

1965年から2004年までの変遷をみると，社会保障拠出金の税収総額に占める比率は，21.8％から37.7％まで着実に上昇してきたことがわかる。ますます進行する**少子高齢化**を反映して社会保障給付は将来さらに増大するから，社会保険料も上昇傾向を有する。他方，表18-2で見たように，中央政府や地方政府から社会保障基金に対して巨額の移転がなされており，社会保

障給付を**一般税**で負担する可能性も，今後さらに高まると思われる。社会保険料は以下に論じるように特殊な性格の税であるから，社会保障給付を社会保険料でするか一般税でするかは，誰がどれだか負担するかについて大きな影響を与える。

社会保険料の決定

わが国の社会保険制度においては，社会保険料という用語が使用されており，その金額の計算は次のようになされる。他の諸国では給与税と呼ばれるように，税としての社会保険料の課税標準は**給与**であり，利子や配当や譲渡所得などの他の所得は，課税標準に含まれない。さらに，給与は毎月の賃金の部分と賞与の部分に分かれるが，2003年4月から同じ保険料率が賃金と賞与の双方に適用される総報酬制が，健康保険・厚生年金保険に導入された。それ以前には賞与に対しては，毎月の賃金に適用されていた保険料率よりは低い特別保険料率が適用されていた。

まず，毎月の賃金に係る社会保険料の額は，標準報酬月額×保険料率の計算式で決定する。月給が例えば，290,000円以上310,000円未満の場合，300,000円に固定するが，その固定された報酬のことを**標準報酬月額**と呼ぶ。健康保険料（介護保険料）の保険料率は，2007年4月1日現在8.2％，政府管掌介護保険の保険料率は1.23％であり，Ⅰ介護保険第2号被保険者（40歳以上65歳未満の者）の場合には，300,000円×9.43／100＝28,290円となり，事業主と被保険者により折半負担される。Ⅱ介護保険第2号被保険者以外の者（20歳以上40歳未満の者）の場合には，300,000円×8.2／100＝24,600円が事業主と被保険者により折半される。厚生年金保険の**保険料率**は，2007年4月1日現在，14.642％であるが，毎年9月に0.354ポイントずつ引き上げられ，最終的に2017年9月に18.3％となることが決定されている。厚生年金保険料は，300,000円×14.642／100＝43,926円が，事業主と被保険者により折半される。児童手当拠出金の料率は，2007年4月1日現在1.3％であり，児童手当拠出金は全額事業主の負担である。

賞与に係る社会保険料は，標準賞与額×保険料率で決定されるが，**標準賞与額**とは，実際に支給された賞与の1,000円未満を切り捨てた金額である。

7月の賞与の額が656,500円なら標準賞与額は656,000円であり，健康保険料（介護保険料を含む）には9.43％を，厚生年金保険料は14.642％の保険料率を乗じた額を事業主と被保険者が折半負担する。標準賞与額の上限は，健康保険は年間540万円（毎年4月1日から翌年3月31日までの累計額）となり，厚生年金保険と児童手当拠出金の場合は1ヵ月当たり150万円が上限となる。すなわち健康保険の賞与に対する最大社会保険料は年間509,220円（5,400,000円×9.43％），厚生年金保険に対しては，1ヵ月当たり219,630円（1,500,000×14.642％）となる。児童手当の場合には19,500円（1,500,000×1.3％）が**最大保険料**となる。

わが国の現行制度ではこの上限額が賞与にのみ設定されているが，一般的に給与税と呼ばれる社会保険料には，課税標準である給与額に上限が設けられており，租税としてみた場合には，**逆進性**が問題として指摘されている。次に取り上げるアメリカのFICA税にもこの上限が設定されている。

アメリカのFICA税

FICA税と呼ばれるアメリカの連邦保健拠出金法（Federal Insurance Contributions Act）税は，Medicareと呼ばれる老人健康保険と社会保障とのために，給与所得に対して事業主と被保険者が合計15.3％の税率で負担する税である。このうち12.4％は社会保障税の税率であり，課税標準の給与所得が＄87,900（約967万円）を超過すると，超過分には社会保障税は課税されない。すなわち，課税標準には**上限**があるから，最大社会保障税額は＄10,899.6（＄87,900×12.4％）となる。Medicareに対する税率は2.9％であり，課税標準は同じ給与所得であるが，課税標準に上限がないから，給与所得額がいかに高くても，この2.9％の税率でFICA税が課税される。

18－*6* 年金財政方式

拠出制年金制度

社会保険とは，雇用保険や労災保険とともに，労働者が安心して働いていけるように制度化された公的な保険であり，健康保険と厚生年金保険をあわ

せて「**社会保険**」と呼ぶ。保険の仕組みを取る年金制度を年金保険と呼び，年金財政は被保険者が負担する保険料を財源として運営される。このような受給者にとって有償の年金を**拠出制年金**というが，保険料，加入期間，受給者の所得・資産などに応じて，支給される年金額も異なる。今日，多くの国の公的年金は，年金保険の形を取っている。民間保険会社や信託銀行，その他の会社や私的団体によって運営される私的年金は，拠出制年金制度を採用している。

年金財政方式は，その財源調達の方法により積立方式，賦課方式，税方式に大別される。積立方式と賦課方式の中間には，修正積立方式がある。税方式は無拠出制年金の財政方式であるが，徴収する税を年金目的税として明確に会計を分ければ，拠出制年金制度に近付く。

積立方式

被保険者が収入の一部を積み立てておき，引退後に積立金をその運用益とともに年金として受け取る方式であり，超長期の預金と考えることができる。**積立金**が累積していくため，積立金の運用が堅実なものであれば，支給時に年金の原資不足が発生することはありえず，また，積み立てた保険料に応じた年金の支給が保証される。しかし実際は，年金総額が積立金の運用で決まるので，景気変動の影響を直接受け，同じ額を積み立てていても，不景気時に退職する方が好景気時に退職するときより年金額は少なくなる。また，インフレによる物価上昇に追随することが難しい。低所得者にとっては積立そのものが困難であり，退職後の所得保障としては不十分となる。

賦課方式

積立金を作らず，現役世代から徴収した保険料で，その年の年金受給者への年金給付をまかなう方式であり，徴収する保険料そのものが景気により変動するので，インフレによる物価上昇への対応能力が高い。他方では，社会の人口構造の変動に弱く，少子高齢化によって就業人口が少なくなると，現役世代の保険料の負担が大きくなりすぎる欠点がある。また，若い現役世代から年金を受給する高齢者への**世代間の仕送り**という性格を持つため，積立

方式と比較すると負担と給付の関係が明確でなく，保険料に見合った年金が支払われにくい仕組みである。

修正積立方式（修正賦課方式）

　制度上は積立方式だが，事実上賦課方式である現在の日本の方式である。最初は積立方式として運営されたが，年金受給額を物価上昇に合わせて増額する物価スライド制と年金受給者人口の増大によって，積立金では年金給付額がまかなえなくなり，現役世代から徴収した保険料を支払いにあてたため，年々**賦課方式の性格**を強めた。現在でも数年分の年金支払額に相当する150兆円に上る巨額の積立金を保有するが，純粋の賦課方式ではありえないことである。

18 - 7　租税としての社会保険料

課税標準としての給与所得

　社会保険料はアメリカなどでは給与税と呼ばれるように，給与所得が課税標準であり，比例税率で課税される。民間保険のように支払った保険料とその運用益に対応した保険給付金が支払われるのではなく，社会保険はかなり**再分配の要素**も有する。また，税としてみた社会保険料（給与税）は，公平性の原則や中立性の原則に照らし合わせると，深刻な問題を抱えている。

　表18-4には，『国民経済計算』の「制度部門別所得支出勘定，一国経済(2)第一次所得の配分勘定」のデータを示してある。2004年度における第一次所得の配分勘定を示してあるが，労働者への報酬である**雇用者報酬**（受取）は，全所得の52.1％を占めている。また税務統計からみると，給与所得は源泉徴収税の課税される所得合計額15.311兆円のうち，その66.2％を占める10.133兆円である。給与所得は申告所得税の形でも徴収されるが，申告所得税の課税される所得合計額は43.715兆円であり，給与所得は17.519兆円で40.1％を占める。

　さまざまな所得種類の中では**給与所得**は最大の所得種類であるが，残りの所得もかなり高い比率を占める。すなわち給与税は，包括的所得税ではなく，

表18-4 第一次所得の配分勘定：2004年度

(単位：%)

1.3　営業余剰・混合所得(純)	19.5
(1)営業余剰(純)	15.4
(2)混合所得(純)	4.1
1.4　雇用者報酬(受取)	52.1
(1)賃金・俸給	44.6
(2)雇主の社会負担	7.5
a．雇主の現実社会負担	5.5
b．雇主の帰属社会負担(2.2(2))	2.0
1.5　生産・輸入品に課される税(受取)	8.5
(1)生産物に課される税	4.8
a．付加価値型税(VAT)	2.6
b．輸入関税	0.2
c．その他	2.0
(2)生産に課されるその他の税	3.8
1.6　(控除)補助金(支払)	0.8
1.7　財産所得(受取)	20.5
(1)利子	14.5
(2)法人企業の分配所得	2.8
a．配当	2.6
b．準法人企業所得からの引出	0.2
(3)海外直接投資に関する再投資収益	0.2
(4)保険契約者に帰属する財産所得	2.0
(5)賃貸料	1.1
受　取	100.0

資料：『国民経済計算　2004年度』，制度部門別所得支出勘定，一国経済(2)第一次所得の配分勘定より作成。

給与所得という一部の所得種類にのみ課税される部分税であり，第4章で分析したような部分税の歪曲効果を経済に与える。また，公平性の原則という観点からみても，給与所得は低所得階級や中所得階級を主たる所得源泉とする所得であり，給与所得以外の資産所得から多くの所得を得ている高所得者階級を優遇することになる。所得の大宗を占めるが，それ以外の所得もさまざまありその規模も大きい。社会保険の拠出金である社会保険料または給与

表 18-5　租税と社会保険料による再分配効果：2002年

当初所得階級	当初所得(A)(万円)	再分配所得(B)(万円)	再分配係数(B-A)/A(%)	拠出(万円)		受給総額(万円)
				税金	社会保険料	
総　数	510.8	575.2	12.6	48.6	47.6	160.6
50万円未満	4.3	306.2	7,092.7	7.4	10.5	319.8
50万～100万円	73.0	230.0	215.0	7.9	11.5	176.5
100万～150万円	123.0	249.9	103.2	8.2	13.5	148.7
150万～200万円	171.3	292.7	70.9	13.7	21.8	157.0
200万～250万円	222.2	327.2	47.3	15.7	25.3	146.1
250万～300万円	272.4	361.3	32.7	17.3	29.3	135.6
300万～350万円	320.5	386.9	20.7	21.3	35.0	122.8
350万～400万円	372.8	410.5	10.1	21.9	38.6	98.2
400万～450万円	419.2	450.5	7.5	25.0	39.6	95.8
450万～500万円	471.7	514.2	9.0	29.5	47.5	119.5
500万～550万円	519.5	543.2	4.6	30.4	49.2	103.3
550万～600万円	573.1	582.0	1.5	39.4	59.5	107.7
600万～650万円	619.3	617.3	−0.3	46.4	58.1	102.5
650万～700万円	672.8	689.7	2.5	49.4	65.1	131.3
700万～750万円	722.5	694.5	−3.9	54.5	67.2	93.7
750万～800万円	771.6	722.8	−6.3	66.5	72.9	90.6
800万～850万円	821.1	787.5	−4.1	64.3	77.4	108.1
850万～900万円	874.2	841.2	−3.8	70.0	79.1	116.0
900万～950万円	920.5	885.4	−3.8	82.3	84.8	132.1
950万～1,000万円	973.1	923.6	−5.1	86.7	87.0	124.2
1,000万円以上	1,480.3	1,317.5	−11.0	183.5	110.9	131.6

資料：厚生労働省政策統括官付政策評価官室，『平成14年　所得再分配調査報告書』，表3　当初所得階級別所得再分配状況より作成。

税は，さまざまな種類の所得の中で，この雇用者報酬のみを課税標準とする税である。

しかも，垂直的公平の達成には累進税率での課税が必要であると一般的に考えられているが，給与税は比例税率で課税される。アメリカの給与税であるFICA税のように，課税標準である給与額に上限が設定されているから，この上限を超える給与に対する給与税はゼロとなり，給与所得に対しても**逆進税**である。わが国の社会保険料は総報酬制に改正され，賃金部分について

は上限の設定がないが，賞与部分については上限の設定が設けられている。

18‒8　社会保険の再分配効果

当初所得に対する社会保障の拠出と給付の関係

表18‒5には，租税と**社会保険料**による再分配効果が当初所得階級別に示されている。

1世帯当たりの平均当初所得は510.8万円であり，この当初所得から税金（48.6万円），社会保険料（47.6万円）を差し引き，社会保障給付（160.6万円）を加えて，再分配後所得は575.2万円となっている。これを当初所得に対する比率でみると，社会保障給付は31.4％，社会保険料は9.3％であり，差し引き22.1％が1世帯当たり平均で社会保障によってプラスになっている。

当初所得（A）から税金と社会保険料が支払われるが，他方では年金・恩給，医療，その他の**社会保障給付金**を受け取ることができる。50万円未満の当初所得階級の例をとると，当初所得は4.3万円であるが，税金7.4万円，社会保険料10.5万円支払うが，他方では受給総額が319.8万円となるから，再分配所得（B）は306.2万円（4.3－7.4－10.5＋319.8）となり，**再分配係数**は（B－A）／Aで定義される。所得再分配の状況を当初所得階級別に見ると，当初所得がおおむね700万円未満の階級で再分配係数がプラスとなり，再分配所得が当初所得を上回る。表18‒5から明らかなように，社会保険制度が再分配において重要な役割を果たしている。

第19章 地方税

19-1 国税と地方税

国税と地方税の比重の変遷

　わが国の政府は中央政府，都道府県，市町村という**3階層制**をとっている。究極的な税源は毎年度の経済の純生産であるから，同じパイから競合的な形で歳入を調達することになる。したがって，これらの3階層間に緊密な調整が不可欠なのはいうまでもない。わが国の地方財政の大きな特徴は，歳入面では中央政府が国税として地方税よりも多くの税収を徴収し，歳出面においては逆に地方の方が中央政府よりもずっと多額の最終支出をしていることである。図19-1には1955年から2002年までの国税と地方税との比率の変遷を描いてあるが，**国税の地方税への移譲**などの地方分権推進政策を反映して，傾向的には地方税収の比率が上昇し，国税の比率が低下してきている。1955年においては国税と地方税との比率は71.1％と28.9％であったが，2002年にはそれぞれ58.1％と41.9％となっている

道府県税と市町村税

　表19-1に示すように，わが国では都道府県と市町村の両階層の地方公共団体が租税体系とも呼びうる各種税を徴収している。第3章「経済循環と各種租税」の図3-1において，経済循環との関係で各種税の衝撃点を明らかにしたが，**同一の課税標準**に対して複数の階層の政府が課税している。個人

図 19-1　国税と地方税の比率の変遷

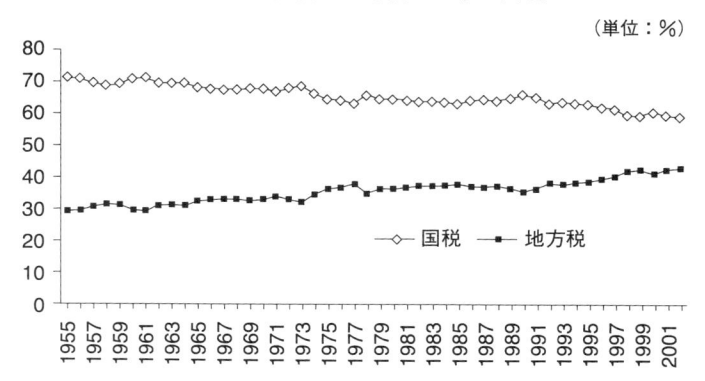

(単位：％)

資料：総務省統計局・統計研修所『日本の長期統計系列　第5章　財政』
「5-8　租税及び負担率（昭和30年度〜平成14年度）」より作成。

所得に対しては3階層の政府が課税しており，住民税法人税割は国の法人税額が課税標準であるから，間接的ではあるが，法人所得に対して3階層の政府が課税している。さらに，現行の法人事業税は外形課税が一部導入されたが，基本的に所得課税であるから，都道府県の階層のみでも，同じ法人所得に対して道府県民税法人税割と法人事業税と2度も課税している。また，地方消費税の課税標準は国税の消費税額であり，典型的な**付加税**（piggybacking）を形成している。国税の消費税は消費に対して4％の税率で課税され，地方消費税は国税の消費税額を課税標準として25％の税率で課税されるから，消費という課税標準に対して追加的な1％の税率に対応する。消費に対しては国が4％，地方が1％で，全体で5％の税率で課税されるのと同じ結果になる。

　すべての階層の政府にとって，**究極の税源**は経済の年々の純生産であるから，所得のような包括的な課税標準に対しては，複数の政府が付加課税するのはやむをえない。しかし他方，同一の課税標準に対して複数の政府が課税する場合には，他の階層の政府の決定の影響を受けやすい。国の過度のコントロールを排除して，**地方の自主性**を高めることが，地方自治や地方分権の重要にして困難な課題なのであるから，地方税はできるだけ国税の影響から遮断されていた方が望ましい。また，地方の2階層の都道府県と市町村の税

表 19-1 道府県税と市町村税の構造 (単位：％)

		二 市町村税	
道府県税総額(単位：10億円)	13,693	市町村税総額(単位：10億円)	18,972
一 道府県税	100.0	二 市町村税	100.0
1 普通税	88.7	1 普通税	91.8
(1) 道府県民税	23.9	(1) 市町村民税	40.3
(ア) 個人均等割	0.3	(ア) 個人均等割	0.6
(イ) 所得割	15.9	(イ) 所得割	29.1
(ウ) 法人均等割	1.0	(ウ) 法人均等割	2.1
(エ) 法人税割	4.7	(エ) 法人税割	8.5
(2) 事業税	28.1	(2) 固定資産税	46.2
(3) 地方消費税	17.5	(ア) 純固定資産税	45.7
(4) 不動産取得税	3.5	(i) 土地	18.7
(5) 道府県たばこ税	2.0	(ii) 家屋	18.3
(6) ゴルフ場利用税	0.5	(iii) 償却資産	8.7
(8) 自動車税	12.8	(3) 軽自動車税	0.7
(12) 法定外普通税	0.3	(4) 市町村たばこ税	4.5
2 目的税	11.3	2 目的税	8.2
(1) 法定目的税	11.3	(1) 法定目的税	8.2
(ア) 自動車取得税	3.3	(ア) 事業所税	1.6
(イ) 軽油引取税	8.1	(イ) 都市計画税	6.5

資料：『地方財政統計年報書　平成16年度版』，「2-6-2表　団体別・税目別地方税徴収実績」より作成。

も，他の階層の地方政府の課する税から独立していた方がよい。**シャウプ勧告**における独立税の原則は，まさにこのような配慮にもとづいた勧告であり，地方税制度の側面における地方自治の課題として重要である。

国税については第2章の表2-1に示したが，おもな道府県税と市町村税の構造を，それぞれの税収総額に占める比率の指標で表19-1に示してある。地方税関係の統計において，「都道府県税」ではなく「道府県税」と呼ばれる理由は，地方税法が道府県税についての規定を都に，市町村税の規定を特別区に準用するとした上で，固定資産税，市町村民税等のいくつかの市町村税については，都税として課税しているからである。道府県税収総額は13.7兆円であり，おもな税目からの税収は道府県民税23.9％，事業税28.1％，地方消費税17.5％，自動車税12.8％，目的税である自動車取得税3.3

％，軽油引取税 8.1 ％などである。市町村税は総額が 19.0 兆円であり，市町村民税 40.3 ％，固定資産税 46.2 ％，市町村たばこ税 4.5 ％，目的税 8.2 ％となっている。目的税は事業所税 1.6 ％と都市計画税 6.5 ％が主な税である。

19-2　地方税原則

アカウンタビリティの原則

　消費の非競合性とそれに伴う排除原理適用の困難性のゆえに，多くの公共財は民間市場における自発的交換によっては供給されず，政府の強権により徴収される**一般税**を財源とせざるをえないが，個別的便益と直接的対応関係のない一般税の場合でも，できるだけ公共財からの便益とそれに対する租税負担が，密接に関連付けられることが重要である。団体単位の公共選択を本質とする地方行財政においても，できるだけ「自分のカネを自分のために使う」状況に近づけようとする要請がアカウンタビリティの原則であり，「支出するものが財源を調達する」ことを要請する。予算制度の課題は，無限の歳出需要を限られた財源の制約内に抑制することであるが，地方財政においても住民のさまざまな地方財・サービスへの要求は無限であり，他方，同じ住民はその財源となる地方税負担は極力回避しようとする。地方自治は**住民の選好**に基づいた地方財・サービスの選択を要請するが，選択が合理的であるためには，**負担と便益との比較考量**が不可欠である。

普遍性の原則

　地方公共団体は基本的に，同一の地方財・サービスを均一な質と量で供給するから，その財源としての地方税は，特定の地方公共団体のみが課税できる偏在した課税標準にではなく，すべての地方公共団体に**広く分布した課税標準**に対するものが好ましい。核燃料税のような特殊な税の課税標準は，すべての地方公共団体に普遍的に分布しているとはいえないが，所得や固定資産は，全国どの地方公共団体にも分布している。どのような課税標準を選択してもある程度の**偏在性**は避けられず，さまざまの課税標準間に，かなりの

程度の偏在性の格差が存在する。さまざまの地方税がどのように地方公共団体間に分布しているかは，経験的分析により明らかにすべき問題であるが，法人所得などは特定の地方公共団体に偏在し，たばこ税や自動車税などはもっと普遍的に全地方公共団体に分布している。

安定性の原則

　安定性の原則は，国よりも特に地方公共団体にとって重要とされる。地方公共団体の提供する財・サービスには経常的な性質を有し，増減しにくいものが多いうえに，景気対策は基本的には地方財政の機能ではない。すべての税が景気をはじめとするさまざまの原因によりある程度は変動するが，各種税の間には税収の安定性についてかなりの格差が存在する。**法人利潤**を課税標準とする法人税やその付加税である地方住民税法人税割や，外形課税導入後にも所得課税が主である法人事業税などは，著しく安定性を欠く税である。付加価値や資本金などに対する**外形課税**により，安定性はかなり改善される。

分任性の原則

　国税の租税原則にない地方税原則として，分任性の原則がある。住民が自分の所属する地方公共団体の政治・行政への高い関心を抱き参加意識を持つことは，地方自治に不可欠の要請である。「代表なくして課税なし」が財政民主主義の原点であるならば，逆に負担を広く住民間に分任させることにより，地方政治や行政への関心と**参加意識**の高まりが期待される。

　この原則は，所得の大小に関係なく1人当たり同額の税を負担する人頭税である地方住民税の**均等割**の制度に反映されている。また分任性の原則は，所得税である地方住民税所得割の課税最低所得が，国税の所得税よりも低い水準に設定されている点や，税率の累進度が緩やかである点に反映されていた。2007年度より，10％（道府県4％，市町村6％）の比例税となり，累進税率は国の所得税にのみ適用される。

地元定着性の原則

　世界のグローバル化は進展し，いまや国境線により外国から遮断された状

態で国内政策を実施することは困難になった。わが国においてもさまざまの分野で急速なグローバル化が進展しているが，個人や企業の国境を越えた移動は，まだ国内における移動ほどには容易でないであろう。

　地方税原則の1つは，容易に他の地方公共団体に逃避できないような，定着性の高い課税標準への課税が望ましいという原則である。定着性が高いとされる固定資産さえも，長期的にみれば，土地を除いては他の地方公共団体に**移動可能**である。しかし，短期間に容易に大規模に他の地方公共団体へ移動できない課税標準に対する税が，地方税としては望ましい。課税標準が容易に他の地方公共団体に逃避できる状況においては，地方公共団体は独自の租税政策を実施できなくなる。固定資産税が伝統的に地方税として採用されている理由の1つは，地元定着性が高いからである。

独立税の原則

　わが国では都道府県と市町村の両階層の地方公共団体が租税体系とも呼びうる各種税を徴収しているが，このことはかならずしも長所のみとは限らない。個人所得に対しては3階層の政府が，さらに法人所得に対しては3階層の政府が法人所得税を課税しているうえに，現行の法人事業税は外形課税導入後においても基本的に所得課税であるから，都道府県の階層のみでも同じ法人所得に対して2度も課税している。所得のような包括的な課税標準に対しては複数の政府が付加課税するのはやむをえないという議論もありうるが，同一の課税標準を複数の政府で分け合う場合には，それだけ他の階層の政府の決定の影響を受けやすい。**シャウプ勧告**における独立税の原則はまさにこのような配慮にもとづいた勧告であり，地方税制度の側面における地方自治の課題としてはきわめて重要である。

　第3章「経済循環と各種租税」の経済循環の図で明らかにしたように，外見は異なって見えても，経済の純生産のフローまたはストックとして見た場合には，実は**等価関係**にある税が多い。経済循環の複数の段階に租税の衝撃点が設定されていることから明らかなように，同じ年々の純生産のフローに対して生産段階，所得段階，支出段階等において二重課税，多重課税がなされるうえに，フローが蓄積されて形成されたストックに対する資産課税もな

されている。しかし，同じ段階で同じ課税標準に対して複数階層の政府が課税する必要はなく，別の段階で課税すればもっと独立税の性格が強まるであろう。

19-3 道府県税

普通税と目的税

　普通税というのは使途の指定されない一般財源として利用できる税であり，目的税というのは税収が特定の使途にひも付きで定められている税である。一般的には目的税というのは財政の硬直性を招く1要因であり，すべての税収を一括して一般財源として単一会計で経理し，全体としての優先順位に従って最適額を支出するという予算原則に反するとして批判される。しかし，特定の公共財・サービスの便益に対応する目的税負担というかたちで，便益と負担とがより直接的なかたちで対応しており，便益がより明確に納税者により認識されるから，私的財のように交換という性格が強くなり，徴収しやすいという合理性も有している。

　地方分権化の推進に伴う**地方への財源移譲**により，2007（平成19）年度から国と地方との税配分が大幅に改正されたため，2006年度以前の制度からかなり異なったものとなる。この章では2006年度の制度についての記述を主とするが，同時にすでに制度化された2007年度以降の制度についても追加する。

道府県民税

　まず，主要道府県税について，納税義務者と課税標準を見てみよう。地方税の場合には，地方公共団体の**課税権**の及ぶ範囲が限定されており，原則としてその地方公共団体内に存在する納税義務者や，課税物件と課税標準に限られている。例えば，道府県民税個人均等割の**納税義務者**は「道府県内に住所を有する個人」とか，「道府県内に住所は有しないが，事務所，家屋敷を有する個人」というかたちで規定される。課税の対象となる物や行為は課税物件，それを数量化したものが課税標準と呼ばれ，課税標準に税率を乗じて

税額が計算される。

　道府県税の主要税はまず**道府県民税**であるが，個人均等割および法人均等割は，地方税に特有の税といえる。地方税原則の1つとして負担分任性があげられるが，住民が地方政治や行政に関心や参加意欲を高めるために，できるだけ多くの住民が少額でもその費用を負担すべきであるという原則である。個人均等割は租税論において人頭税に分類される税であるが，納税義務者は道府県内に住所を有する個人であり，その課税物件は個人の存在であるから，量的に調整して税負担を逃れることはできない。**個人の均等割**の標準税率は，年額1,000円である。この均等割額は2007年以降も維持される。

　第12章「企業課税：法人所得税と企業消費税」において論じたように，法人課税においては法人の本質が実在か擬制かは重要な問題であるが，法人はしばしば自然人と同じような権利と義務を有する人格をもった存在として扱われる。わが国の地方住民税においても，自然人の個人と同様に，法人の存在を課税物件として**法人均等割**が課税される。法人等の均等割の納税義務者は道府県内に事務所または事業所を有する法人であり，標準税率は，資本金等の額が50億円を超える法人には年額80万円，10億円を超え50億円以下である法人には54万円，1億円を超え10億円以下である法人には13万円，1,000万円を超え1億円以下である法人には5万円，1,000万円以下の法人には2万円である。それ以外の法人等は2万円である。法人均等割については，各法人に対して完全に均等の税額ではなく，資本金額で表される法人規模を考慮して，大法人ほど高い税率となっている。個人に対する人頭税も，個人の能力が観察可能ならば異なる1人当たり額を能力に応じて設定することができるが，現実にはそのような能力の推定は税務行政上不可能であるので，1人当たり額が等しく定められている。

　所得割の納税義務者は道府県内に住所を有する個人であり，課税標準は，前年の所得について算定した総所得金額，退職所得金額および山林所得金額である。税率は700万円以下の金額2％，700万円を超える金額3％という2段階の超過累進税率構造をとっていた。従来は緩やかな累進制ではあったが累進税率が適用されていたが，2007年度からは所得額にかかわりなく一律4％の**比例税**になった。

法人税割の納税義務者は，道府県内に事務所または事業所を有する法人であり，法人税額または個別帰属法人税額を課税標準として課する道府県民税である。法人税額は国税の法人税額であり，法人税割の標準税率は5％である。法人税割は間接的ながら法人所得に対する課税であり，法人税率が法人所得に対して30％であれば，5％の法人税割の税率は法人所得に対する1.5％（30％×5％）に対応する。法人税割には制限税率の規定があり，標準税率を超える税率で課する場合においても，6％を超えることができない。

事業税

事業税は電気供給業，ガス供給業，生命保険事業，損害保険事業が例外的に各事業年度の収入金額（売上高）を課税標準として課税され，他の法人は所得を課税標準として課税されていた。しかし，地方公共団体が供給するインフラストラクチャーをはじめとするさまざまな地方財・サービスを投入して生産活動を行っているにもかかわらず，赤字法人は事業税を支払わない。地方税は基本的に利益説に従って課税されるべきものとされており，赤字法人が道府県の財・サービスの便益を享受しながら，その負担を負わないのは不公平であるという批判が強かった。また，法人を含む企業にとっては所得とは利潤であるから，景気に対してきわめて敏感に反応し，不安定な税収を道府県にもたらす。もっと安定的な税収をもたらす課税標準である付加価値や資本金などに対する課税が要望されていたが，2004（平成16）年4月開始事業年度から導入された。支払能力に直接対応する経済量が所得（利潤）であるとすると，付加価値や資本金は法人の支払能力を間接的に推測させる経済量であり，外形課税標準と呼ばれ，この外形課税標準に対する税を**外形標準課税**と呼ぶ。

新しい外形課税制度のもとでは，所得が課税標準であった事業分野においても，所得と付加価値と資本金の課税標準に対する合計税額を支払うことになる。所得がマイナスであり所得割事業税がゼロの赤字法人であっても，付加価値や資本金がマイナスとなることはありえないから，付加価値と資本金に対する税を支払うことになる。所得割については年400万円以下の金額については3.8％，年400万円を超え年800万円以下の金額については5.5％，

年800万円を超える金額および清算所得については7.2％の税率が適用される。外形課税部分については，**付加価値割**の税率は0.48％，**資本割**の税率は0.2％となっている。

外形課税の対象でない資本金1億円以下の法人は，従来のように所得課税であるが，普通法人には**軽減税率**が所得のうち年400万円以下の金額に対しては5％，年400万円を超え年800万円以下の金額に対しては7.3％，800万円を超える金額および清算所得に対しては9.6％，軽減税率不適用の普通法人に対する税率は9.6％である。制限税率は標準税率の1.2倍である。

個人の行う事業に対する**個人事業税**の課税標準は，個人の事業所得である。第1種業種には37業種あるが，税率は5％である。第2種業種には3業種指定されており税率は4％，第3種業種には30業種指定されており税率は5％である。制限税率は標準税率の1.1倍である。

その他の道府県税

地方消費税は，国税の消費税額を課税標準額とし，25％の税率で課される。国の消費税は消費に対して4％の税率で課税されるが，消費税額に対する地方消費税の25％の税率は，消費税の課税標準である消費に対する1％に対応するから，国の消費税と地方消費税の合計税率は消費に対して5％となる。わが国の消費税はEUの消費型付加価値税と同じ税であるが，さまざまの財政需要に対応するために，この税率を多くの付加価値税課税国と同じく10％，15％，20％などの税率に引き上げるかどうかが，わが国の今後の政治争点となるのは間違いない。

不動産取得税の納税義務者は，土地や家屋を売買，交換，贈与，建築（新築，増築，改築）などにより取得した人であり，不動産の価格や取得の時期や種類に応じた税率が定められている。税率は土地3％，家屋の住宅3％，その他家屋4％である。免税点が定められており，取得した土地の価格が10万円未満の場合，家屋を建築したときの価格が23万円未満の場合，家屋を売買・贈与などにより取得したときの価格が12万円未満の場合には課税されない。

自動車税の納税義務者等は，自動車の主たる定置場所在の道府県における

所有者である。自動車税の標準税率は，乗用車，トラック，牽引車などの分類と営業用と自家用などの分類の組合せに対して，きわめて多数の税率が定められている。例えば，営業用で総排気量が1リットル以下のものについては年額7,500円，総排気量が6リットルを超えるものについては4万700円である。自家用車の場合には，総排気量が1リットル以下のものについては年額2万9,500円，総排気量が6リットルを超えるものについては年額11万1,000円である。制限税率は標準税率の1.5倍である。

道府県たばこ税，ゴルフ場利用税，自動車取得税，軽油引取税については，第14章「個別消費税」で説明したから省略する。

19 – 4 市町村税

市町村民税

市町村民税個人均等割と法人均等割は，道府県民税の個人均等割と法人均等割と類似の税である。**個人均等割**の納税義務者は，市町村内に住所を有する個人および事業所または家屋敷を有する個人で当該市町村内に住所を有しない者であり，標準税率は年額3,000円である。この税率は2007年以降も同じである。

法人均等割の納税義務者は，市町村内に事務所または事業所を有する法人である。資本金等の額と市町村内に有する事務所，事業所または寮などの従業者数の合計数という2つの基準の組合せにより，異なる税率が適用される。例えば，50億円を超える法人で市町村内に有する事務所，事業所または寮などの従業者数の合計数が50人を超えるものは，年額300万円である。資本金等の額が1,000万円以下である法人で従業者合計数が50人を超えるものは年額12万円，前各号に掲げる法人以外の法人等は年額5万円である。**制限税率**の規定があり，標準税率の1.2倍である。

所得割の課税標準は，前年の所得について算定した総所得金額，退職所得金額および山林所得金額である。200万円以下の金額3％，200万円を超える金額8％，700万円を超える金額12％の超過累進課税であり，制限税率の規定はなかった。**2007（平成19）年度**からは制度改正により，所得の額に

かかわらず一律に6％の税率で比例税が課税される。道府県住民税の所得割の一律4％の税率が合わさり，地方住民税所得割の税率は一律10％の比例税率となる。

法人税割は国税の法人税額を課税標準として，これに法人税割の税率を乗じて計算する。法人税割の標準税率は12.3％であり，法人税率が30％の税率ならば，法人所得に対する3.69％（30％×12.3％）の税率に対応する。制限税率は14.7％である。

固定資産税

固定資産税の納税義務者は，固定資産の所有者である。固定資産とは，土地，家屋および償却資産を総称する。**土地**とは田，畑，宅地，塩田，鉱泉地，池沼，山林，牧場，原野，その他の土地をいう。**家屋**とは住家，店舗，工場，倉庫，その他の建物をいう。**償却資産**とは，土地および家屋以外の事業の用に供することができる資産で，その減価償却額または減価償却費が，法人税法または所得税法の規定による所得の計算上，損金または必要な経費に算入される資産をいう。

固定資産税および償却資産税については，課税標準額に税率を乗じることにより税額を算出する。標準税率は1.4％であるが，各市区町村が税率を設定することが可能であり，制限税率はないから地方公共団体の裁量で税率を自由に設定できる。

軽自動車税

軽自動車税の納税義務者等は，原動機付自転車，軽自動車，小型特殊自動車および二輪の自動車の主たる定置場所在の市町村における，その所有者である。軽自動車税の標準税率は，次の各号に掲げる軽自動車等に対し，1台について，それぞれ当該各号に定める額とする。

車種や総排気量の組合せで多数の税率が定められているが，四輪以上のものの例をあげると，乗用のもので営業用は年額5,500円，自家用は年額7,200円，貨物用のもので営業用は年額3,000円，自家用は年額4,000円である。市町村は，**標準税率**を超える税率で軽自動車税を課する場合には，各

標準税率にそれぞれ 1.5 を乗じて得た制限税率を超える税率で課することができない。

市町村たばこ税については，第 14 章において説明した。

事業所税

　指定都市等は，都市環境の整備および改善に関する事業に要する費用に充てるため，事業所税を課する。事業所税は，事業所等において法人または個人が行う事業に対し，当該事業所等所在の指定都市等において当該事業を行う者に課税する。事業所税の課税標準は，**資産割**は課税標準の算定期間の末日現在における事業所床面積，**従業者割**は課税標準の算定期間中に支払われた従業者給与総額である。事業所税の税率は，資産割は 1 平方メートルにつき 600 円，従業者割は従業者給与総額の 0.25％とする。

都市計画税

　都市計画税は，都市計画事業または土地区画整理事業に要する費用に充てるための目的税であり，当該市町村の区域で都市計画区域として指定されたもののうち，市街化区域内に所在する土地および家屋に対し，その価格を課税標準として課税される。都市計画税の税率には**制限税率**のみが定められており，税率は 0.3％を超えることができない。

19-5　税目選択の自由

法定普通税と法定目的税

　アメリカのような連邦制国家においては，州政府の連邦政府からの独立の程度が高いから，州間にかなりの税制の違いがみられる。しかしわが国のような**単一国家**においては，ほとんどの地方税は，国の法律により制定されている。一方では地方自治が重要ではあるが，地方公共団体間に税制が大幅に異なっては，全国的な経済政策の実施においてもその効果が低下するとともに，企業活動にも支障が生じる。

　したがって，ほとんどの税は法定普通税と法定目的税であり，**国の法律**に

より納税義務者，課税標準，税率等が定められている。表19‐1に示された地方税はすべて法定普通税と法定目的税であり，地方税のほとんどすべてを占める。

法定外普通税および法定外目的税

地方自治の実践において地方公共団体の**課税自主権**が重視されているが，地方公共団体は，地方税法で規定されている税目のほかに，地方公共団体ごとの特殊な財政需要を充足するため，法定外普通税を設けることができる。しかし，国全体の経済政策等の推進との関係で，好ましくない法定外普通税の導入もありうるので，その設定や変更についてはあらかじめ総務大臣の許可を受けることが義務づけられている。

法定外普通税に係る収入のあった団体数を税目別にみると，道府県税においては，核燃料税が11団体，石油価格調整税，核燃料物質等取扱税，核燃料等取扱税，臨時特例企業税が各1団体となっている。市町村税においては，砂利採取税が2団体，山砂利採取税，別荘等所有税，歴史と文化の環境税が各1団体となっている。

法定外目的税は，地方税法に定めのある以外の税目の地方税で，目的税であるものをいう。道府県税においては，産業廃棄物関係税7団体，宿泊税，乗鞍環境保全税が各1団体となっており，市町村税においては，遊漁税，一般廃棄物埋立税，使用済核燃料税，環境未来税が各1団体となっている。

法定外普通税の地方税収総額に占める比率はきわめて低く，道府県税では0.31％，市町村税では0.005％，法定外目的税はそれぞれ0.029％と0.007％にすぎない。現在導入済みの法定外税は少数であるが，多数の地方公共団体が，さまざまな法定外税の導入を検討している。

19‐6 地方自治と税率決定の自由

政府階層間の調整

個人や法人の所得に対する課税をはじめとして，いくつかの課税標準は複数階層の政府により課税されている。国と都道府県と市町村とが別々に課税

する独立税であるとしても，3階層の政府がまったく独立に課税できる性質の税ではない。各所得帯に対する限界税率は3階層の**合計限界税率**であり，その合計限界税率が労働をはじめとする生産要素の供給等に対していかなる歪曲効果を与えるかを考慮して課税しなければならない。地方自治は尊重するとしても，国と都道府県と市町村との協議と調整が不可欠である。

地方税の税率選択の自由

　地方税についてきわめて重要な要素は，地方公共団体が税率決定の自由をどの程度有するかであるが，わが国の地方税制度においては4種類の方式が定められている。**標準税率**というのは，地方公共団体が課税する場合に通常よるべき税率として法定されている税率であり，地方公共団体は財政上必要な場合には標準税率と異なる税率を採用することができる。**制限税率**は地方公共団体が課税する場合に超えてはならない上限として法定された税率であり，個別の税率とか標準税率の一定倍率という形で定められる。**一定税率**というのは地方公共団体が課税する場合にこの税率以外の税率によることを許さないものとして法定された税率である。最後に**任意税率**があるが，法律により特定の税率を定めず，地方公共団体が任意に定めることのできる税率である。任意税率も上限である制限税率が定められている税もある。

　地方分権の推進との関係で，地方公共団体の税率決定の自由を拡大するという要請があるが，極端な場合にはすべての税の税率を任意税率にするということになる。しかし，制限税率や一定税率の定めには，それなりの合理性があるのも事実であり，すべての税の税率を地方公共団体が任意に決定できる制度にすることには困難がある。現行制度では法定外普通税についてのみ，任意税率により課税できるが，標準税率の定めのある場合でも，制限税率の定めのない場合には実質的に地方公共団体は税率を自由に選択できるし，制限税率の定めのある税についても，制限税率に達しない範囲内では地方公共団体は自由に税率を決定できることになっている。

　一定税率適用税は少なく，道府県税では道府県民税利子割，地方消費税，自動車取得税，軽油引取税，道府県たばこ税，市町村税では事業所税と市町村たばこ税に限られている。これらの税について，地方公共団体は税率決定

の自由を与えられていないが，現行制度のもとでも他の多くの税は，制限税率の範囲内でまたは制限税率の定めがないから自由に税率を決定できるのに，現実に地方公共団体はこの税率決定の自由を行使していない。

超過課税

　標準税率が定められている税目について，財政上特別の必要がある場合に，標準税率を超える税率で課税することを超過課税という。2004年4月現在において，道府県税では，個人均等割2団体，法人均等割3団体，法人税割46団体，法人事業税7団体，自動車税1団体が超過課税を実施している。市町村税では，個人均等割0団体，法人均等割577団体，法人税割1,404団体（うち不均一課税団体224団体），固定資産税257団体（うち不均一課税団体86団体），軽自動車税29団体，鉱産税59団体，入湯税2団体である。自然人ではなく**法人をねらい打ち**にする傾向は明白である。**不均一課税**とはすべての納税義務者に対して同率で超過課税するのではなく，例えば中小法人には標準税率を適用し，大法人にのみ標準税率よりも高い超過税率を適用するというように，納税義務者間に差別課税をする制度である。法人課税の偏重は，地方財政においてきわめて重要な指導原理であるアカウンタビリティの原則の観点からみて，深刻な問題をはらんでいる。

第20章 国際課税

20-1 経済グローバル化に対する税制の課題

　国際貿易や外国投資の増大，労働移動の自由化，急速な技術移転の結果として，多数の国民経済が，単一の**グローバル経済**へと組み込まれてきている。経済統合が進展するに伴い，個人や企業にとっては，外国経済に存在する機会を利用する自由が拡大する。しかし，個人や企業は同一の所得について，一方では全世界で稼得した所得を対象に本国において居住地国課税され，外国においてはその国で生じた所得に対して源泉地国課税されるから，二重課税を受ける結果となる。この**二重課税**を回避するために，多くの国際租税条約が締結されている。

　このようなグローバル化の進展により，投資対象国や企業立地国の決定において，租税負担に対する感応性が高まる。企業や個人は世界全体において，租税負担の低い国を求めて，資本や労働を移動させる。また，各国は課税標準が自国から他国に逃避しないように，税率の引下げも含めた各種租税負担軽減措置を導入するから，**国際租税競争**は熾烈化する。

　さらに，本社と子会社が別の国で事業を営む場合に，企業グループは世界全体で税負担を最小化しようとして，企業間の棚卸資産等の移転価格を操作する。この移転価格操作により，各国政府は独立企業から徴収する税額よりも小額の税収しか徴収できないから，移転価格税制が国際課税の重要な課題となる。

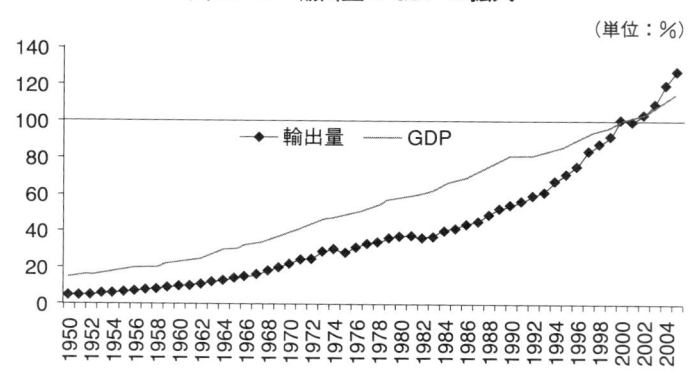

図 20 - 1　輸出量と GDP の拡大

(単位：%)

資料：World Trade Organization, *International Trade Statistics 2006*, Appendix Table A 1 より作成。

20 - 2　経済のグローバル化

国際貿易の拡大

　経済のグローバル化の 1 つの指標は，国際貿易の拡大である。世界貿易機関（WTO）のデータによると，2005 年における世界の GDP 成長率は 3.5 ％にとどまったのに，金額表示の輸出入合計貿易額は，世界全体で 13 ％増大した。図 20 - 1 には，2000 年を基準年度とした指数表示で，**輸出量**と GDP の拡大の傾向を比較してある。グラフが明確に示しているように，1950 年から 2005 年までの期間にわたり，輸出量が GDP よりも急速に拡大してきた。1950 年の GDP の指数が 15 に対して輸出量の指数は 5 にすぎなかったが，輸出量の線は基準年度の 2000 年には GDP の線と交差し，2005 年には GDP が 114 に留まるのに対して，輸出量は 126 まで拡大した。輸入量は図には示していないが，輸入量も輸出量に対応して，同じく急速に拡大している。

対外直接投資の急増

　グローバル化にともなって，対外投資も増大する。対外投資の中でも近年

図 20-2 総固定資本形成に占める対外直接投資の比率の変遷

（単位：％）

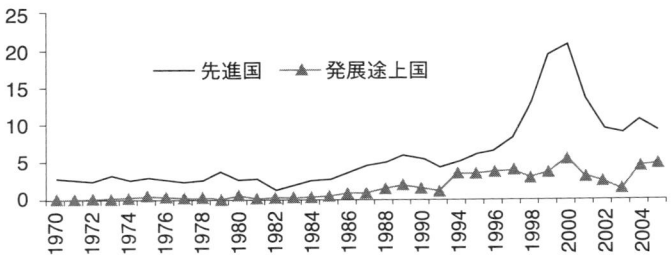

資料：UNCTAD, *World Investment Report 2006*, Annex Table Outward FDI flows As a percentage of Gross Fixed Capital Formation, by Host Region and Economy, 1970-2005 より作成。

重視されているのが，永続的な権益を取得する対外直接投資である。図20-2にはフローの指標として，総固定資本形成に占める対外直接投資の比率の変遷を，先進国と発展途上国について描いてある。いずれのグループの国々においても，その比率は傾向的に上昇してきた。先進国における対外直接投資の増大は著しく，その **総固定資本形成** に占める比率は，1970年の2.94％から2000年の20.95％まで上昇した。発展途上国におけるこの比率は，1970年には0.13％ときわめて低かったが2000年には5.78％，2005年には5.08％へと上昇した。

対外直接投資のストックの増大

フローとしての毎年の対外直接投資は，資本ストックとして蓄積する。図20-3では，1980年から2005年までの期間にわたり，対外直接投資ストックの対GDP比率の変遷を描いてあるが，急速に上昇している。1980年には5.74％にすぎなかったが，以後ほぼ一貫して上昇して，2004年には25.22％に達している。

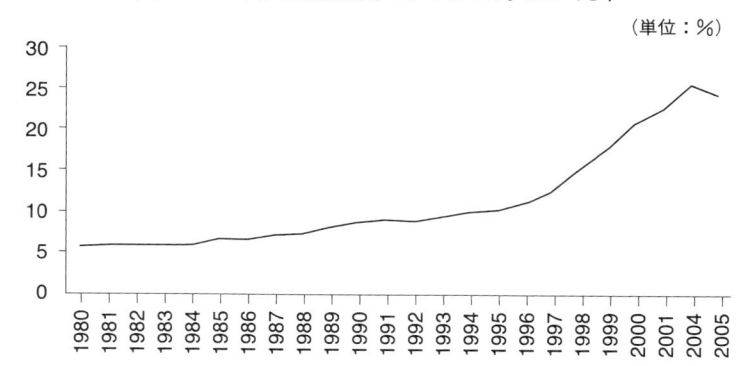

図20-3　対外直接投資ストックの対GDP比率

(単位：％)

資料：UNCTAD, *World Investment Report 2006*, Annex Table Outward FDI Stock As a Percentage of Gross Domestic Product, by Host Region and Economy, 1980-2005より作成。

20-3 租税条約の意義

　経済取引が発展して，人，物，カネ，サービスが国境を越えるようになると，居住地国と源泉地国との間で二重課税問題が生じうる。一方では国民の居住地（個人にあっては住所や居所など，法人にあっては本店所在地など）に着目して，たとえ世界のどこで稼得した利益であろうと，居住地において利益全体に課税しようとする**居住地国課税**の考え方がある。他方では，たとえ自国に居住地を有しない個人や法人が稼得したものであっても，自国の主権の及ぶ範囲において稼得された利益に対して課税する**源泉地国課税**の考え方がある。居住地国も源泉地国も主権国家である以上，お互いの国の課税政策について干渉することはできない。このような各国の課税制度は，必然的に同じ利益に対して二重課税を生み出し，短期的な税収確保のために二重課税問題を放置すれば，国境を越えた経済活動を阻害し，長期的にはすべての国家の損失につながる。

　租税条約は「所得に対する租税に関する二重課税の回避及び脱税の防止のためのA国とB国との間の条約」のことであり，居住地国および源泉地国

が，両国間にまたがる経済活動あるいは商取引について，**二重課税排除**のルールを定めたものといえる。租税条約により，相互の課税権を譲歩して，二重課税を排除するように課税権の配分を定め，相手国の居住者に対する課税の減免を行うこととなる。また，国際的な取引に絡む脱税の防止には，相互の国の協力が不可欠であることから，租税条約には互恵的な情報交換規定が盛り込まれている。

外国税税額控除方式

通常，源泉地国で課税された租税を自国の租税から控除する方式（外国税税額控除方式），または源泉地国で生じた所得を課税の対象から除外する方式（国外所得免除方式）によって，二重課税の排除を行うこととしている。わが国は，外国税税額控除方式を採用している。

外国税額は国内税額から税額控除されるから，外国税額の方が**国内税額**より多額であると，税額控除しきれない部分が生じるが，そうでなければ外国税税額控除方式の場合には，外国で生じた収益にも自国の税率を適用するのと同じであるから，国内に投資しようと外国に投資しようと，投資家にとっての納税額は等しくなる。r_Aとr_Bを本国A国と外国B国の**税引前収益率**，t_Aとt_BをA国とB国の税率とすると，投資家に対する税の中立性は維持され，投資家はA国とB国への投資を$(1-t_A)r_A = (1-t_A)r_B$，すなわち$r_A = r_B$の条件がみたされるように配分する。世界の各国における投資の収益率は等しくなり，世界全体における**資本の配分の効率性**が達成される。

外国税所得控除方式

しかし，一国の観点からみると中立的ではない。外国のB国で支払った税額はB国の国庫に入り，本国のA国は同額の**税収を喪失**したことになる。したがって，外国投資からも国内投資と同額の税収を確保するという**一国の効率性**の観点からみると，外国税の所得控除方式を採用すべきである。同額の投資額Kを外国Bと本国Aに投資した場合を比較すると，外国Bで生じた収益率r_BにKを乗じた収益額が外国Bで生じ，外国Bは外国税率t_Bを適用して$t_B \times r_B \times K$の税額を徴収する。本国Aでは外国での収益額$r_B \times$

K に対して課税されるが，外国 B で支払った税額 $t_B \times r_B \times K$ は損金として所得控除されるから，本国 A における課税所得は $(r_B \times K - t_B \times r_B \times K) = (1-t_B) r_B \times K$ となる。この課税所得に対して本国 A の税率 t_A が適用されて，$t_A(1-t_B) r_B \times K$ の税額が本国で支払われる。**国庫への税収面でみた中立性**は，外国 B に投資しても本国 A に投資しても国庫への税収額が等しくなることを要請するから，外国 B への投資収益に対する課税からの本国における税収額が，本国における投資に対する収益額 $r_A \times K$ からの税収額 $t_A \times r_A \times K$ と等しくなる。

すなわち，$t_A(1-t_B) r_B \times K = t_A \times r_A \times K$ となるから，外国 B における収益率 r_B と本国における収益率 r_A との間の関係は，$r_B = r_A/(1-t_B)$ のように表される。税率については等しく $t_A = t_B = 0.5 = 50\%$ に単純化すると，外国 B における収益率 r_B が本国における収益率 r_A の2倍の高さでなければ外国には投資しなくなり，世界全体における資本の配分の中立性は維持されない。外国税所得控除方式は国内効率性を満たすが，このように**外国投資の収益率**が**国内投資の収益率**よりもかなり高くないかぎりは，外国への投資はなされず，税額控除方式の場合よりも外国への投資が抑制される。

20-4　租税条約の適用範囲

モデル租税条約

実際に効力を有する租税条約ではないが，租税条約の雛型として，**OECDモデル条約**や**国連モデル条約**がある。前者は，先進国同士のモデル，後者は先進国と発展途上国間のモデルであり，後者は源泉地国である発展途上国の課税権に配慮した内容となっている。また，アメリカは，独自に自国の租税条約締結方針を明らかにするため，財務省モデル条約を公表している。

わが国は，2007年現在45の条約を締結しており，56カ国との間に効力を有する。条約数と国の数が一致しないのは，旧ソビエト連邦との間の条約が，連邦崩壊後に独立した新しい諸国との間でも，そのまま承継されることとなっているからである。

事業から生じる所得に対する課税

　企業が外国で事業を行う場合，企業がその外国に**恒久的施設**を有していないときは，その事業から生じる所得について，その外国（源泉地国）では原則として課税されない。このように事業から生じる所得については「恒久的施設なければ課税せず」とするのが，国際的な課税ルールとなっている。

　企業が源泉地国において恒久的施設を有する場合，恒久的施設に帰せられる所得についてのみ課税を行う**帰属主義方式**と，事業から生じる所得が恒久的施設に帰せられるか否かにかかわらず源泉地国で生じたすべての所得を課税対象とする**総合主義方式**がある。わが国が締結した租税条約は，その大半が帰属主義を採用している。

　恒久的施設とは，事業を行う一定の場所とされている。具体的には，支店，事務所，工場，作業所，天然資源の採取場所，建設工事現場等が挙げられる。また，事業を行う一定の場所としての物理的施設がない場合であっても，一定の代理人を有することで，機能的に支店等を有する場合と同様の事業活動が行われる場合には，その代理人の存在をもって恒久的施設を有することになる。

　一般に企業の利得は，すべての事業から生じる所得とされている。条約によっては，具体的にその範囲を明記するものもある。本部支店間の棚卸資産の売買や支店に対する本部経費の配賦等において，価格設定や配賦を恣意的に実施することによる利益配分の操作を回避するため，事業所得算定上の原則の1つとして，**独立企業の原則**がある。

利子や配当に対する課税

　国内法上，非居住者または外国法人が受け取る利子は，その利子が国内源泉所得に該当する場合に，わが国において課税される。租税条約においても，利子の源泉地国での課税を規定しているが，国内法による20％の税率から10％または15％に軽減されて課税される。国内法上，非居住者または外国法人が受け取る内国法人からの配当については，その配当は国内源泉所得とされ，20％の税率により**源泉徴収課税**がおこなわれる。わが国が締結した租税条約においては，配当の源泉地国，すなわち，配当支払法人の所在する

国における課税について，通常は10％または15％の**軽減税率**による旨の規定が設けられている。

標準的なものとしてOECDモデル条約に規定する配当の定義をみると，**配当**とは，株式，受益株式，鉱業株式，発起人株式その他の分配を受ける権利から生じる所得およびその他の持ち分から生じる所得であって，分配を行う法人が，居住地国である国の法令上，株式から生じる所得と同様の課税上の取扱いを受けるものと定義されている。このようにOECDモデル条約では，最終的に分配を行う法人の居住地国の税法で規定する範囲との整合性が保たれるように配慮して，配当の範囲が規定されている。

譲渡収益（資本利得，キャピタル・ゲイン）に対する課税

譲渡収益に対する課税については，国によってその課税方式が異なる。これを大別すると，①譲渡収益を課税の対象としない国，②事業に関連して生じる譲渡収益のみを課税の対象とする国，③すべての譲渡収益について課税の対象とする国，に区分することができる。

OECDモデル条約においては，①不動産の譲渡，②事業用動産の譲渡，③国際運輸等に運用する航空機または船舶の譲渡，④その他の財産の譲渡，に区分して規定がなされている。OECDモデル条約では，不動産所得の場合と同様，当該不動産が存在する国，すなわち源泉地国に，**第一次課税権**を認めている。

資本所得の課税

もっとも重要で複雑な問題は，**外国投資から生じる所得**に対する課税問題である。これには個人と法人の受け取る所得の処置が含まれる。アメリカの現行制度では，アメリカに居住し外国から投資所得を得る個人投資家は，それに対するアメリカの税を支払う。源泉地国政府は一般的に**源泉徴収税**を課税するが，外国におけるこの源泉徴収額は，アメリカの税に対して税額控除される。逆に，外国人がアメリカで生じる資本所得を得た場合には，アメリカにおいて源泉徴収税が課税される。源泉徴収税の税率は，国際租税協定で決められる。

外国で支店が操業しているアメリカの法人は，**支店**の利潤に対して外国の法人税が課税される。アメリカの税においては，**親会社**と支店は同組織とみなされる。外国の税引前利潤は親会社の課税利潤に含められ，外国での納税額は**税額控除**される。利潤が送還される場合には，外国の源泉徴収税は課税されない。外国の利潤税がアメリカの利潤税よりも多額でない限りは，アメリカの法人にとっては，どちらの国で課税されようと租税額は変わらない。

アメリカの親会社により所有されても，外国で設立された**子会社**は法的に親会社とは別の法人であり，その利潤は外国の法人所得税の課税対象となる。アメリカの法人所得税は，子会社からアメリカの親会社に**配当支払い**として支払われるまで支払延期となる。配当支払時点で納税義務が生じるが，外国税額も含めた税引前所得がアメリカの法人所得税の課税対象となり，外国税額は税額控除される。外国の子会社に**社内留保**された利潤は外国による課税対象であり，この利潤が送還されてはじめてアメリカの法人所得税が課税される。

20‐*5*　租税競争

個人所得税率の引下げ

租税競争とは，自国への投資を促進するために，ある特定の所得などに対する税率引下げも含めた優遇措置をとる租税政策である。**自国産業の空洞化**を招くことから，租税競争を「有害なもの」と見て，国際的協調により抑制しようとする動きが先進国において見られる。OECDにおいても，これに対抗するための措置がいくつか提言されている。ほとんどの先進諸国は，自国経済の投資に対する魅力的状況を確保しようと，税制改革を実施する。主要先進工業国における**最高個人所得税率**の平均は，表20‐1に示されるように，OECD 26カ国の平均値は，1980年から2005年までの期間において25ポイントも低下した。わが国も1980年の75％から50％まで25ポイントも低下している。この期間に大幅に最高個人所得税率が低下した国は，韓国が89％から39％までの50ポイント，ポルトガルが84％から42％まで42ポイント，スウェーデンが87％から52％まで35ポイント，イギリスが83％

表20-1 個人所得税最高限界税率の変遷 (単位:％)

国	1980年	1985年	1990年	1995年	2000年	2005年	変化ポイント 1980-2005年
オーストラリア	62	60	49	47	47	47	−15
オーストリア	62	62	50	50	50	50	−12
ベルギー	76	76	55	58	58	50	−26
カナダ	60	50	44	44	44	39	−21
デンマーク	66	73	68	63	59	59	−7
フィンランド	65	64	57	54	51	50	−15
フランス	60	65	53	51	54	48	−12
ドイツ	65	65	53	57	56	44	−21
ギリシャ	60	63	50	45	43	40	−20
アイスランド	63	56	40	47	45	39	−24
アイルランド	60	65	56	48	42	42	−18
イタリア	72	81	66	67	51	43	−29
日本	75	70	65	65	50	50	−25
韓国	89	65	60	48	44	39	−50
ルクセンブルク	57	57	56	50	49	41	−16
メキシコ	55	55	40	35	40	30	−25
オランダ	72	72	60	60	52	52	−20
ニュージーランド	62	66	33	33	39	39	−23
ノルウェー	75	64	51	42	48	40	−35
ポルトガル	84	69	40	40	40	42	−42
スペイン	66	66	56	56	48	35	−31
スウェーデン	87	80	61	46	51	52	−35
スイス	31	33	33	35	31	26	−5
トルコ	75	63	50	55	45	40	−35
イギリス	83	60	40	40	40	40	−43
アメリカ	70	50	33	40	40	35	−35
OECD 26カ国	60	57	56	50	49	43	−25

資料：James Gwartney and Robert Lawson, *Economic Freedom of the World : 2007 Annual Report*, pp. 41-181 の各国表から作成。

から40％までの43ポイント，アメリカが70％から35％まで35ポイントなどである。

過去数十年間にわたり，多くの政府は外国投資の流入を阻止し，国民の外国への投資を制限してきた。1970年代以降，**外国投資**に対する政策に多大

な変化が生じた。ほとんどの政府は，外国投資が経済成長を最大化する基本的要因であることを悟ったので，積極的に自国への外国投資流入を奨励している。**対外投資** は図 20-2 や図 20-3 で示したように，1970 年代と 80 年代における資本統制の除去と，主要経済における金融市場の規制緩和とともに爆発的に増大した。

法人所得税率の引下げ

グローバル化に対応した近年の世界的傾向に合わせて，法人所得税率は大幅に低下してきている。わが国の法人税の各事業年度の所得に対する**基本税率**の例を取り上げると，1990（平成 2）年 4 月 1 日以後開始の事業年度に対して適用される 37.5％から，1998 年 4 月 1 日以後開始の事業年度に対して適用される 34.5％へ，さらに 1999 年 4 月 1 日以後開始の事業年度に適用される 30％へと低下している。この傾向は世界共通であり，OECD 諸国の 1986 年から 2000 年までの期間中においては，デンマーク（18 ポイント），アイスランド（21 ポイント），アイルランド（26 ポイント），スウェーデン（24 ポイント）などが大幅に**最高法人所得税率**を引き下げた国々である。OECD 諸国全体でも，9 ポイントも低下している。グローバル化の進展とともに租税競争が熾烈化し，自国に外国直接投資をはじめとした企業を誘致するために，租税負担を引き下げようとしている。この期間中にわたって税率が上昇した国はオーストリア，イタリアとメキシコであるが，オーストリアは 34％，イタリアは 37％，メキシコは 35％と，上昇しても 2000 年における最高税率はそれほど高いものではない。

タックス・ヘイブン

タックス・ヘイブン（tax haven）とは，税金が免除や著しく軽減される国・地域を指し，「**租税回避地**」とも呼ばれる。タックス・ヘイブンは，小さな島国など産業が発達しない国が，国際物流の拠点となることを促進するために作った制度である。タックス・ヘイブン税制が適用される業種は，本来は物流セクターであった。タックス・ヘイブンには，本国からの取締りが困難だという点に目を付けた暴力団やマフィアの資金や，第三国からの資金

表 20 - 2　法人所得税最高税率の変遷：国税のみ　　（単位：％）

国	1986 年	1991 年	1995 年	2000 年	変化ポイント 1986-2000 年
オーストラリア	49	39	33	34	−15
オーストリア	30	30	34	34	4
ベルギー	45	39	39	39	−6
カナダ	36	29	29	28	−8
デンマーク	50	38	34	32	−18
フィンランド	33	23	25	29	−4
フランス	45	42	33	33	−12
ドイツ	56	50	45	40	−16
ギリシャ	49	46	40	40	−9
アイスランド	51	45	33	30	−21
アイルランド	50	43	40	24	−26
イタリア	36	36	36	37	1
日　本	43	38	38	27	−16
韓　国	30	34	32	28	−2
ルクセンブルク	40	33	33	37	−3
メキシコ	34	34	34	35	1
オランダ	42	35	35	35	−7
ニュージーランド	45	33	33	33	−12
ノルウェー	28	27	19	28	0
ポルトガル	47	36	36	32	−15
スペイン	35	35	35	35	0
スウェーデン	52	30	28	28	−24
スイス	10	10	10	8	−2
トルコ	46	49	25	33	−13
イギリス	35	34	33	30	−5
アメリカ	46	34	35	35	−11
OECD 26 カ国	41	35	33	32	−9

資料：Chris Edwards and Veronique de Rugy, "International Tax Competition A 21st-Century Restraint on Government," *Policy Analysis*, No. 431, 2002 より。

が，**マネー・ロンダリング**のために大量に流入しているといわれている。また，専ら本国での税金徴収を逃れるために，タックス・ヘイブンを利用している悪質な脱税者が多数いる。そのため各国で，タックス・ヘイブンを有害

税制とした対策が進んでいる。

タックス・ヘイブンには4種類あり，それぞれ免税の仕方が違う。タックス・パラダイスには租税はない。タックス・リゾートでは特定業種（銀行など）に対して減税または免税を，タックス・シェルターでは国外源泉所得を減税または免税する。ロータックス・ヘイブンでは条約締結国には低い税率を適用する。

親会社が，国外のタックス・ヘイブンに子会社を設け，これに各種権利の使用料などを支払ったりすることにより，親会社の所在地国での課税所得を圧縮することが可能となる。このようなタックス・ヘイブンを利用した過小租税支払いの慣行に対抗するために，タックス・ヘイブンに留保された利益については，親会社に配当がなされたものとみなして，これを親会社の国内源泉所得との合算課税を行う制度が，**タックス・ヘイブン対策税制**である。

国内租税政策との衝突

技術進歩やコミュニケーションの進歩は，資本と労働のフローに拍車をかけ，個人や企業に勤労と投資の機会を開放した。新しい環境のもとでは，とりわけ資本に対する税である企業利潤に対する税，配当，利子，資本利得に対する高い税率を維持することは困難となった。資本移動が高まるほど，高い税は**資本逃避**を引き起こし，国内生産性を損ない，賃金や所得一般を引き下げる。

国際租税競争は政府の**所得再分配能力**を損なうから，反対論は政治的性格を帯びている。再分配のために重税を課される企業も個人も，国境が開かれているならば，税制上の有利な場所を求めて，資本や労働を移動するのが合理的である。多くの先進国において行き過ぎた再分配が実施されているから，国際租税競争が過度の再分配を抑制するというプラス面も有する。他方，国際租税競争は各国政府の国内における租税政策や再分配政策にとって大きな制約条件であり，過度の国際租税競争を規制しようという動きも生じる。

20-6　移転価格税制

移転価格税制の意義

　移転価格税制とは，通常行われる取引価格とは異なる価格で関連会社間の取引が行われた場合，その取引の価格を正常な価格，すなわち **独立企業間価格** に直して課税する制度である。親会社と子会社間の取引価格は，さまざまな理由で，通常の独立した会社間で行われる取引価格と異なる価格で行われることがある。

　わが国の移転価格税制は，国内の企業が海外に所得を移転して，国内における納税額を意図的に減らすのを防ぐ制度で，1986年に導入された。国内にある企業が，商品を通常の取引価格より安い価格で海外の関連会社（子会社や親会社）に輸出すれば，国内での所得が減る一方，商品を安く仕入れた関連会社は，所得を増やすことができる。これは **国内から海外への所得移転** を形成するが，法人税率の高い国から低い国に所得移転すれば，企業グループ全体で納税額を節約できる。日本がこの税制を導入したのも，アメリカ政府が1980年代，アメリカ国内の日本企業の子会社に「利益を日本の本社に移転している」と，相次ぎ追徴課税を行ったことへの対抗手段の意味が強かった。

独立企業間価格の算定方法

　現在，わが国の独立企業間価格の算定方法としては，**基本三法** とその他の方法が定められている。非関連者間の取引を基準とする独立企業間価格の算定方法である次の基本三法が，後者の「その他の方法」である所得の発生に寄与した要因による所得の配分方法に優先して使用される。

　(1)　**独立価格比準法**　　特殊関係にない売り手と買い手が，取引段階，取引数量その他が同様の状況の下で，国外関連取引に係る棚卸資産と同種の棚卸資産を売買した取引の対価の額をもって，国外関連取引の対価の額とする方法をいう。

　(2)　**再販売価格基準法**　　国外関連取引に係る棚卸資産の買い手が，特殊

関係にない者に対して同じ棚卸資産を販売した対価の額から，通常の利潤の額を控除して計算した金額をもって，その国外関連取引の対価の額とする方法をいう。

(3) **原価基準法** 国外関連取引に係る棚卸資産の売り手が，購入，製造その他の行為により取得した原価の額に，通常の利潤の額を加算して計算した金額をもって，その国外関連取引の対価の額とする方法をいう。

アメリカの独立企業移転価格税制

アメリカの移転価格税制の導入は，20世紀初めに遡る。当初，価格操作による所得の移転は，租税回避の手段の1つとして考えられていた。そのため，取引の経済的な合理性が所得の配分の判断規準となっていた。そして，取引の合理性を欠くとして，移転所得をすべて否認する課税が行われていたが，その後，外国企業が事業実体として認められるようになると，納税者の**内部取引**を比較対象取引とした課税が行われるようになった。独立企業間価格が，所得算定の基準として財務省規則に登場した。

しかし，多くの多国籍企業は取引を内部化するから，移転価格課税において基準となる内部取引，すなわち納税者自身と特殊関係にない第三者との比較可能な取引が存在しなくなる。その結果，移転価格税制における独立企業間取引に合致する取引は，非関連かつ独立の取引であるとされ，純粋に第三者間において成立する**外部取引**が，比較対象取引として機能するようになった。

EUの移転価格税制と事前確認制度

EU加盟国は2007年1月1日現在で27カ国にまで拡大したが，域内市場における企業課税は，国境を越えた経済活動に対する大きな障壁を形成している。また，二重課税問題に対応するために，納税者には高い遵法費用が，課税当局には高い税務行政費用がかかり深刻な問題となっている。特定課税案件が異なる課税当局間に係争状態にある間は事実上二重課税となり，納税者は不確定状態に置かれるから，効果的な二重課税発生予防措置により，大幅に経済費用を削減することができる。

事前確認制度（Advanced Pricing Agreement）は OECD 移転価格税制のガイドラインにおいても重視されている制度であり，一定期間にわたる取引に対する移転価格を決定するための適切な基準を取引に先立って決定する取決めである。EU の加盟国は，事前確認制度手続きが国ごとに異なる規則に依拠するのは，時間が無駄になり納税者の負担が大きいから，共通の対応方法の採用が望ましいと考えており，納税者と課税当局との間の事前確認制度を推進している。移転価格問題の解決にあたっては，課税後の相互協議により解決する時代から，事前確認制度によりリスクを未然防止する時代に移行しつつある。

20 - 7 国境税調整

租税の調和と国境税調整

EU 条約 90 条により，加盟国は直接的に，市民や法人と国境内部で事業を行っている他の主体に対して課税することができる。EU の歴史を通して，加盟国の**国内法**が，EU 域内の完全な経済融和への進展を阻害してきた。加盟国間に存在する法人税率格差も，経済融和という目標達成の実現を阻む一因であった。

ある国が他の国よりもかなり低い税率で課税するときに，法人はより低い税を課す国に投資するという傾向は EU に限ったものではなく，多国籍企業は費用を削減し利潤を極大化しようとして，世界中で一番低い税率を求めて移動する。企業投資において租税は，最大の考慮要因である。

EU 最低法人税率

法人税制度の調和は単一統合市場の目標であり，1963 年の**ノイマルク委員会報告**をはじめとして，EU 全域における**単一の法人税率**の設定を勧告してきた。最低法人税率の規定は，企業の意思決定から租税要因を除去し，外国投資をもとめた競争において，平等な条件をつくりだす。ドイツやフランスのような先進国は，**最低法人税率**がなかったから，外国投資をもとめて競争するために税率を大幅に下げざるをえなくなり，そのためにさまざまな政府

事業の実施が不可能となった。

その後の租税競争の有害な効果に関する議論の結果，世界全体での**税率の調和**の重要性が強調され，EUにおいてはドイツなどから域内における最小税率導入の提案がなされている。法人税率の調和は，単一の通貨ユーロの採用のように，単一統合市場創設の論理的帰結である。アイルランドのように，**租税のダンピング**をする行為は，他のEU加盟国にとっては容認できないが，全会一致という意思決定を要請する100条を盾に，アイルランドはこれまで何度も最低法人税率の制定を阻止してきた。加盟国全会一致の意思決定規則を廃止して，加重された総投票数87のうち62票の賛成を要する特別多数決制度を導入しようとする提案も，イギリス，スウェーデン，アイルランド代表の頑強な反対にあい実現しなかった。

参考文献

石弘光『現代税制改革史』東洋経済新報社，2008年。
井手文雄『近代日本税制史：明治維新より昭和34年まで』創造社，1959年。
井藤半彌『租税論：社会主義租税と資本主義租税』千倉書房，1971年。
井堀利宏『公共経済の理論』有斐閣，1996年。
井堀利宏『課税の経済理論』岩波書店，2003年。
大熊一郎・古田精司・大島通義・飯野靖四・深谷昌弘『財政論』世界書院，1975年。
奥野正寛・鈴村興太郎『ミクロ経済学』Ⅰ・Ⅱ，岩波書店，1985,1988年。
貝塚啓明・金本良嗣編『日本の財政システム』東京大学出版会，1994年。
木下和夫『税制調査会：戦後税制改革の軌跡』税務経理協会，1992年。
栗林隆『カーター報告の研究』五絃舎，2005年。
佐藤進『付加価値税論』税務経理協会，1973年。
証券税制研究会編『二元的所得税の論点と課題』日本証券経済研究所，2004年。
玉岡雅之『課税主義の財政学』勁草書房，2006年。
中谷巌『入門マクロ経済学』第4版，日本評論社，2000年。
中村雅秀『多国籍企業と国際税制：海外子会社，タックス・ヘイブン，移転価格，日米租税摩擦の研究』東洋経済新報社，1995年。
西野万里『法人税の経済分析：租税回避と転嫁・帰着』東洋経済新報社，1998年。
能勢哲也『近代租税論』中央経済社，1961年。
林正寿『法人所得課税論』同文舘，1991年。
林正寿『アメリカの税財政政策』税務経理協会，2007年。
北條恒一『日本古代税制史の研究』白鳳社，1986年。
本間正明『租税の経済理論』創文社，1984年。
水野忠恒『租税法』第3版，有斐閣，2007年。
宮島洋『租税論の展開と日本の税制』日本評論社，1986年。
山之内光躬『財政過程』成分堂，1992年。
山之内光躬『民主主義財政論の生成』成分堂，1995年。

Aaron, Henry J. ed., *Inflation and the Income Tax*, The Brookings Institution, 1976.
Aaron, Henry J. and William G. Gale eds., *Economic Effects of Fundamental Tax Reform*, Brookings Institution Press, 1996.
Atkinson, Anthony B. and Joseph E. Stiglitz, *Lectures on Public Economics*,

McGraw-Hill Book Company, 1987.

Barro, R. J. and X. Sala-i-Martin, *Economic Growth*, McGraw-Hill, Inc., 1995. (大住圭介訳『内生的経済成長論』I・II, 九州大学出版会, 1997)

Bradford, David F., *Taxation, Wealth, and Saving*, The MIT Press, 2000.

Bradford, David F. and Department of Treasury, *Blueprints for Basic Tax Reform*, 1977.

Buchanan, J. M., *Public Finance in Democratic Process: Fiscal Institution and Individual Choice*, Chapel Hill; University of North Carolina Press, 1966. (山之内光躬・日向寺純雄訳『財政理論：民主主義過程の財政学』到草書房, 1971)

Due, J. F. and A. F. Friediaender, *Government Finance: Economics of the Public Sector*, 5th edition, R. D. Irwin 1973.

Ernst and Young European VAT Committee, International VAT, *A Guide to Practice and Procedures in 21 Countries*, Kogan Page, 1991.

Feldstein, Martin, *Capital Taxation*, Harvard University Press, 1983.

Fisher, Irving, *The Nature of Capital and Income*, The McMillan Company, 1906. (横山昌次郎訳『資本及収入論』大日本文明協会事務所, 1913)

Goode, Richard, *The Individual Income Tax*, revised edition, The Brookings Institution, 1976 (1st edition, 1964). (塩崎潤訳『個人所得税』日本租税研究協会, 1966)

Hall, Robert E. and Alvin Rabushka, *The Flat Tax*, Hoover Institution Press, 1st edition in 1985, 2nd edition in 1995.

Harberger, Arnold C. and Martin J. Bailey eds., *The Taxation of Income from Capital*, The Brookings Institution, 1969.

James, Simon and Christopher Nobes, *The Economics of Taxation : Principles, Policy and Practice*, 1996/97 edition, Prentice Hall, 1996.

Kaldor, Nicholas, *An Expenditure Tax*, Allen & Unwin, 1959. (時子山常三郎監訳『総合消費税』東洋経済新報社, 1963)

Kay, J. A. and M. A. King, *The British Tax System*, Open University Set Book, 1st edition 1978 to 5th edition in 1990.

Kotlikoff, L. J., *GENERATIONAL ACCOUNTING, Knowing Who Pays, and When, for What We Spend*, The Free Press, a Division of Macmillan, Inc. (USA), 1992. (香西泰訳『世代の経済学』日本経済新聞社, 1993)

Meade, J. E., Report of a Committee chaired by J. E. Meade, *The Structure and Reform of Direct Taxation*, The Institute for Fiscal Studies, George Allen & Unwin, 1978.

Musgrave, Richard A., *The Theory of Public Finance: A Study in Public Economy*, McGraw-Hill Book Company, 1959．(大阪大学財政研究会訳『財政理論：公共経済の研究』1／2／3，有斐閣，1961)

Musgrave, Richard A. and Peggy B. Musgrave, *Public Finance in Theory and Practice*, McGraw-Hill Book Company, 1 st edition in 1973 to 5 th edition in 1989．(大阪大学財政研究会訳『財政学：理論・制度・政治』有斐閣，1983)

Pechman, Joseph A., *Federal Tax Polity*, 5 th edition, The Brookings Institution, 3 rd edition in 1977, 5 th edition in 1987 (立命館大学財政学研究会訳『アメリカの租税政策』日本税務研究センター，1991)

Presudebt's Advisory Panel on Federal Tax Reform, *Simple, Fair & Pro-Growth: Proposals to Fix America's Tax System*, 2005.

Rosen, Harvey S., *Public Finance*, 6 th edition, McGraw-Hill Publishing Company, 2002.

Royal Commission, *Report of the Royal Commission on Taxation*, Queen's Printer and Controller of Stationery, 1967.

Samuelson, Paul A., *Economics : An Introductory Analysis*, McGraw-Hill Book Company, 1 st edition 1948 to 11 th edition in 1980.

Samuelson, Paul A. and William Nordhaus, *Economics*, McGraw-Hill Book Company, 12 th edition in 1985 to 18 th ediction in 2004．(都留重人訳『経済学』岩波書店，1992/05)

Seidman, Laurence S., *The USA Tax: A Progressive Consumption Tax*, The MIT Press, 1997．(八巻節夫・半谷俊彦・塚本正文訳『累進消費税：活力を生む新税制』文眞堂，2004)

Slemrod, Joel and Jon Bakija, *Taxing Ourselves, A Citizen's Guide to the Great Debate Over Tax Reform*, The MIT Press, 1996.

Sorensen, P. B., *Tax Policy in the Nordic Countries*, Macmillan Press, 1998．(馬場義久監訳『北欧諸国の租税政策』日本証券経済研究所，2001)

Stiglitz, Joseph E., *Economics of the Public Sector*, W. W. Norton & Company, 1 st edition in 1986, 3 rd edition in 2000．(藪下史郎訳『公共経済学』東洋経済新報社，1996；『公共経済学』第2版，2003)

Sullivan, Clark K., *The Tax on Value Added*, Columbia University Press, 1959, 1965.

索　引

【人　名】

アーミー, D.　139, 145
カルドア, N.　33, 131, 144
グード, R.　115
ケネー, F.　30
コトリコフ, L. J.　70
サイモンズ, H. C.　115, 136
シェルビー, R.　139, 145
シャウプ, C. S.　41
シャンツ, G.　114
ジョン王　22
スミス, A.　2
ソレンセン, P. B.　126
時子山常三郎　143
ドメニチ, P.　139, 151
ナン, S.　139, 151
バロー, R. J.　87
ピーコック, A. T.　17
ビスマルク, O. von　250
フィッシャー, I.　144
ブラッドフォード, D. F.　145
ヘイグ, R. M.　115, 136
ホッブズ, T.　131
ホール, R.　139
ラブシュカ, A.　139
ラムゼー, F. P.　79
ルーカス, R. E., Jr.　85
ルーズベルト, F.　251
レーガン, R. W.　83
ロイド・ジョージ, D.　250
ロック, J.　212
ワイズマン, J.　17

【事　項】

◆アルファベット

AK モデル　85
FICA 税　257
GNP 型の付加価値税　34, 178
Medicare　257
N 分 N 乗方式　129
NNP 型の付加価値税　34, 178
OECD 統計用語　14
OECD の租税の分類　36
OECD モデル条約　284
S 法人　163, 164
U 字型　165
USA 税　139, 151, 154

◆あ 行

アカウンタビリティの原則　171, 224, 266, 278
赤字法人　171, 271
アメリカの独立戦争　22
安定性の原則　267
「いかに生産するか」　7
「いかに」の問題　2
違憲判決　25
遺産税　207, 231
遺産総額　240
異時点間の税率　87
移出価格　200
異世代間の不公平　71
一部生産要素　35
一部投入形態　35
一国の効率性　283
一定税率　277
一般均衡分析　102, 110

301

一般財源化　62
一般資産税　212
一般消費税　175, 183, 188, 196
一般税　21, 43, 44, 45, 78, 195, 256, 266
　仮想の――　48
一般政府　14, 36, 252
一般道路　10
移転価格税制　279, 292
移転価格操作　279
移転所得　158
移転税制度　237
インデックス化　122
インフラストラクチャー整備　228
インフレ調整　118, 121, 154
インボイス　187
インボイス税額控除方式　138, 184
迂回生産　34, 131
受取配当　170
受取利子　98, 170
内税方式　138
売上税　23, 176, 188
売上高に係る税額　183
売上に係る消費税額　190
運用益　258
営業権　120
　――による資本利得　122
益　税　190
エリザベス救貧法　223
応益原則　60
応益税　61
応能原則　60, 71
織物消費税　200
卸売段階　176
温情主義的な政府　250

◆か　行

外形課税　171, 267
外形課税標準　271
外形標準課税　271
外国税所得控除方式　283, 284
外国税税額控除方式　283

外国投資　288
　――から生じる所得　286
外国法人　173
介護保険料　256
外部効果　56
外部取引　293
外部費用　8, 56, 197
外部便益　7
回路遮断器　227
カウンセル・タックス　225
家　屋　221, 274
　――の評価　222
価格機構　6
価格機能　75
価格弾力性　65
画一条項　226
家計貯蓄率　133
過小供給　57
過剰供給　58
可処分所得　44, 134
課税遺産額　238, 240
課税価格　242
課税規模の変動　87
課税権　248, 269, 283
課税後価格　46
課税後の供給曲線　104
課税後の需要曲線　193
課税後の相互協議　294
課税最低限　149, 148, 157
課税最低限度額　81
課税最低消費額　155, 156
課税最低所得　267
課税最低相続額　240
課税自主権　276
課税消費額　151, 155
課税所得　284
課税相続額　240, 242
課税贈与額　242
課税の限界　30
課税の衝撃点　31
課税の承認　24

索　引　303

課税の平準化　129
課税標準　36, 266, 269
課税物件　269
課税平準化政策　86
課税平準化理論　87
課税前売上高　181
家族控除　155
家族貯蓄勘定　97
加速度償却　169
ガソリン税　202
『カーター報告』　121
価値財　56, 250
　　負の――　55, 200
稼得額　159
稼得能力　118
株　式　165
　　――の資本利得　122
株　主　160
貨幣経済　27
借入れ　18
借入資本　36, 98, 169
借換債　87
骨牌税　201
苛斂誅求　21, 30
環境資源　10
環境税　57
観察可能な客観的数量　60
関　税　25, 204
間接税　101, 160, 203
完全インピュテーション　166
完全前方転嫁　180
完全に平等　210
簡素化した所得税案　95
簡素性　59, 146, 157
　　――の原則　88, 99
還　付　184, 187, 188
還付税額　147
元利償還　19
機会の平等　232
企業キャッシュフロー税　97
企業消費税　144, 151, 169

企業の垂直的統合　34
危険負担行動　83
希少資源の配分　1
犠牲説　66
犠牲に耐える能力　67
帰属計算　166
帰属主義方式　285
帰属配当所得　167
帰属法人所得　163, 166
帰属法人所得税額　167
帰属家賃　116, 121
既存資産控除　155
帰　着　102, 236
揮発油税　201, 202
規範的な理論　72
寄　付　154
基本三法　292
基本税率　91, 173, 289
逆進性　38, 156, 224, 225, 257
逆進税　66, 165, 185, 186, 261
逆選択　249
逆弾力性の命題　79
キャッシュ・アウトフロー　152
　　非消費――　154
キャッシュ・インフロー　152
キャッシュの引出　154
キャッシュフロー課税　97
キャッシュフロー消費税　143, 152
キャピタル・ゲイン　154
　　未実現の――　235
究極的経済負担　102, 112
究極的税源　29, 264
旧社会主義諸国　150
給　与　256
給与所得　259, 260
給与税　26, 38, 43, 156, 248, 255, 259
供給過剰　197
供給能力阻害効果　82
供給の価格弾力性　123
　　――がゼロ　107
強制獲得　21, 88

強制加入　250
協同組合　173
居住地課税原則　123
居住地国課税　279, 282
拠出制年金　258
均一税率の命題　79
均衡価格　5
均衡財政　13
均衡量　5
均等限界犠牲説　68
均等絶対犠牲説　68
均等割　267
金　納　27, 220
金融資産　165, 214
金融所得　129
金融取引　170
勤労意欲　234
勤労時間　48
勤労所得　79, 125, 126, 134, 142
勤労所得税　48, 70, 80
勤労所得税額控除（制度）　91, 94, 157
勤労所得税率　127
偶発的所得　116
繰延効果　118
グローバル化　174, 279
グローバル経済　279
クロヨン　213
軍事的増強　24
景気自動安定化機能　118
軽減課税　190
軽減税率　173, 186, 272, 286
軽減措置　186, 189
傾向線　16
経済厚生　44
経済再建租税法（1981年）　83, 89
経済循環　4, 30, 233
経済的減価償却　84
経済的支配　209
経済的中立性の原則　75
経済的調整　108
経済統合　279

経済の安定性　12
経済のグローバル化　151
経済の純生産　206
経済表　30
経済融和　294
経済力増加説　119
軽自動車税　203, 230, 274
継承時のキャッシュ流出　243
継承者問題　207
経常的財産税　41
経常的資産税　207
経常的租税　36
経常的な財政移転　254
経費膨張の法則　17
軽油引取税　203
結果の平等　232
結婚税　96, 99, 156
結婚罰　156
限界犠牲　68
限界効用逓減の法則　54
限界消費性向　186
限界生産力　6, 247
　　――逓減の法則　109
限界税率　81, 149, 159
限界税率表　89
限界代替率逓減の法則　44
限界評価　63
　　――曲線　54, 63, 65
限界累進税率構造　156
原価基準法　293
減価償却　34, 97, 148, 178, 221
　　――額　206, 274
　　――法　136
健康保険（制度）　251, 257
健康保険料　256
現在価値　134, 135
現在消費　49, 132, 134
原材料の価値　179
顕　示　64
源泉課税　43
源泉控除　286

索　引　305

源泉説　119
源泉地国　285
源泉地国課税　279, 282
源泉地国政府　286
源泉徴収　28, 163
源泉徴収額　147
源泉徴収課税　285
源泉徴収税　286
現地主義　170
現物給付　115, 116
憲法修正第16条（アメリカ）　25
憲法第25条（日本）　3
権利章典　24
合意形成　74
公益法人　173
公害税　197
交　換　21, 269
　　自発的——　21
恒久的施設　285
公共財・サービスの社会的最適量　64
公共財の便益　117
公共選択論　72
公共法人　173
公共料金制度　62
合計限界税率　277
合計所得額　159
公　債　86
　　——の中立命題　87
公債買切り　87
公債金収入　19
厚生経済学の第一定理　7
厚生年金保険　251, 257
厚生年金保険料　256
公的移転　116
公的年金　258
更　転　102
高等教育の授業料　154
行動の調整時間　85
購買力をもつ人びと　3
公平性　59
　　——の基準　80

——の原則　60, 61, 88, 101, 148, 186
後方転嫁　102
項目別所得控除　99
小売売上税　138, 178
功利主義者　68
小売税　33, 177
小売段階　176
効率的な税　195
合理的な選択　171
子会社　287
国王の課税権　22
国際租税競争　279
国際貿易の拡大　280
国税の地方税への移譲　263
国内から海外への所得移転　292
国内法　294
国　防　9
国民皆保険・国民皆年金　251
国民健康保険制度　251
国民総支出　32
国民総所得　32
国民総生産　32
国民年金制度　251
国連モデル条約　284
個人課税　172
個人株主　161
　　——に対する源泉徴収　122
個人均等割　270, 273
　　市町村民税——　273
個人財産税　222, 228
個人事業税　272
個人消費税　33, 70, 124, 131, 143, 151, 246
個人所得税　25, 137, 163
　　——の前取り　162
　　正規の——　93
個人総合消費　144
個人退職勘定　141
個人投資家　286
個人の能力　270
国家権力　88
国家の保護　60

国家有機体説　161
国境での租税調整　34, 184
国庫への税収額　284
固定資産　219, 221
固定資産税　41, 215, 219, 221, 268, 274
　　──路線価　221
個別消費税　33, 41, 175, 191
コミュニティ・チャージ　224
雇用者負担　34
　　──の給与税　170
雇用者報酬　259
雇用主　38
娯楽施設利用税　201
ゴルフ場利用税　201
混合経済　1

◆さ　行

最高限界税率　90
最高個人所得税率　287
最高所得階級　165
最高法人所得税率　174, 289
財産税　23, 215
財産の保護　232
最終消費者の負担　183
最終的租税負担者　101
最小税率　295
最小総犠牲　68
最小徴税費の原則　88, 235
財政赤字　13, 18
財政錯覚　138, 165, 172, 189, 224
再生産表式　30
財政独占　36
財政の安定化機能　12
財政の配分機能　8
財政の分配機能　11
最大社会保障税額　257
最大多数の最大幸福　68
裁定（鞘取り）　127
最低限界税率　84, 90
最低所得階級　165
最低生活　158

最低生活保障　3
最低法人税率　294
最適課税論　125
最適分業　3
歳入構造　18
財の利用と活動に対する税　42
再販売価格基準法　292
再分配　64, 65
再分配係数　262
再分配効果　262
再分配後所得　262
再分配政策　291
再分配の要素　259
財務省モデル条約　284
財務諸表　205
債務免除　117
砂糖消費法　200
サプライサイド・エコノミックス　82, 85
差別扱い　169
差別税　46, 51, 134, 182
参加意識　267
３階層制　263
参政権　28
三面等価の法則　33
恣意性　199
仕入控除方式　185
仕入れに係る消費税額　190
仕入れに係る税額　183
自家消費　115, 116
時間の機会費用　91
時間の長さ　194
敷地税　228
事業経費の分担制度　212
事業所税　275
事業の承継　234, 239
事業用資産　243
資金調達　169
資金逃避　124
資金ポートフォリオ　136
資源の希少性　7
四公六民　21

索　引　307

自国産業の空洞化　287
自己資本　98, 205
資　産　41, 205, 214
　　──の再配分　209
　　──の再分配　243
　　──の集中　211
　　──の評価額　207
　　──の分配状態　210
　　──の保護　212
資産価値　212
資産総額　214
資産凍結（ロックイン）効果　119
資産割　275
死重的損失　52, 53, 54, 105
市場供給曲線　5
市場需要曲線　5
市場の失敗　10
事前確認制度　294
慈善活動　154
自然人　34, 160, 161
次善の使途　113
時代の社会的要請　71
失業保険　250
実効限界税率　99
実効税率　81, 149, 159
実質購買力　118
実質表示　115
指定慈善事業　237
指定都市　275
私的移転　116
私的年金　258
私的便益　7
支　店　287
自動車取得税　202
自動車税　203, 222, 229, 272
使途税　43
ジニ係数　209, 210
地　主　28
地主階級　28
支払能力（説）　60, 208
支払配当　163, 170

支払利子　98, 170
支払利子控除制度　124
死亡税　231, 237, 239
資本移転税　239
資本移動　111, 291
資本金　271
資本形成　131
資本減耗額　206
資本財　170, 176
資本市場　31
資本所得　125, 126, 142
資本所得課税　213
資本所得税　80
資本所得税率　127, 142
資本ストック　206
　　広義の──　85
資本装備率　82
資本逃避　218, 291
資本に関する収穫逓増　85
資本の深化　86
資本の配分の効率性　283
資本の部門間移動　112
資本利得　136, 154, 162
　　実現した──　115
　　実現段階の──　119
　　発生段階の──　115, 119
　　未実現の──　115
　　留保による──　122
資本割　272
地元定着性　268
　　──の原則　267
シャウプ勧告　217, 265, 268
シャウプ税制　217
社会還元　232
社会厚生関数　125
社会的安全弁　232
社会的安全網　254
社会的観点　55
社会的供給曲線　58, 197
社会的限界費用　64
社会的限界評価　64

308

社会的公正　3, 208
　　――の基準　11, 211
社会的コントロール　208
社会的最適量　57
社会的需要曲線　64, 65
社会的な観点　197
社会的費用　8, 56, 197
社会的不安定　209
社会的便益　7, 57, 197
社会の価値判断　69
社会の理想像　56
社会扶助給付　252
社会保険　248, 257
社会保険診療報酬　188
社会保険制度（ドイツの）　250
社会保険料　254, 255, 256, 260, 262
　　最大――　257
社会保障関係費　252
社会保障基金　252, 253, 254
社会保障給付　252
社会保障給付金　262
社会保障拠出金　34, 36, 38, 255
社会保障税　26, 254, 257
奢侈品　79, 80, 106, 198
社内留保　162, 167, 287
収益率　111
従価税　55, 192, 200
従業員　38
　　――負担の給与税　157
　　――負担分　34
従業者割　275
住居要素　224
集権的国家　24
自由財　21
自由市場経済　2
修正積立方式　258, 259
修正賦課方式　259
従属変数　53
住宅資産　214, 224
住宅占有税　225
住宅ローン　214

収入金額　271
重農学派　30
十分の一税　23
住民の選好　266
従量税　52, 103, 192, 200, 229
就労貧困者　3, 248
受益者　62
主観的価値判断の問題　11
主権国家　282
支出税　143, 144
酒税　204
酒税法　200
出発点における平等　232
主婦の家事サービス　117
需要と供給との相互作用　7
需要の価格弾力性　54, 77, 78, 105, 194
　　――がゼロ　107
　　――が無限大　107
純資産　41, 205, 217
　　――増加説　115, 231
　　――の増加分　213
純所得　115
純粋公共財　9
純粋私的財　4
純生産　31
純投資　34
遵　法　179
　　自発的――　92
遵法費用　89, 91, 94, 138, 147, 178, 185, 235, 293
生涯負担　70
償　還　86
償却資産　221, 229, 274
　　――の評価　222
承　継　237
小原則　61
商工業資産　224
少子高齢化　255
譲渡益　127, 286
消費額の計算　152
消費課税　136, 208

索　引　309

──への移行　141
消費控除　155
消費財　176
消費財市場　31
消費者主権　55, 247
消費者の選好　64
消費者余剰　54, 105, 194
消費税　41, 47, 132, 203, 204
　国税の──　188
　負の──　157
　累進的──　143
消費税中心　71
消費税率　135
消費における競合性　8
消費における限界代替率　46
消費における非競合性　9, 63
正味資産　214, 217
将来消費　49, 132, 134
職場貯蓄計画　96
所　得　31, 32
　──に対する課税　38
　──の限界効用　66, 67
　──の限界効用曲線　68
　──の分配状態　210
所得課税　208
所得形態の振替え　128
所得効果　45, 50, 76, 110, 233
所得再分配能力　291
所得税　25, 28, 33
　──の補完税　217
　国の──　164
　真の──　144
　負の──　94, 157
　累進的──　81
所得線　44
所得弾力性　65
所得・富の分配　3
所得捕捉（率）　117, 214, 233
所得補填　157
所得割　270, 271, 273
　市町村民税──　164

都道府県民税──　164
所有権　8, 28
自立自助　158
資力テスト　94
人格のない社団　173
新規投資　148
人　税　89
信託財産　239
人的控除　146, 148, 155
人的資本　86, 118, 233
人頭税　23, 26, 78, 226, 270
垂直的公平（性）　60, 186, 189, 199
　──の原則　186
垂直的統合　181
水平的公平　60
　──の原則　99, 155
スタグフレーション　121
ストック　41, 205
税額控除　94, 122, 155, 166, 167, 242, 287
　──方式　284
　還付税付税額──　94
生活必需品　79, 80, 106, 194, 198
生活扶助　250
生活扶助費　158
税　源　32
制限税率　222, 229, 230, 271, 272, 274, 275, 277
整合性の欠如　141
税込売上高　180
税込価格　52
税込中間財価値　180
生産基盤　29
生産効率性　80
生産者余剰　54, 105, 194
生産手段　246
生産方法の選択　2
生産要素　30
生産要素市場　3
政治的圧力　73, 139
税収の先取り　19
税収の喪失　283

税制改革の便益　73
税制改革法（1986年，アメリカ）　83, 90, 139
製造段階　176
成長・投資促進型税制案　95
税抜価格表示　188
税の均衡点　102
税の効率性　77, 78
税の中立性　283
税の抜け穴　117
税の本質と限界　30
税の累積　34, 179, 181
税引後資本収益率　82
税引後の納税者の経済厚生　51
税引前収益率　283
製品市場　5, 35, 191
政府移転支出　11, 117
税負担感　189
政府の歳入　53
政府の失敗　10
政府累積債務額　13
税方式　258
税務行政上の原則　88
税務行政費用　91, 235, 293
生命保険　248
税　率　229
　　──の調和　295
　　──の二乗　54
税率決定の自由　277
税率決定の裁量権　230
税率構造の簡素化　95
税率選択　224
税率引下げ　150
世代会計　70
世代間の仕送り　258
世代間の不公平性　71
節　税　164, 181
折衷制度　137
折半負担　256
ゼロサム・ゲーム　72
ゼロ税率　148, 149, 184, 187

ゼロ税率適用取引　186
世　論　73
全額経費扱い　148
全額経費控除　97, 168
選挙権　28
漸減条項　92
潜在能力　49, 78
先進国　281
全生産要素　35
選択の自由度　80
前段階税額控除方式　138, 183, 184
全投入形態　35
全取引　176
前方転嫁　102, 183
租　219, 220
総額表示方式　188
総合課税　164
総合主義方式　285
総合消費税　143, 144
総合所得課税　114
総合所得合算申告納税制度　130
総合所得税（制度）　28, 129
相互牽制　185
相互照合　138, 185
総固定資本形成　281
相続時精算課税（制度）　240, 242
相続者　231
相続税　207, 231, 239
　　──の補完税　241
相続税路線価　221
相対価格　45, 46
総報酬制　256
贈　与　154
　　生前の──　241
贈与財産額　240
贈与税　232, 237, 239
租　税　36
　　──の簡素化　90
　　──のダンピング　295
　　──への抵抗　21, 59
　　正の──　157

索　引　311

　　負の——　56
租税回避（行動）　124, 128, 293
租税回避地　289
租税価格　65
租税競争　174, 287, 289
租税原則　59
　　古典的——　75
租税公平主義　61
租税国家　17, 18
租税債務の支払繰延　117
租税支出　147
租税収入　19
租税条約　282
租税政策　291
租税体系　33, 263
租税特別措置　123
租税負担（額）　104
　　——の配分　64, 208
　　——の割合　193
　　生涯にわたる——　123
　　真の——者　101, 172
租税法律主義　61
租税優遇措置　73, 96, 139, 146, 147
　　——の廃止　149
外税方式　138, 178
租庸調　26, 219, 220
ソロー＝スワン・モデル　85
損益計算書　205
損益通算　126

◆た　行

第一次課税権　286
対外直接投資ストック　281
対外投資　289
大化の改新　26
対価のない支払い　36
代議制議会　24
代議制民主主義の発展　24
耐久消費財　152, 229
太閤検地　27
貸借対照表　205

退職勘定　92, 96
退職年金　251
代替効果　45, 46, 76, 110, 234
代替最小税制度　92, 93
代表的納税者　65, 67
代表なくして課税なし　22, 267
大宝律令　26
大陸法　161
高い税負担の罠　82
多額の税収　196
多数決　73
ただ乗り　9
多段階　176
タックス・シェルター　291
タックス・パラダイス　291
タックス・ヘイブン　289
　　——対策税制　291
タックス・リゾート　291
脱税（問題）　179, 185, 283
他人資本　205
たばこ税　200
「誰のために」　3, 247
単一国家　275
単一税　33
単一税率　81, 146, 149
　　——税　81, 145
単一統合市場　294, 295
単一の法人税率　294
短　期　106, 194
短期経済帰着　102
担税力　60, 114
　　独自の——　161, 213, 234
単段階課税　176
単調減少関数　53
治　安　9
地　価　220
地　券　27, 28, 220
地券台帳　220
地　租　220
地租改正　27, 220
地方自治　266

地方消費税　188, 204, 264, 272
地方政府　254
地方道路譲与税　201
地方道路税　201
地方の自主性　264
地方分権推進政策　263
地方への財源移譲　269
地方目的税　203
中位投票者　73
中央計画経済制度　2
中央政府　254
中間財課税　178
中間財の仕入れ　183
中小企業　234
中小事業者　190
中立性　59
　　——の原則　75, 184, 200
超過課税　172, 278
超過負担　52, 53, 54, 78, 105, 108, 112, 192, 194
　　——の規模　77
超過累進税　238
超過累進税率構造　95, 140
長　期　106, 194
徴税機構　35, 162
調整の時間　106, 194
徴税費　89
帳簿方式　184, 189
直接税　101, 160, 203
貯　蓄　131
　　——と投資の不均衡　84
　　——に対する課税　141
　　——に対する非課税　141
貯蓄意欲　234
貯蓄課税の廃止　137
貯蓄勘定　92
貯蓄誘因　96
貯蓄率　52, 84, 133
直間比率　203
賃貸価値　207, 219
追加最小税制度　93

追加負担　250
通過企業　163
通行税　201
積立金　258
積立方式　258
定額税　69, 78
転　嫁　102, 121, 236
電気・ガス税　203
電源開発促進税　202
転置効果　17
等価関係　32, 35, 70, 133, 268
同額の税収　46
等価定理　87
登記簿　220
統合移転税　238
トウゴウサン　213
当初所得　262
投入産出分析　30
道府県民税　270
道府県税　265
特別控除　242
特別多数決制度　295
特別地方消費税　202
独立価格比準法　292
独立企業間価格　292, 293
独立企業の原則　285
独立税の原則　265, 268
独立変数　53
都市計画税　223
都　税　265
土　地　221, 274
　　——の利用権　228
土地占有税　225
土地台帳　220
土地登記　220
特　化　2
賭博による利得　117
飛び世代移転税　237
トランプ類税　201
取引高　177, 179
取引高税　34, 177, 179, 180, 184

索　引　313

取引の合理性　293
取引費用　248
トレードオフ（関係）　48, 80, 249
　　効率性と公平性の間の――　81

◆な　行

内国歳入庁　147
内国歳入法　89, 163
内国法人　173
内生的成長理論　85
内部化　197
内部取引　293
「何を」にかんする課題　1
ナポレオン戦争　25
ナン゠ドメニチ USA 税法案　156
二元的所得税（制度）　80, 126, 142
二重課税（問題）　120, 121, 132, 134, 148, 161, 162, 163, 164, 167, 171, 213, 279, 282, 293
二重課税排除　283
二重計算　179
２大政党制　73
入場税　201
入湯税　202
ニュー・エコノミー（論）　84, 85
ニューディール政策　251
任意税率　277
年　金　250
年金制度　137
　　――への拠出金　137
年金保険　249
年　貢　26
年貢米　27
ノイマルク委員会報告　294
納税義務額　92, 144, 155
納税義務者　104, 160, 269
納税者の厚生　78
納税申告書　91
ノンアフェクタシオンの原則　62

◆は　行

媒介変数　5
配偶者控除　237
排除原理　8
配　当　120, 162, 285, 286
配当支払い　287
配当性向　163
はがき大の申告書　147
発展途上国　281
抜本的税制改革諸問題委員会　94, 140
払戻し税　187
「バルチックの虎」　150
パレート最適　7
非課税扱い　178
非課税仕入の控除　185
非課税措置　141, 186
非課税貯蓄　97
非課税取引　187
非課税の貯蓄機会　96, 141
非課税部門　110
光と空気に対する税　25
引取価格　200
非金融資産　214, 219
非経常的財産税　41
非経常的資産税　207
非経常的租税　36
ビジネス・レイト　224
必要税率　224
非法人部門　111, 169
評価資本価値　225
標準賞与額　256
標準所得控除　99
標準税率　186, 189, 222, 229, 230, 270, 271, 274, 277
標準報酬月額　256
平等主義　226
比例所得税　60
比例税　66, 69, 164, 185, 186, 274
　　賃金所得に対する――　109
比例税率　261

貧困水準　248
貧困対策プログラム　94
フィスカル・ポリシー　12
付加課税　268
付加価値　31, 177, 179, 271
付加価値額　182
付加価値税　137, 175, 182, 184
　　GNP型の──　34, 178
　　NNP型の──　34, 178
　　控除方式──　138, 170
　　仕入れに係る──　187
　　消費型──　33, 34, 41, 151, 170, 178, 272
付加価値税額　182
付加価値割　272
付加給付　116
不確実性のベール　69
付加税　264, 267
　　──税率　91
賦課方式　258, 259
不完全競争　8
不均一課税　278
福祉国家　1, 11
福祉事業　248
不効率性の是正　197
負　債　41, 205, 214
負担感　21
負担軽減措置　225
負担と便益との比較考量　171, 266
負担の世代間配分問題　133
負担分任性　270
普通税　269
普通法人　173
ブッシュ政権の税制改革政策　95
物納制度　220
物品税　25, 47, 191, 199
不動産　212
不動産取得税　272
不動産税　226
　　経常的──　221
負の税額　158
部分消費税　196
部分税　43, 44, 47, 78, 195, 260
部分的インピュテーション　167
部分的所得税　43
普遍性の原則　61, 266
部門間の経常移転　253
富裕税　41, 214, 217
　　スウェーデンの──　218
富裕連帯税（フランスの）　217
フラット・タックス　139, 145
　　企業──　168
フリンジ・ベネフィット　116
ブルジョアジー　247
フロー　41, 205
　　──経済量　206
プロポジション13　227
プロレタリアート　247
分任性の原則　267
分配問題　247
分離課税　129
分離所得課税　142
分類所得税（制度）　28, 43, 61, 125, 128, 129, 231
分類所得税方式　129
平均化　119
平均消費性向　186
平均税率　81
「ベバリッジ報告」　251
便宜性の原則　88
偏在性　266
包括的所得　114, 136, 213
包括的所得税　43
封建料料　23
法　人　34, 160, 161
　　──の本質　161
　　──への重課　172
法人格　161
法人課税　172
法人擬制説　35, 120, 122, 160, 161, 162
法人均等割　270, 273
法人形態　36
法人事業税　264

索　引　315

法人実在説　120, 160, 161, 162
法人所得税　26, 34, 163
　　――の廃止　163
　　――率　289
法人税　84, 267
法人税率の調和　295
法人税割　271, 274
　　住民税――　264
　　地方住民税――　267
法人ねらい打ち　172, 278
法人部門　111, 169
法人利潤　267
法定外普通税　276
法定外目的税　276
法定限界税率　99
法定納税義務者　101
法定普通税　275
法定目的税　275
「豊富の中の貧困」　12
補完財　62
補完税　232
保険証券　249
保険料　156, 248
保険料率　40, 256
補償需要曲線　76
補助金　56
補足給付金制度　224, 227

◆ま　行

前払い　162
前払額　167
前払法人税　168
マグナ・カルタ　22
マネー・ロンダリング　290
見えざる手　2
貢　物　23
ミード報告　145
未納税額　92
身分制議会　24
民営化　3, 10
民間部門の仕組み　4

民間保険　248
無基金雇用者社会給付　252
無限の弾力性　106
無限の欲望　7
無差別曲線　44, 196
無産国家　17
無制限貯蓄控除　151
村　請　27
明確性の原則　88
名目所得　115
免税措置　238
免税点　202, 272
免税取引　186, 187
木材引取税　203
目的税　62, 202, 223, 254, 269, 275
持ち家　116
持分資本　169
　　――への投入　36
モーラル・ハザード　249

◆や　行

夜警国家　1
遊興飲食税　202
「ゆりかごから墓場まで」　1
要素市場　5, 30, 35, 191
要素賦存量　2
余　暇　79, 119
　　――と所得との選択　47
　　――の価値　49, 109
余暇時間　48
予算線　44, 196

◆ら　行

ライフサイクル　132
ラッファー曲線　82
ラムゼー基準　80, 114, 123, 125, 127
ラムゼー税　80
『リヴァイアサン』　131
利益集団　139
利益説　21
利害の衝突　72

利　子　285
　　——の純支払い　12
利子所得　51, 134
　　——に対する税負担　70
リスク度　249
リスク負担　248
留保所得　120
料　金　37
料理飲食等消費税　202
臨界点　82
累進課税方式　28
累進性　149, 155
累進税　66, 146, 164, 185
累進税率構造　65, 89, 119
累進度　156
累積比率　210
レイト　219, 233
　　——還付制度　227
　　——廃止　172
　　——払戻し制度　224
レーガン税制改革　72, 89
歴史的建造物　236
労働供給　110
労働者年金保険制度　251
労働生産性　84, 236
労働の限界生産力　109
労働の資本装備率　236
労働報酬　171
労働報酬税　145
路線価　221
ロータックス・ヘイブン　291
ロビー活動　147
ローレンツ曲線　209, 210

◆わ　行

歪曲効果　47, 52, 76, 78, 79, 112, 181, 192
ワグナーの法則　15
割増償却　169

◎ 著者紹介

林　正　寿（はやし　まさひさ）

1942年　生まれ
1966年　国際基督教大学社会科学科卒業
1968年　一橋大学経済学研究科修士課程卒業
1971年　一橋大学経済学研究科博士課程修了
1971～73年　一橋大学経済学部特別研究員助手
1973～99年　横浜市立大学商学部助教授，教授，学部長
1999年～現在　早稲田大学大学院社会科学研究科教授

〔海外での客員教授および客員研究員〕
　1976～77年　イギリス，London School of Economics 客員研究員
　1984～85年　フランス，École Supérieur Commerce de Lyon 客員教授
　2004年　イタリア，ベニス国際大学客員教授
　2005～06年　アメリカ，Duke University 客員研究員
　2006年　フィンランド，ヘルシンキ大学客員教授

〔主要著作〕
『法人所得課税論』同文舘出版，1991年。
『地方財政論――理論・制度・実証』ぎょうせい，1999年。
『アメリカの税財政政策』税務経理協会，2007年。

◎ 執筆協力者紹介

前　田　尚　子（まえだ　たかこ）【担当：第5章，第6章，第9章】
　博士（学術・早稲田大学），関東学院大学経済学部非常勤講師

租税論――税制構築と改革のための視点
Principles of Taxation: How to Establish and Reform a Tax System

2008年9月30日　初版第1刷発行

著　者　林　　正　寿
発行者　江　草　貞　治

　発行所　株式会社 有斐閣　　　　［101-0051］東京都千代田区神田神保町 2-17
　電　話　(03)3264-1315［編集］　(03)3265-6811［営業］ http://www.yuhikaku.co.jp/
　印　刷　精文堂印刷株式会社　　　製　本　大口製本印刷株式会社

© 2008, Masahisa Hayashi.
Printed in Japan
落丁・乱丁本はお取り替えいたします
ISBN978-4-641-16322-5

R 本書の全部または一部を無断で複写複製(コピー)することは，著作権法上での例外を除き，禁じられています。本書からの複写を希望される場合は，日本複写権センター(03-3401-2382)にご連絡ください。

★定価はカバーに表示してあります